清水安三と中国

太田哲男

花伝社

遠く離れたところから理想化することはつねに容易である

E・H・カー『ドストエフスキー』（松村達雄訳）

清水安三と中国◆目　次

凡例

一、戦前の東アジアを論じる場合、国名や都市名などをどう表記するかという問題がある。満洲、支那などと不必要に記述することは避けなければならないけれども、やむを得ないと思われる場合には、旧名称のまま使用した。ただし、「北平」については、引用文以外では原則として北京と表記する。

二、引用史料には、現在の時点からみて、差別的な言辞を含む場合もある。これも、それが歴史上の史料であることを考慮し、基本的にそのままにしてある。

三、さまざまな史料からの引用に際し、読みやすさを優先させて旧字体の漢字は新字体に改め、多くの場合、仮名遣いも現代仮名遣いに改めた。また、変体仮名、「踊り字」「畳字」や、今ではなじみのない文字遣い（怎など）についても、断りなく通用の形に改めた箇所がある。清音表記を濁音表記に改め、また、適宜ふりがなを加えた。明白な誤記と思われるものは、訂正した場合もある。

仮名がカタカナ表記の史料は、ほとんどの場合にひらがな表記とした。

本書に使用した新聞記事などのなかには、句読点がまったくないものもある。そのような場合、断りなく句読点を補った。漢文風の表記は、適宜読み下し文に改めた。

また、引用文中の〔　〕内は、太田による補足である。

四、出典を（　）内に示す場合、また、注のなかに記す場合、頻出する紙誌名につけるカッコは省いた。

五、さまざまな著作物からの引用などに際して、その著者名の敬称は省いた。

THE KIRISUTO-KYO-SEKAI

基督教世界

大正十三年八月十四日（每木曜日發行）　第四拾二年　第參拾參號（第二千一百二十三號）

崇貞女學校

北京にて清水安三氏の經營せるもの（五ページ記事參照）

目次

『基督教世界』1924年8月14日第１面（134ページ参照）

はじめに

二〇一一年三月十一日、東日本を巨大地震が、東北地方の海岸一帯を津波が襲った。福島第一原子力発電所では、十二日に一号機で爆発が起き、十四日には三号機の建屋、十五日には二号機の建屋で爆発が起った。これによって放射能汚染が一段と拡散するに至った。

警察や消防、自衛隊などによる最初期の救援活動に続き、被災地には、地元以外の地からの援助活動をする人びと（ボランティア）もはいって、活動をしている。

そのボランティア活動は、一九九五年の阪神大震災のあとにもめざましく展開されたものだった。二〇一一年からさかのぼること約九十年、一九二〇年の中国北部には大旱害《かんがい》に苦しむ農民たちの姿があった。そして、その人びとを援助しようとした人びともいた。そのような人びとのひとりが、清水安三（一八九一～一九八八）という人物である。清水は、一九一七年に日本組合基督教会（以下、組合教会）によって当時の奉天（現在の瀋陽）に派遣されたキリスト教の宣教師だった。

一九二〇年に華北で大旱害が起きたが、二一年にはいると、北京に移っていた清水は旱害に苦しむ中国人農民たちの子ども、当時の言葉で旱災児童を六百余名あずかり、世話をするという活動に身をささげた。まさしくボランティア活動というべきである。キリスト者・清水にとって愛すべき「隣人」とは、その農民たち、子どもたちであった。

この活動に先立ち、清水は北京のスラムに入り、そこに暮らす女児たちのために学校を開いていた。

その学校は、旱災児童救済の活動とあいまって形を整え、北京における清水の活動の中心となった。

その清水が北京に住むようになったのは、一九一九年三月末。反日・反帝国主義の運動とされた五四運動が起こるまで、一カ月あまりという時点であった。

清水が行なった旱災児童救済の活動もスラムでの活動も、「排日」の動きが顕在化しつつある第一次世界大戦後の中国で、身を挺して「貧困」に立ち向かうものであった。この点に注目すれば、キリスト教活動家としての清水は、現代的な言葉で表現すれば、ボランティア活動に尽力したともいえよう。五四運動を間近に見聞した清水は五四運動論を書いたが、これに吉野作造は感銘をおぼえたという。一九二四年になって清水は、『支那新人と黎明運動』『支那当代新人物』という二冊の本を出版する。その際、吉野作造はこれらの著作を推薦する序文を寄せた。「民本主義」の旗手として著名な吉野は、傑出した中国論・朝鮮論を展開したことでも知られるが、その吉野の目からして、清水の中国論は推奨に値する論説とみえたのであった。清水は、宣教師であるとともに、中国の現地報告を日本に発信するジャーナリスト的な役割も演じていたのである。その取材旅行で蒋介石と面談したこともあった。

旱災児童救済事業から十六年ほどのち、一九三七年七月七日夜、北京郊外の盧溝橋で銃声が鳴り響いた。この盧溝橋事件は、やがて日中戦争の発端となり、果てはアジア・太平洋戦争につながることになった。

その夜、日本軍は盧溝橋付近で夜間演習を行なっており、その付近に中国軍が配備されていたから、両軍は緊張状態にあったとはいえる。しかし、北京での日中両軍の戦闘は、この事件直後に一気に拡大したのではなかった。現地には、北京での戦闘を回避しようという動きがあった。回避に動いた人びとのひとりに清水安三がいた。

一九四五年の日本の敗戦まで北京で生活し活動していた清水は、翌年三月には中国からの退去を余儀なくされる。この間、二年ほどのアメリカ留学期間と五年あまりの日本滞在期はあったものの、二十余年を基本的には北京にすごした。

一般には清水安三という人物は、あまり世に知られているとはいえない。たとえば、『国史大辞典』(吉川弘文館)をみても、清水の名は項目としては立てられておらず、また、近代日本のキリスト教にかかわる人びとの項目をわりあいに立てている『岩波キリスト教辞典』(二〇〇二年)にも、清水の名前はみえない。しかし、五四運動や盧溝橋事件を北京で体験し、また、中国人のための学校を創った人物の活動はかえりみるに値するというべきであろう。

本書は、清水安三を軸にして、清水と中国とのかかわりや清水の中国論などを論じる。清水は、なぜ中国に渡ったのか、五四運動に始まる中国の動きをどのように見たのか、その認識の深まりにどのような背景があったのか、盧溝橋事件の際にどのような動きをみせたのか、宣教師としていかなる活動をしたのか。これらを本書は扱う。

と同時に、本書では、清水の動きと関連する時代の動向、清水をとりまいていた人びとのことを書きこむようにつとめた。

ただし、本書が扱うのは、一九四六年春に清水夫妻が中国を離れることを余儀なくされ、日本にもどるに至るまでの時期である。(とはいえ、日米戦争開始後の記述は、史料的制約のゆえに少ない。)帰国後の四六年、清水は東京の一角に新たな学園を創設するが、それ以降について語ることは、また別の物語となるであろう。つまり本書は、清水安三の評伝というには彼の後半生の記述を欠いている。表題を『清水安三と中国』としたゆえんである。

章ごとに本書の概略を述べれば、次のようになる。

第一章の「キリスト教と近代日本」では、清水安三の生れる以前、日本へのプロテスタンティズムの移入にまつわることを述べる。それが清水に連なっていく面があるからであり、明治期における日本のキリスト者たちの姿を、清水との関連に配慮しながら描く。

第二章では、清水安三が旧制中学時代にキリスト教にふれて入信する経緯、アメリカ人ヴォーリズとのかかわり、同志社神学校の学生時代の姿を描く。

第三章では、清水が中国伝道をこころざしたこと、同志社卒業後の兵役を経て、中国に渡る時期、また、美穂夫人との結婚のころのことを述べる。

第四章は、一九一九年の五四運動直前に北京に移った清水が、当時の中国の動向をどのようにとらえたかを描く。ジャーナリスト清水という側面である。さらに、清水が当時の中国で起こった旱災によって苦しむ子どもたちの救援運動に身をささげ、他方で、北京の朝陽門外に貧民街の女児たちのための学校を開いた時期でもある。そうした八面六臂の活動を描く。

第五章は、魯迅、エロシェンコ、周作人などと清水との交流のさまを追う。この時期の清水と接点のあった日本の「知名士」も少なくないので、それらの交流のありさまにもふれる。大原孫三郎との出会いもこの時期のことである。

第六章では、吉野作造の注目するところとなった清水の著作『支那新人と黎明運動』『支那当代新人物』の中身を検討する。

第七章。一九二四年から二六年にかけて、清水はオハイオ州オベリン大学に留学するが、その経験を述べる。

第八章は、アメリカからもどった清水のジャーナリスト的な活動を論じる。この時期に清水は長江方面に取材に出かけ、その記事を『北京週報』誌に送り続けたのだった。

第九章は、日本への一時帰国の時期に当たる。北京での学校経営の資金を捻出するため、この時期の清水は数年間を関西ですごす。組合教会機関紙（週刊）『基督教世界』の編集にしたがい、同志社の講師をつとめた。数年後、日本での生活から再び北京に拠点を置く生活に戻る条件が整いつつあったとき、美穂夫人がこの世を去る。その悲しみから立ち直り、やがて小泉郁子と再婚した清水は、北京で崇貞学園の発展に力を傾注する。その時期のことをこの章では扱う。

第十章は、清水と盧溝橋事件とのかかわりを扱う。

第十一章は、盧溝橋事件後の崇貞学園の発展を扱う。清水は、自伝的部分を含む『朝陽門外』（朝日新聞社、一九三九年）を刊行するが、このころから「北京の聖者」とよばれるようになる。また、この時期に崇貞学園は大いに発展するが、その様子を概観する。

第十二章は、学校存続に必要な基金を得るために、アメリカに渡って寄付金集めに奔走した清水についてふれる。また、崇貞学園の卒業生たちが学園の教育をどのようにみていたかを一瞥する。

終章は、北京での活動の終局を短く扱う。日本の敗戦によって、清水夫妻は北京を去ることを余儀なくされる。その経緯と帰国について簡略ながらふれる。

必ずしも友好的とはいえない昨今の日中関係にかんがみ、「中国人のためにつくす」ことで日中間の友好的な架橋をこころみた清水安三の仕事をふり返り、その記録を残す。これが本書のめざすところである。

第一章　キリスト教と近代日本

日本へのプロテスタンティズムの伝来

清水安三は、一九〇八年、十七歳のときにキリスト教の洗礼を受けた。それは、日本にプロテスタント系キリスト教が伝わってほぼ五十年にあたる時点であった。

清水の洗礼は日本組合基督《キリスト》教会によるものであるが、この組合教会はプロテスタント諸教派を統合した日本基督教団の成立（一九四一年）にともなってこれに合同され、組合教会という名称は使われなくなったので、組合教会といってもなじみのない方もおられるであろう。とはいえ、清水の活動は、組合教会のネットワークなしには考えられないものだったといわなければならない。

そこで、この第一章では、日本におけるプロテスタント系キリスト教の移入・展開をたどりつつ、「組合教会」の動向や清水安三と関連のあった人びとについても簡略ながらふれ、また、十九世紀末から二十世紀初頭の社会的な状況、そのキリスト教とのかかわりにもいささか論及する。

この組合教会 Congregational Church は会衆派教会とも訳されるが、その起原をたどれば、イギリス国教会に抗したピューリタンの運動に行きつく。それは、国教会（アングリカン・チャーチ）の監督政治に対して、一方では教会員がその教会の政治に平等な権利を行使すべきだと考え、他方では個々の教会が教団に対して独立した主権を主張できるとするものだとする教派であったが、この教派がアメリカに渡り、勢力を拡張した。

一八一〇年に、この会衆派教会によってニューイングランドに設立された超教派的な海外宣教団体＝「伝道会社」が、American Board of Commissioners for Foreign Missions（ABCFM, 米国海外宣教委員評議会）であり、アメリカン・ボードと略称された。アメリカにおける最古の「伝道会社」であった。『日本組合基督教会史』[1]によれば、アメリカン・ボードを含む欧米の「伝道会社」は、アフリカからインド、中国にさかんに宣教師を送っていて、その流れのなかで日本への伝道が日程にのぼっていた。

さて、一八五三年のペリー来航以降に生じた「開国」は、キリスト教の日本伝道の開始をも意味していた。日米修好通商条約の調印の翌年の一八五九年、アメリカのキリスト教「伝道会社」から日本に最初のプロテスタント系宣教師二名が派遣されてきた。[2]

新島襄

アメリカン・ボードが最初に宣教師ダニエル・C・グリーンを派遣したのは一八六九年（明治二年）のことであった。グリーンは南北戦争の際には北軍の軍人であって、やがて同志社の教員となった。[3]アメリカン・ボードの日本伝道の開始には、新島襄（一八四三〜九〇）の役割もみのがせない。

上州（群馬県）安中の武士の息子として生まれた新島は、一八六四年に「鎖国」という国禁を犯してアメリカに渡る。マサチューセッツ州ボストンに上陸し、同州にあるアーモスト大学の学生となった新島が知りあった人物に、アメリカン・ボードの幹事であるN・G・クラークがいて、新島はクラークに日本伝道について説いたという。新島は一八七〇年七月にアーモスト大学を卒業し、同年九月、アンドーヴァー神学校に入学した。

新島が十年あまりをアメリカですごした七四年、アンドーヴァー神学校卒業後に、帰国に際して約三千人を前に演説し、日本でのキリスト教主義学校設立を訴えて、約五千ドルの献金を得た。その集まりは、同年のアメリカン・ボードの年次大会であった。[4]

寄付を得て帰国した新島は、七五年に同志社英学校を設立した。

新島はほぼ十年に及ぶアメリカでの生活で、少なからぬアメリカの大学が、イギリスからやって来たプロテスタントの手によって設立されたことを知った。そしてそれらの大学こそが、「自由の精神を育み、国家の基盤となる」のだと確信するようになっていた。

新島は、「キリスト教主義高等教育機関設立のために」（一八八四年）という訴えで、アメリカにおける「注目すべき大学」に、「ハーヴァード、イェール、プリンストン、アーモスト、ウィリアムズ、ダートマス、オベリンなど」七大学の名前をあげていた。[5] ここに名前の出たオベリン大学に、清水安三は一九二四年に入学することになるが、それについてはのちにふれる。

横浜バンド・札幌バンド・熊本バンド

日本に伝えられたプロテスタントの教派には、別の流れもあった。一八七二年、横浜で日本最初のプロテスタント教会である日本基督公会が成立し、そこからは植村正久（一八五八〜一九二五）などが出ることになる。「横浜バンド」とよばれる一群の人びとである。この日本基督公会は、日本基督一致教会へ、そして、日本基督教会へと継承されていく。

他方、内村鑑三（一八六一〜一九三〇）は、一八七六年、札幌農学校に第二期生として入学する。新渡戸稲造などと同期である。いわゆる「御雇外国人」としてこの学校創立期に一年だけ赴任していたウィリアム・S・クラークの影響の残る学校であった。ここで内村が署名した「イエスを信じる者の契約」には、洗礼は「福音主義教会」によるべきことが書かれており、彼は七八年にメソジスト宣教師によってキリスト教会の洗礼を受けた。内村たちキリスト教学生の集団が、「札幌バンド」とよばれるようになる。内村についていえば、その後の八四年、アメリカに渡り、新島も学んだアーモスト大学に入った。

これに先立つ七一年、熊本洋学校が創設された。幕末の変革期に倒幕側に立たなかった熊本藩は、新しい時代の「改革」を行なうべく、この学校のために、「アメリカのサムライ」を教師として招くという方針を立て、それに応じる形で南北戦争に北軍軍人としての従軍経験をもつL・L・ジェーンズ（一八三七〜一九〇九）が来日した。(6) この学校自体はキリスト教の学校として設立されたわけではなかったが、ウェストポイント（米国陸軍士官学校）出身で、そこの教官を勤めた経験もあるジェーンズの影響で信仰を持つに至る学生が少なくなかった。彼は長老派系統の信仰をもつ人であったが、「教派の事に関しては極めて淡泊」(7) な平信徒であって、牧師であったわけではなかった。

熊本のジェーンズの指導下でキリスト者が多く出たことが、地元の保守層や生徒の家庭との激烈な轧轢を生みだし、熊本洋学校は七六年に閉校となる。

七六年一月にキリスト教の「奉教趣意書」に署名した一群のキリスト教学生たち三十余名は、同年、つまり同志社創立の翌年、同志社英学校に入学した。その趣意書の署名者のなかに、徳富猪一郎（蘇峰。一八六三〜一九五七）の名前もあった。蘇峰は、清水安三の中国行きに機縁を与えることになるが、それについてはのちに述べる。この学生たちの一群は「熊本バンド」と呼ばれることになる。

ジェーンズの英語教育・宗教教育

英語は「何にも優る」言語だと考えていたジェーンズは、漢文教育で育った生徒たちが「日本語と中国語を捨てる」のが肝心だと考え、学校での教育をすべて英語で行なった。選抜されて最初に入学した学生は四十五人。英語の発音などを十日あまり学習、毎日試験という日々が続き、「ある日、ジェーンズはクラスを二つに分け、できない半分は進歩の望みなしとして退校させた。」[8]
このような教育をくぐり抜けた結果、「ジェーンズの生徒は文句なしによくできた。」
英語教育がまず徹底して行なわれ、それ以降は、地理、歴史、数学などの基本的なところからの教育がなされたが、最初の三年間においては「まったくといってよいほど宗教色を入れずに」教育が行なわれた。
熊本洋学校につどった生徒たちは、儒教倫理をよしとする者たちでもあった。他方、ジェーンズは、「キリスト教をきわめて人格的な内面的信念とし、社会奉仕にその表現を求める」[9]姿勢をもっていた。教授する側と教授される側は、「修養」と「社会改革」という点でうまく融合する結果となったといえよう。それはまた、「地上での人間の運命の改善」を求め「社会行動を強調するキリスト教」でもあった。生徒たちに乞われる形でジェーンズが聖書を生徒たちと読むようになって、弟子たちは急速にキリスト教に傾斜した。

ジェーンズが熊本洋学校の卒業生たちに同志社を紹介したのは、そこに新島襄がいたこととともに、同志社の創立に新島とともにかかわったジェローム・D・デイヴィスがいたからだった。新島とアメリカン・ボードの宣教師として来日していたデイヴィスのふたりが、同志社の最初の教師だった。

熊本バンドの系譜

七九年六月、同志社神学校は第一回の卒業生（十五名）を出したが、そのすべてが熊本から来た学生だった。この十五名のなかには、浮田《うきた》和民（早稲田大学教授）、横井時雄（横井小楠の息子、本郷教会牧師、同志社第三代社長〔総長〕、衆議院議員）、宮川経輝、市原盛宏（横浜市長、朝鮮銀行総裁など）、下村孝太郎（同志社第六代社長）などがいる。なお、徳富蘇峰は中途退学をしていた。「同志社は結果的には、熊本洋学校の事実上の複製になった。」[10]

この人びとのうち三人は、「明治日本でもっとも重要な世論形成雑誌」の創刊などにかかわった。蘇峰は『国民之友』を、小崎弘道は『六合雑誌』をそれぞれ創刊し、浮田和民は『太陽』最盛期の編集長であった。[11]雑誌だけでなく、蘇峰の創設した『国民新聞』もあげておかなければならないだろう。

また、日本のキリスト教史にその名を残した人物は、小崎弘道、海老名弾正である。

小崎弘道（一八五六〜一九三八）は、同志社神学校を卒業し、東京の霊南坂教会創設とともにその牧師となった。新島襄の没後に同志社の第二代社長をつとめ、その間にイェール（以下ではエールとも表記）大学に学んだ。そして、日本組合基督教会会長、日本基督教連盟会長などをつとめた。

海老名弾正（一八五六〜一九三七）は、一八九七年から東京の本郷教会でも宣教につとめた。霊南坂教会と本郷教会は、東京における組合教会の拠点となった。のちのことだが、海老名は一九二〇年四月に同志社の総長に就任した。

清水安三との関係で重要な人物は、宮川経輝（一八五六〜一九三六）で、宮川は大阪教会の牧師を長くつとめ、組合教会の中心メンバーのひとりであって、清水が中国に派遣された一九一七年には、組合教会の会長をつとめていた。

組合教会の成立とその性格の一面

少し時間が前後するが、熊本バンドの学生たちが同志社で学んでいた七八年、京都、大阪、兵庫に誕生してまもない九教会の代議員が集合して、日本基督伝道会社が設立された。委員に選出されたのは、新島襄（京都）、澤山保羅（大阪）、今村謙吉（神戸）の三名。この伝道会社が、各地に教えを広め、教会をつくって行くことになる。新島襄の故郷である安中にも、同年に安中教会が誕生した。安中教会は、海老名弾正が、のちには柏木義円が牧するところとなる。翌七九年には彦根教会が設立され、この教会で清水安三夫人となる横田美穂が洗礼を受けることになるが、それは一九一二年のことになる。

日本基督伝道会社第九年会が一八八六年四月に京都第二教会で開催された折、「組合基督教会」という名称ができた。『日本組合基督教会史』には、この教派はたんに「基督の教会」と称していたが、他教派と区別するために名称をつける必要が生じたとある。

その際、アメリカのコングリゲーショナル教会に縁があり、その主義方針を踏襲してきたので「会衆教会」という名称がよいという意見や、その教会精神は自治・独立・自給を最も尊重するのだから「自治教会」あるいは「独立教会」とすべきだという意見や、各地にある「独立の教会が協力一致組合をなして伝道や教育や慈善の事業を営む」のだから「組合教会」と称すべきだという意見があった。結局、多数意見によって「組合教会」という名称になった。

なお、『日本組合基督教会史』によれば、このとき組合に加わった教会数は三十一、牧師伝道師は四十名、全会員数は三千四百六十五人だった。（九一～九二ページ）

これまでに述べた近代日本におけるプロテスタンティズムの動向は、三つの源流をなすものとみることもできる。すなわち、横浜バンド、札幌バンド、熊本バンドである。その性格の相違について、海老名弾正が伝える言葉がある。

嘗《か》つて留岡幸助君の家庭学校に集って皆な胸襟を開いて語り合ったことがある。植村君は其の時いなかった。内村君が私の方に向って「お前ら（熊本の連中を意味する）の基督教はナショナリズム（国家主義）だ、植村（横浜の連中をいう）はエクレシアスチシズム（教会主義）だ、俺（札幌を意味する）などはスピリチュアリズム（精神主義若しくは信仰主義）だ」と斯《こ》う言うた。そこで私が「君、そんなことを言っちゃいかんよ、それは自惚《うぬぼれ》だ、植村も精神主義さ、我々も精神主義さ、精神主義を君一人モノポライズ（独占）するのは怪しからん、精神主義は皆なコンモン（共通）である、君のはインディヴィジュアリズム（個人主義）というのだ」と言ったら、回りのものはドッと笑って「そうだ」と肯定した。(12)

内村の要約に対しては、海老名ならずとも、内村や植村にも「ナショナル」な、「国家的」な観点があるではないかとか、いろいろな「反論」が可能であろう。それはともかく、海老名の「反論」が内村の立場を「個人主義」だとするものだったということは、海老名らの立場が「国家主義」だという点は認めているとも読める。(13)

この要約にみられる現象あるいは傾向は、十九世紀末においてすでに顕著であった。

一八八九年に大日本帝国憲法が発布され、翌年に教育勅語が出されたときのことを、『日本組合基督教会史』は、「明治二十三年は我国の歴史に於て最も記憶すべき年で、十月三十日に教育に関する勅語が下賜せられた」として、評価して書いている。

この点に関していえば、熊本バンドの成立に際しての「奉教趣意書」のなかに、すでに「報国ノ志《こころざし》ヲ抱ク」という文言があった。(14) このような国家主義への傾斜は、組合教会の主要メンバーのなかに消しがたく存続し続ける。

それはともかく、組合教会第十二回総会（一八九七年四月）では、事務所を大阪中之島に置くことを定め、定議員長に宮川経輝を選出した。このとき会計担当となった高木貞衛は、のちにみるように、清水安三に多大な経済的支援をすることになる人物である。

当時、組合教会は『基督教世界』を組合教会の機関紙とした。そして、原田助、牧野虎次（一八七一〜一九六四）がこの新聞の担当となった。清水安三は、のちにこの新聞の編集にもかかわることに

なる。この新聞は、清水の足跡をたどるためにも不可欠である。(六ページの写真参照)

近代の暗黒・保障なき社会とキリスト教

日清・日露戦争の時代は、日本における産業革命のはじまりの時期でもあった。そして、産業革命の進展とともに「労働問題」をも生み出していた。

近代日本には、公的な「社会保障」という仕組みがそもそもなかったうえに、結核をはじめとする「不治の病」があり、東北地方などの農村地帯を「冷害」がしばしばおそった。つまり、「貧困」や「病気」に対するセイフティネットはきわめて貧弱であった。

一九〇一年に成立した社会民主党は日本で最初の社会主義政党であったが、この政党のめざしたことのひとつが「公平な財富の分配」であった。このことは、貧富の差の拡大が強く実感されるようになっていたことと不可分である。と同時に注目すべきことは、社会民主党の創立者(初期社会主義者)六名のうち、幸徳秋水をのぞく五名がキリスト教徒であったという点である。この関連を片山潜と安部磯雄について簡潔に記しておこう。

片山潜は、のちにはもっぱらコミュニストとして知られることになるが、一八八四年に渡米し、苦学してアンドーヴァー神学校、イェール大学神学部などを卒業し、文学修士にして神学士の学位を得て、九六年に帰国した人物でもあった。アンドーヴァーは、新島襄も学んだところである。十三年に及ぶ滞米生活ののちに帰国した片山は、先にみたダニエル・クロスビー・グリーン牧師の支援で、一種のセツルメントである「キングスレー館」を設立した。片山は、帰国当時、本郷教会で「組合教会

の機関雑誌」であった『六合雑誌』の編集の手伝いをしたという。(15)

安部磯雄は、同志社在学中に新島襄から洗礼を受け、一時は同志社の教授にもなっている。また、安部の留学したハートフォード神学校は、内村鑑三も在籍したところであった。

このようにみると、「貧困」の問題は、キリスト教の特定の教派の人びとが関心を持ったというにとどまらず、教派をこえて問題化していたと考えるべきである。

さらにいうならば、このような動向は、英米のキリスト教世界にも共通していた。片山潜の開いた「キングスレー館」の名前は、イギリスのキリスト教社会主義者チャールズ・キングスレーに由来する。キングスレーは、産業革命後の労働者のおかれた非人間的状況を改善しようとした人物であった。(16)

内村鑑三のアメリカ経験

内村鑑三は、一八八四年から八八年までアメリカに滞在した。そのアメリカ体験をふまえて書かれたのが、『余は如何《いか》にして基督信徒となりし乎《か》』（一八九五年）であった。内村の「心に描かれたアメリカのイメージは聖地のそれであった」のだが、そのイメージは裏切られる。その原因のひとつは人種問題である。アメリカ人の「インディアン人とアフリカ人」に対する差別であり、中国人に対する差別であった。

また、この本には、アメリカにおける貧困の問題についての記述が散見される。内村によれば、アメリカの都市が「私生児でいっぱいである」というだけでなく、「焼き賃」をとって嬰児をストーヴで焼くという「商売」に二十年にわたって「従事」していた老夫婦が逮捕される話まで書かれていて、慄然とさせられる。(『余は如何にして基督信徒となりし乎』岩波文庫、二一〇ページ以下)福沢諭吉の描いたアメリカと、なんと異なっていたことか。その違いは、まずは時期の違い、見聞した場所の違いなどに由来しよう[17]。

亀井俊介の『内村鑑三』[18]に、内村はなぜ留学先にアメリカを選んだのかという問いが書かれている。一八九〇年代になると、明治憲法の確立や日清戦争後のナショナリズムの傾向の強まりに対応して、官費留学生に関する限り、留学先はヨーロッパ諸国(とくにドイツ)に比重が移ることに照らして、そういう問いが立てられたのである。

これに対する亀井の解釈は、「イギリス、フランス、ロシアなどの列強が明らかな形で東洋侵略国であったのに対して、アメリカはそういう罪過を背負っておらず、むしろそれを牽制する方向に働いていたので、日本人は比較的容易にアメリカの公平無私さを信じることができた」(一七ページ)からだというのである。そして、亀井は内村のアメリカ行きもこの流れのなかで考えようとした。

官費留学生が留学先としてヨーロッパを選ぶことがふえても、明治国家に自らを同一化できにくい人びとは、留学先としてアメリカを選んだと亀井は論じ、その傾向をもった人びととして、キリスト教思想家、自由主義者、社会改良家などは「アメリカによって自己を形成し、またアメリカ文化に自己の拠所を見出すことが多かった」としている。

のちに述べるが、こうした亀井の指摘は、同志社系列の人びとがアメリカ中心の交流を続けたことにも対応するであろうし、清水安三についても同じことが指摘できよう。

社会的福音

アメリカでは、一八八〇年代以降、アメリカの神学校を中心に「社会的キリスト教」あるいは「社会的福音」Social Gospelとよばれる運動が生じた。片山が学んだアンドーヴァ神学校は、まさしく「社会的キリスト教」の先駆的な神学校であった。片山と同じころにハートフォード神学校で勉強していたのが、先にみた安部磯雄であった。

古屋安雄の論文「R・ニーバーとW・ラウシェンブッシュ」によれば、「社会的福音」というのは、「一九世紀後半から二〇世紀初頭にかけて、アメリカで支配的なキリスト教運動であった。」「現代から見れば、社会福音の人々が主張したことは、当然の事柄であった。例えば、労働組合の結成、労働時間の制限、最低労働賃金の制度、児童労働の禁止、社会福祉の法律制定などである。」ラウシェンブッシュ（一八六一〜一九一八）が社会問題に関心をもつようになったのは、彼が「神学校を出てから最初に一一年間牧会した教会が、ニューヨーク市の第二ドイツ語バプテスト教会という、貧しい移民が教会員に多い教会であったからだといわれている」というのである。(19)

このような「社会的キリスト教」への共感は、同志社のなかにも影響力をもちはじめていた。清水安三も社会的キリスト教に関する論文を書いたが、そのことはのちにふれる。

石井十次と大原孫三郎

労働問題とも重なる面をもちつつ、日清・日露戦争期に問題化したのが「貧困」の問題であり、「孤児」の問題であった。そのなかで、清水安三と接点のあるのが、石井十次（一八六五〜一九一四）

の社会事業である。

柴田善守『石井十次の生涯と思想』[20]によれば、一八六五年に日向（現在の宮崎県）の下級武士の子どもとして生れた石井十次は、長ずるに及んで岡山で医学を学んでいたが、十九歳となった一八八四年に、同志社の設立趣意書を読んで共鳴し、岡山教会で金森通倫牧師によって洗礼を受けた。金森も「熊本バンド」の一員であり、同志社の神学科を卒業後に岡山教会の牧師となっていたのだった。まもなく石井は医学の道を離れ、八八年に岡山の地で孤児院を始めた。

石井は、孤児たちの存在を座視することができず、岡山の地で孤児院の仕事に打ちこんだが、その事業に対し、実業家の大原孫三郎が多大な財政支援を行なうようになった。大原についてはのちにまたふれる。

日露戦争後の一九〇六年には、東北地方の冷害によって生じた孤児たちを引き取り、孤児院の児童数が千二百名に達した。救世軍の山室軍平（一八七二〜一九四〇）も石井に協力をしたけれども、収容人数がふくらんだことに伴う困難も増しつつあった。

山室は、イギリスにはじまる「救世軍（Salvation Army）」の運動を日本ではじめた人物で、同志社に入学はしたが退学し、廃娼運動などにも取り組んでいたキリスト教社会運動家であった。

さしもの石井も一九一三年には病床につき、一四年一月に死去した。まだ四十八歳であった。岡山孤児院は、大原孫三郎が引き継ぎ、やがて解散の運びとなった。

海老名弾正と「救済」の問題

日本のキリスト教史上で二十世紀初頭に著名なことは、自由主義神学の立場をとる本郷教会の海老名弾正と、福音主義を唱えていた一番町教会の植村正久との間の論争である。[21]その神学的内容についての立ち入った議論はともかく、概括的な傾向としていうならば、福音主義は人間のあるいは信仰の内面性を重視し、非世俗的・非社会的な発想に傾く。

これに対し、自由主義的立場は、社会的現実的問題と取り組もうとする指向性をもち、産業発展のもたらした貧困の問題にも取り組もうとした。その場合、「現世的救済」がキリスト教にとって重要な意義をもつと考えられていて、海老名の立場も、そのような面を含んでいた。[22]

松尾尊兊『大正デモクラシーの研究』によれば、日露戦争前後に、「本郷教会の教壇は当代一流の社会主義者・自由主義者たちの思想的啓蒙の舞台となり、会堂は新思想を求める若きインテリによって埋めつくされた[23]」という。石川三四郎（一八七六〜一九五六）は、『平民新聞』に、「内村〔鑑三〕先生は予が発心の師にして、海老名先生は予が再生の父なり」と書いた。[24]夏目漱石はキリスト教に親近感をもたなかったが、『三四郎』（一九〇八年）の末尾で、三四郎がいささか思いを寄せた美弥子が入った教会は、明示されてはいないけれども、海老名の牧する弓町本郷教会であったとみるべきであろう。

社会民主党に結集した人びとの多くがキリスト者でもあったという点をみたが、それは、社会主義とキリスト教という問題にも連なる。内村鑑三は、「基督教と社会主義」というパンフレット（一九〇七年刊）をつくった。[25]そのなかで内村は、ある面では、キリスト教は社会主義とよく「相似たる」

ところがあるとして次のように書く。

貧者の救済が基督教の此世における最大目的の一つであるに対して、貧困の絶滅が社会主義の最大眼目であるといいますれば、二者は此世において其達せんとする目的においても互いに相一致しておるものであるに相違ありません。（六ページ）

けれども、内村はむしろ両者が基本的に異なることを強調した。キリスト教を「一種の社会政策」とみなすことはどうしてもできないし、いかなる「社会政策でも、是皆瞬間的のもの」にすぎない。つまり、「基督教は制度とか組織とかいうものには至って重きを措かないもの」（一七ページ）であり、その点で、キリスト教と社会主義は元来がまったく異なるものだと主張しているといえよう。

内村のここでの意図はともかく、彼が指摘している問題自体は、社会的キリスト教にもかかわるところである。「貧民救済」の活動に取り組むという場合の「救済」という観念は、キリスト教にいうところの「救い」と同じなのか。賀川豊彦や山室軍平や石井十次の活動は、この点でどう考えられるべきであろうか。(26)

第二章　膳所中学・同志社に学ぶ

第一節　膳所中学時代

清水の生い立ち

清水安三は、一八九一年六月一日、滋賀県は琵琶湖北西岸に位置する高島郡新儀村（現在の高島市）に、清水弥七・ウタ夫妻の三男として生まれ、姉も三人いた。生家は残っていないが、その場所は、現在の高島市役所脇と伝えられ、そこには清水の胸像が置かれている。

長兄は弥太郎。安三は、「自伝」（『復活の丘』所収）に、「わたくしの家は、代々清水弥七である」と書いており、「半農半商」の家であった[1]。

高島は、「近江聖人」といわれ、陽明学の立場をとった中江藤樹（一六〇八〜四八）の出身地でもあって、清水はそのことを誇りにしていた[2]。

安三の祖父・弥七は、時折大坂（大阪）に出かけ、大阪の米相場と高島の米の値段の開きに気づき、大阪の米相場の値上がりをみて、水運を利用して高島の米を売却するという手法で、かなりの富を得た。また、この祖父は晩年に高級織物である「越後縮」をみて、農閑期の仕事として「高島縮」を考案して財を増大させたという。

安三が二歳のときに祖父が、安三が四歳のときに父が亡くなった。安三の長兄・弥太郎は、次兄よりも十五歳以上年上であったというが、安三の誕生のころから「名うての遊蕩児であって、西京〔京都〕の島原、東京の吉原までも」[3]出かけたという。西鶴の小説にも出てきそうな話である。そのため、さしもの清水家の財産も、次第に傾きはじめた。

清水の『朝陽門外』（朝日新聞社、一九三九年）には自伝的記述が含まれるが、それによれば、五歳のころ、姉に背負われて「旗行列」に参加した。村の巡査を先頭に、村中のものが行列をつくって練り歩き、歌をうたった[4]。

その歌のひとつは、「撃てや懲らせや清国を　清は皇国《みくに》の仇なるぞ」というもの。もうひとつは、「帝国万歳大勝利」という言葉、李鴻章《りこうしょう》という名前、中国の蔑称を歌詞に含む「しりとり歌」だった。清水安三の幼少年時代は、日清戦争のあとであり、中国に対する優越観が広がりはじめていた。

一八九八年、安三は安井川小学校に入学。そのあと、隣村の安曇《あど》小学校の高等科を卒業した[5]。清水は、一九〇六年に大津にある滋賀県立第二中学（〇八年に膳所《ぜぜ》中学と改称、「膳《ぜん》中」と略称された。現在の膳所高校）に入学した。

安三の長姉は京都の女学校に学び、結婚に際しての嫁入り道具は実に潤沢だったというし、「次姉は東京の佐藤女子美術学校を卒え、三姉〔キヨ〕は目白の女子大〔日本女子大学校〕を出た[6]」。しかし、安三が中学在学中には、安三の父が安三に遺した田地まで人手に渡っていて、財産は底をつきかけていた。膳所中学をおえた安三は、同志社に入学するが、「わたくしは同志社大学在学中学資をビタ一文家からもらえなかった」（同）という。この境遇について、清水の「自伝」には、この境遇が「自助の精神」を育てる結果につながったと、肯定的に書かれている。

ヴォーリズ

膳所中学時代に、清水に「最も大きい人格的感化」を与えることになる人物、ヴォーリズ（一八八〇～一九六四）に出会う。清水は、「ウィリアム・メレル・ヴォーリズ無くば、清水安三たりえなかったであろう」(7)と書いている。

ヴォーリズは、一八八〇年十月、アメリカのカンザス州レヴンワースで、ジョン・ヴォーリズを父に、ユージニア・メリルを母として誕生した。ヴォーリズの『失敗者の自叙伝』によれば、父方の先祖は信仰的にはオランダの改革派 Dutch Reformed に属し、一六六〇年にアメリカに移住してきた。母方のメリル家は、ニュー・イングランドの清教徒だとのことで、父方・母方いずれの先祖たちのなかにも牧師がいたという(8)。

大学入学を控えたヴォーリズは、将来は建築家になろうとして、コロラド大学に入学した。一八七〇年代のこの大学の設立は会衆派教会（Congregational Church）関係者によって進められたというが、ヴォーリズが入学したころには、「個人寄付による超教派のキリスト教大学」をうたうようになっていた。

ヴォーリズは、大学一年生のときに学生ＹＭＣＡの活動にかかわりはじめ、一九〇二年には、トロントで開催された学生伝道隊運動 Student Volunteer Movement for Foreign Mission（ＳＶＭ）という、将来外国伝道に挺身しようという学生の組織の大会に出席した。この大会にコロラド州から出席したのはヴォーリズただひとりであったが、その大会には、全米とカナダから、なんと五千人もの学生が集まったとヴォーリズは回想している。

海外伝道への熱気のなかで、ヴォーリズは、哲学コースに進路変更をした。そして、学生伝道隊運動の大会に出席して外国伝道への決意を固めた。

一九〇四年にコロラド大学を卒業してまもなく、ＳＶＭ本部から、日本の学校が英語教師を求めているという紹介を受け、日本行きを決意した。日本とロシアの間に戦争が行なわれている〇五年一月、サンフランシスコを出港し、横浜に上陸、東京を経て、二月一日に近江八幡にたどり着いた。赴任先は、滋賀県立商業学校である。来日後まもない二月五日から英語教師としての仕事が始まった。それとほぼ同時に、ヴォーリズは、下宿でバイブルクラスを始めた。そして、滋賀県立彦根中学、膳所中学にも出講し、それぞれバイブルクラスも開いた。このとき、ヴォーリズは二十四歳。若き英語教師であった。奥村直彦『ヴォーリズ評伝』によれば、九月二十六日に吉田悦蔵が受洗をした。これを皮切りに、翌年の三月までに生徒たち十九名が受洗した。

清水安三が膳所中学に入学したのは、先にふれたように〇六年四月である。他方、ヴォーリズは、〇六年五月中旬からほぼ三カ月間、病気療養のためにアメリカに帰国していたから、滋賀県におけるヴォーリズの英語教員としての経歴は二年に満たない。その短い期間に、ヴォーリズと清水の邂逅《かいこう》があった。

滋賀県高島出身で、「生れてこの方基督教のキの字もかつて聞いたことのない田舎の少年」であった清水は、「今日はボリスという西洋人の先生が教えに来る」と聞いて、「学校の門にぢっと立《ママ》たずんで、胸一杯に好奇心を抱いて待ち受けた」という。

じろじろ見ていると、何と考えたか、ボリっさんは僕の腕をきっと握って引きすくめた。(9)

という出会いであった。そして、これを機に、バイブルクラスに出席するようになり、一度として欠席しなかった。ただし、清水の英会話力はまだ不十分で、清水自身もヴォーリズに会話を学べなかったことを「不幸」だったと書いている。

ヴォーリズとの出会いは、清水にとって決定的であった。

しかし、ヴォーリズのバイブルクラスのめざましい活動は、地元の保守的な仏教勢力の反発をまねき、〇七年三月、ヴォーリズは伝道活動のゆえをもって教職を解雇されるに至った。

学校を追われたヴォーリズ

ヴォーリズは、日本の学校で教えるという道を閉ざされた。しかし、アメリカに戻る気持ちはなかった。ヴォーリズは、建築設計の力量をもっていたことから、その力量を生かす方向に転じた。一九〇八年にヴォーリズ建築事務所を開設、一〇年末にアメリカ人の友人ひとりと吉田悦蔵とともに建築設計監理を行なう「ヴォーリズ合名会社」を設立した。同時に「近江基督教伝道団（近江ミッション）」をも結成したとみられる。

現在、ヴォーリズの名前は、建築家として一定の知名度がある。ヴォーリズの設計になる建築として、近江八幡にはヴォーリズ建築が少なからず残っているが、大学の建物としては、関西学院大学、神戸女学院大学、同志社大学、明治学院大学の一部などが今も残っている。教会や学校建築だけでなく、ホテル、デパート、郵便局から個人の住宅まで、現在でも千点を超える作品が残されている。[10]

一九一三年、ヴォーリズが病を得てアメリカに戻って手術を受けたとき、三年前にアメリカに一時帰国したときに知遇を得ていたアルバート・ハイド（一八四八〜一九三五）と再会をした。ハイドは、「当時、米国でも外国伝道を支援する有力な信徒として知られている人物」[11]であった。ハイドは、不動産業で巨富を得ていたが、同時に植物に興味があり、一八九〇年にメンソレータムを発明していた。

一九一三年にアメリカのカンザスシティでSVMの大会が開催され、日本からはヴォーリズと親しい吉田悦蔵が参加していた。吉田はハイドに面会することになったが、そのときにハイドはヴォーリズの消息を吉田にたずね、ヴォーリズが治療のために帰米中だと知って、ハイドとヴォーリズの再会となったのである。

ハイドは、ヴォーリズたちの近江ミッションの事業に関心をいだき、「メンソレータムの市場を日本に拡げることによってヴォーリズのミッションを援助することを考えている」[12]というのであった。

ヴォーリズは、このメンソレータムの事業を実行する近江セールズ株式会社を一九二〇年に創設（のちに近江兄弟社と改称。命名者は賀川豊彦）した。

洗礼

清水は、ヴォーリズのバイブルクラスは欠かさず出席したというが、「自伝」では、「中学時代の僕は一年の折にはボート、二年では柔道に凝り、三年ではYMCAの仕事に、四年から五年では教会日曜学校バイブルクラスに熱中して、勉学をおろそかにして顧みなかった」[13]という。一九〇六年に中学に入学し、一〇年春に卒業したとすれば、中学五年というのはやや不審であるが、それはともかく、ヴォーリズが膳所中学に来なくなったあとも、教会には通って聖書を読んでいた。そこに、日本組合教会の伝道が作用した。清水は、次のように書いている。

こういうふうに求道生活をしていたところへ、集中伝道が大津に行われて、牧野〔虎次〕、西尾〔幸太郎〕、木村〔清松〕の三牧師が予備的伝道をやられて後に、堀〔貞一〕、長田〔時行〕、原田〔助〕三牧師が地ならしの伝道を試みられ、その後へ宮川〔経輝〕、海老名〔弾正〕、小崎〔弘道〕の三先生がくつわを並べて講壇に立って、連日の講演会が行われたものであるから、さすがの僕もついに、洗礼を受けてクリスチャンとなったのである。[14]

清水はこのように組合教会の「集中伝道」に接し、〇八年九月、十七歳のときに、「近江の大津教会」で、キリスト教の洗礼を受けた。ここに名前があげられている牧師たちは、すでにみたように、組合教会の人びと、つまりは熊本バンド系列の人びとでもある。清水は、その系譜の講演を聞いてキリスト教の洗礼を受ける決意を固めたのである。海老名弾正の雄弁は有名だったというが、片山潜は自身の留学前に宮川経輝の説教を聞き、「聴衆を圧したる雄弁の説教家、寧ろ演説家」（片山潜『自伝』一二三ページ）と感じたという。

と同時に、清水が洗礼を受けるに至ったのには、姉の影響もみのがせない。

私に崇拝する三人がある。その一人は岡山の石井〔十次〕先生である。私の姉の清《きよ》という目白の女大〔日本女子大学校〕を出て、岡山孤児院の保母となったものがある。少年の頃私は石井先生の話をよく聞かされ、たんだ一度ではあったが、手を握ってもらったことがある。[15]

更に崇拝する一人は、成瀬仁蔵先生である。私の姉の先生であるが、少年の頃姉から聞いた成瀬先生の話は実に偉大であった。私はただ一度だけ手を握って貰ったことがあるのみである。[16]

成瀬は一九〇一年に日本女子大学校を創設した人物である。

石井の孤児院の事業についてはすでにみたが、この事業も成瀬の学校への取り組みも、清水安三の仕事に影響を与えているとみるべきであろう。両者とも清水の姉が媒介者になっている点に注目したい。そして、安三の同志社入学には、姉からの影響も小さくない役割を演じたとみることができる。

同志社へ

中学生時代の安三は、当初は「兄の妾」が大津で営む旅館に住んでいた。その旅館業の手伝いをしばしばさせられていたが、その仕事を断ったことで兄・弥太郎と衝突し、結局「家出」した。以来、兄の経済的援助はなくなった。

清水は中学時代をふり返り、勉学をおろそかにしたと述べたが、それは、進学の道を制約することにもなった。清水が中学卒業後に進学するとすれば、学費が問題になる。当時は、士官学校のほか、東京と広島の高等師範学校など、学費無料の学校はあった。しかし、当時のこれらの学校は競争率が高く、清水には入学できないとの判断だった。[17]

そこで清水は、一九一〇年に膳所中学を卒業して、同志社神学部に入学する。清水安三による戦後の回想のひとつである『桜美林物語』（清水賢一編）によれば、同志社の「神学生は授業料全免」（二三四ページ）であったというが、それにしても、「僕の同志社大学入学は全くのこと、無謀に近い冒険であった[18]」ともいう。というのは、何よりもまず、経済的に困窮していたからである。アルバイトなどで稼いだが、もうひとつ問題があった。同志社に入学後、寮に母親がやってきて、同志社から安三を連れ戻そうとした。

母は、息子が牧師になることに反対した。

「おかあはお前のために村中のものから嘲われてるわ。親不孝め。同志社みたいな学校に行かんでも神戸の高商へ行くがよいと、伯父さん達が皆いっていやはる。さあ一緒に帰れ」

というのが母の言葉である。そこでわたくしは、「世に大孝と小孝とがあって、霊魂の父母に従うのが大孝で、肉体の父母に従うのが小孝である。〔中略〕

今お前は、わしを親不孝もんじゃと思うじゃろけんど《ママ》、今にわかる時がきっと来る[19]」

と、母を説得したという。

第二節　同志社時代

同志社入学

一九一〇年に清水安三は同志社神学校に入学した。

組合教会の機関紙『基督教世界』は、キリスト教の他教派のことも報道していた。その一九一〇年十一月十七日付には、「各派神学校一覧」が掲載されている。そこに出ている十六校を教派別に並べると、次のようになる。

関西学院神学校、青山学院神学部（以上、日本メソジスト教会）
東北学院神学校、聖書学館、東京神学社、伝道同志館、神戸神学校、明治学院神学部（以上、日本基督教会）
バプテスト神学校、大阪伝道女学校（以上、浸礼教会）
聖教神学校、東京三一神学校（以上、日本聖公会）
東京女子神学専門学校、大阪三一神学校（以上、聖公会）
同志社神学校、神戸女子神学校（以上、組合教会）

これをみれば、男性の入学できる組合教会系神学校は同志社だけであることがわかる。

清水が学んだのはどのようなことだったか。清水がのちにオベリン大学に提出した資料に、同志社での履修科目一覧がある。[20]それによれば、最初の二年が「予備課程（Preparatory Course）」、あとの三年が「大学課程（University Course）」である。「予備課程」はともかくとして、後期の課程は神学部であるゆえに、「新約文学」「旧約文学」「新約聖書解釈（Exegesis）」「組織神学」などがならんでいるので、受講科目名はわかる。しかし、そうした科目を通じてどのような問題関心を育んでいたのかといったことは、履修科目一覧だけからはよくわからない。

清水は、神学部の教員たちからどのような講義を受けたのかについて、あまり具体的には語っていないように思われるが、同志社社長の原田助の家に、神学部学生がそろって招かれた思い出は書いている。原田は熊本バンドの系譜の人物であるから、清水が入学したころの教員にも、熊本バンド系列の人が多かっただろうという想像はできる。

原田助（一八六三～一九四〇）は、イェール大学に留学経験をもつ牧師で、一九〇七年に同志社社長となっていた。（原田は、一九二〇年にはハワイ大学東洋学部長となった。）[21]

同志社時代の清水の様子をうかがおうとしても、それを伝える同時代の史料は思いのほか少なく、断定できることは限られるが、近江基督教伝道団（近江ミッション）が刊行していた月刊誌『湖畔の声』には、清水に関する記事がある。

そこで、後年の自伝『朝陽門外』は別として、同志社学生時代の清水について、三つの方向からさぐってみることにしよう。

第一に、『基督教世界』記事から、清水の同志社学生時代の組合教会の様子をうかがう。

第二に、清水の学生時代の同志社における学外者の講演リストを手がかりにする。

第三に、清水と『湖畔の声』とのかかわりをみる。

このうちの第一と第二は、清水に対する直接的な影響関係を証明する史料とはいえないが、清水の学生時代の組合教会あるいは同志社の雰囲気を伝えるものではある。

『基督教世界』の伝えること

清水が『基督教世界』を読みはじめた時期の特定はできないけれども、同志社入学時には読みはじめていたと考えるのが自然であろう。また、清水は同志社卒業とともに基督教世界社につとめるようになったのであるから、熱心な読者であったにちがいない。

そこで、第一に、清水の同志社学生時代の『基督教世界』をみると、清水との関連で目を引くところは、①組合教会の朝鮮伝道に関する記事、②英米の組合派の動向を伝える記事、③トルストイについての記事である。

まず、①朝鮮伝道に関する記事からみていこう。この関連記事の数はおびただしい。清水の同志社入学直後の一九一〇年四月の『基督教世界』を検するに、第一三八七号（四月七日）には「広告　韓国拡張伝道特別広告」、第一三八九号（四月二十一日）には、「雑録　海老名（弾正）牧師の韓国視察談（上）」、翌号にはその視察談（下）が出ている。

朝鮮伝道に関連する記事のうち特筆すべきは、論文名は「注」に回すが、渡瀬常吉の活動ぶりである。[22]

次に、②英米の組合派（会衆派）に関する情報についてだが、清水の同志社入学の一九一〇年の記事をみよう。

まず、第一三九七号（六月十六日）に、「社説　英国組合教会の一大波乱　キャンベル、フォルサイス両氏の大衝突」が出ている。P・T・フォーサイス（一八四八〜一九二一）は、スコットランド生まれの会衆派 Congregational 神学者である。会衆派が日本の組合教会に該当することについてはすでにみた。

また、第一四〇〇号（七月七日）には、「英国組合教会年会に於ける原田氏の演説」が出ている。原田氏というのは、すでにみた通り、当時の同志社社長の原田助のことである。

アメリカ関係でまず目を引くのは、オベリン大学総長キングの来日に関連する記事である[23]。一九一〇年四月七日付に、社説として「両校長を送迎す（キング博士を迎え、原田社長を送る）」が掲載されていて、翌号にはキング総長の写真が掲げられている。

以上が一九一〇年の『基督教世界』のなかで目立つところだが、このようにみるならば、同志社につどう人びとは、米英の会衆派（組合派）の動向について、一定の知識や共通認識があったというにとどまらず、主としてアメリカの会衆派と精神的な、あるいは信仰上の絆をもっていたと考えるべきであろう。

一九一〇年以降について少しだけ補足すれば、一二年七月四日付からは、横田格之助「ラウシェンブッシュ氏　基督教と社会的危機」の連載があった。また、一三年五月一日号には、ピーボディィ（ハーヴァード大学名誉教授）の講演「基督の社会的教訓」が掲載されているが、題名からして社会的キリスト教を連想させる。そして、この号の前後には、「個人消息」欄などにピーボディィの名前がしばしば登場する。

トルストイ

清水安三の同志社卒業論文は、「トルストイの内面生活の研究」という題目だったという（『朝陽門外』二四〇ページ）が、その内容がどのようなものであったのかは不明である。

③のトルストイに関連する記事についていえば、当時の『基督教世界』掲載記事にはトルストイ関係の記事が散見されるし、「イワン・イリイッチの死」が竹友藻風訳で延々と連載されている。

トルストイが日本に与えた影響は小さいものではない。やや古くは、一九〇四年に「トルストイ翁の日露戦争論」が幸徳秋水・堺利彦訳で『平民新聞』（第三十九号）に掲載された。だが、時期的にみても若き日の清水がこれを読んだ可能性は低いであろう。

他方、徳富蘇峰はトルストイを訪問したし、その弟の蘆花もトルストイを訪問してその訪問を『巡礼紀行』（警醒社、一九〇六年十二月）として出版している。これは単行本として公刊されたものであり、蘆花は人気作家だったし、蘇峰の弟の作品となれば、清水がこれを読んでいた可能性はある。一九一〇年代は白樺派の影響もあって、トルストイブームの時期ではあった[24]。

のちに述べるが、清水は一九一五年十二月に「一年志願兵」となり、兵役につく。このときのことを、戦後に書かれた「自伝」（復活の丘）で、次のように言及している。

> 同志社神学部を卒《お》えて、わたくしは兵に徴せられた。わたくしは当時熱心なるトルストイアンであったから、一日も早く除隊しようと考えていた[25]

この場合の「トルストイアン」というのは、非暴力主義という含みをもつものであろう。

同志社における学外者の講演

同志社の学生時代の清水をかいまみることのできる第二の史料群は、清水の学生時代の同志社における学外者の講演リストである。同志社では、学外者の講演が頻繁に開催されていて、清水の在学時代についても同様だからである。その史料として、同志社の「第三十二回 Neesima Room 企画展」の資料編「科外講演者リスト」をみてみよう。

そこには、一九〇七年から二八年の分が出ているが、このリストに載せられている講演のうち、清水の同志社在学中（一〇年四月～一五年三月）の講演回数（のべ回数）は、開催形態が多様なため数えにくい部分もあるけれども、一九一〇年度が十九回、一一年度が二十八回、一二年度が五十五回、一三年度が三十四回、一四年度が六十四回であった。

これらの講演者・題目から、清水の入学した一九一〇年度分から目につくところを抄録してみよう。開催日時、場所、氏名、講演題もしくはその内容の順。（ただし、聴講対象、場所、講演題不明のものはその項を省略）

四月十二日　公会堂　浮田和民「南米の将来」、徳富猪一郎（蘇峰）「教訓」
五月六日　公会堂　大隈重信「現代国民の覚悟」
五月十六日　公会堂　キング（米国オベリン大学総長）
五月十六日～十九日（三回）　神学校　キング（同）　第一回「イエスの永遠の意義」、第二回「神と人とに就ける友情の原理」、第三回「精神生活を虚妄なりと云うは皮相の見なり」
五月三十一日　全校　ブラウン（米国オークランド第一組合教会牧師）

まず目を引くのは、米国オベリン大学キング総長の名前があることである。この三回の連続公演は、清水が入学してまもないころに行なわれたものであり、しかも神学校を対象にした講演であるから、清水がこの講演を聞いたと考えるのが自然であろう。

一九一一年度分から一例だけを示せば、九月十九日に、専門学校、神学校、女学校高等学部を対象に、フェビアン協会の指導者として知られるシドニー・ウェッブ（英国ロンドン大学経済学教授）が

「英国における社会問題」という講演をしている。

ピーボディ

一三年度には、五月に神学館で先に見たピーボディの「耶蘇の社会的教訓の原理」（十二日）、「耶蘇の社会的教訓の応用」（十三日）の講演が、十月にプラットナー（米国ハーヴァード大学アンドーヴァー神学校教会歴史教授）「歴史上の勢力としての福音」（十三日）、「現在の生活と福音」（十四日）が行なわれている。

このように並べてみても、清水がそれを聴講していたのかどうか、また、聴講していたとしても、それをどのように受けとめたかという点はわからないので、同志社の講演リストによる推定といっても隔靴掻痒の感があるのはやむをえない。

ただ、ピーボディについては、のちに「社会的福音」という論文において清水が次のように書いている。

> 私が同志社神学校に学んでいた折に右述べしピーボディの書物〔『耶蘇《やそ》基督と社会問題』〕を読ませられた。その頃は実につまらん書物と思っていたが、校門を出で、十年もしてから新しい書物を買うも買えぬ時にあれを読み返して見たら非常に有益であった。遉《さすが》に「社会的福音」のクラシックスの一つだと言われてる《ママ》名著である。（基督教世界、一九二七年十一月十日）

さて、このリストをながめて感じるのは、まず、異なる教派の人びとの講演が行なわれているけれども、その中心にはやはり組合派の力が大きく働いていたという点である。ここにみた同志社における社外者講演リストや『基督教世界』に登場するアンドーヴァー、ハーヴァードや、原田助や牧野虎次の留学したイェール大学（神学部）などは、元来が会衆派によって創立された学校であり、その点ではオベリン大学も同様であった。

また、これまた清水が聴講したかどうかはわからないことだが、清水がのちにかかわることになる人びとが清水の同志社在学時に講演を行なっていることである。例をあげれば、石井十次、森村市左衛門、渋沢栄一などであるが、森村や渋沢とのかかわりについては、のちに述べよう。また、一〇年に講演をした徳富蘇峰の講演についても別に述べることにする。

新潟での伝道実習

以上、清水の同志社在学時代における『基督教世界』と同志社の講演目録をみて、清水の同志社時代をかいまみようとした。他方、この時代について、清水自身が断片的ではあるが述べていることもあるので、それを次にみてみよう。

清水は、同志社入学とともにアルバイトに精を出した。一種の家庭教師をし、「人力車引き」もした。清水の家庭教師は人気があったとのことだが、二年生の夏からは近江ミッションからの資金援助がなされるようになり、一息ついたという[26]。『桜美林物語』（一二三ページ）では、近江ミッションが出していた英文誌『マスターシード・イン・オオミ』に清水が投じた一文を読んだアメリカ人のシールズ James V. A. Shields というひとが定期的に仕送りをしてくれるようになったと書かれている。

清水は、「自伝」（復活の丘）のなかで同志社の「神学部三年の夏休」に、「伝道実習」のために新潟県の柏崎に出かけたと回想している[27]。また、清水の「銷夏随筆[28]」にも、「神学校三年生の夏」のことが回想されている。ふたつの回想に共通するところをみてみよう。

清水は汽車で柏崎に着いたものの出迎えがなかった。数日後、ようやく教会の信者に出会って、日曜日の礼拝を行なったという。

そして、路傍や海岸で説教をし、さらには夏の盆踊り会場にも出かけて「演説」をし、小学校の校庭で「校長も共にエンジョイするレクリエーション」をしたが、それが評判となったらしい。「自伝」（復活の丘）の回想では、時期は夏休みであるから、「青山の女専の学生」が帰省していて、このふたりが、「天性音痴」の清水に代わって、賛美歌を歌うなどして、清水の伝道を援助してくれたという。これがまた地元で評判をよんだ。「銷夏随筆」によれば、清水が柏崎を離れるときには、七、八十名の人びとが停車場まで見送ってくれたという。天性の伝道者というべきであろうか。

京都には東京経由で帰ったが、東京では丸善に立寄り、トルストイの本を買った。また、このときに清水の伝道を手助けしてくれた女性のひとりが松本恵子だったというが、松本はのちに、清水夫人・美穂の伝記『大陸の聖女』（鄰友社、一九四〇年）を書くことになる。

『湖畔の声』

清水の同志社学生時代のことをうかがうことのできる第三の史料群は、月刊誌『湖畔の声』に掲載されている清水自身が書いた文章である。この雑誌は、前節でふれた近江基督教伝道団（近江ミッション）が刊行したもので、第一号は明治四十五年（一九一二年）七月十五日、つまり、あと半月で

「大正」に移行するという時期に出された。(当初の表題は湖畔之聲であったが、ここではすべて湖畔の声と表記する。)この雑誌に、同志社の学生時代の清水がときおり稿を寄せている。

時期的に最初の文章は、清水如石「勝利の生活」[29]である。(清水如石が安三だということは、別の号の寄稿から明らかである。)この文章は、「大津教会の教壇にて」とあるので、教会での説教を文字化したもので、清水の文章が活字になった最初のものだろうと思われる。量的には、四百字詰め原稿用紙なら約七枚。

その内容は、「金銭虚栄情欲」の三つに「眩惑され隷属するもの」は「敗北者」であり、これらを「征服し支配するもの」が「勝利者」だとするものである。題名の「勝利の生活」とは、そういう意味である。

これを具体的に述べるにあたり、清水はふたつの文学作品を例として紹介している。ひとつは、「英国閨秀作家」ジョージ・エリオット作の『サイラス・マナー』であり、もうひとつは「英国詩家」テニスンの『イノック・アーデン』である。前者は「金銭」にまつわる話、後者は「情欲」にまつわる話と解釈されるものであろう。

この『湖畔の声』に寄せた清水のいくつかの文章をみると、組合教会のおもだった人びとが国家主義に傾斜していたこの時代であったけれども、『湖畔の声』の清水の文章には国家主義と直接に結びつくような観点はうかがえないことに気づく。

それだけではない。ここにうかがえるのは清水の文学への関心であって、この関心が一九二〇年代前半における中国で、清水が文学者たちとの交流を深めていく前提になったと思われるが、それについてはのちにふれよう。

「破門」と問題の記事

この『湖畔の声』に載せた文章に関して、清水のエッセイ「プロビデンス」は、驚くべきことを語っている。

それは私の同志社大学四年生の頃の出来事であった。私が近江ミッションの月刊誌の「湖畔の声」に寄稿した創作の短篇小説が筆禍となって、私は近江ミッションから追放破門されてしまった。その創作はエスさまと、ベタニヤのマリアとをヒーローとはなしてものしたものだった。[30]

別のエッセイ「先見（プラビデンス）」にもほぼ同じ趣旨のことが書かれている。そこでは、清水が『湖畔の声』の「第四号」に、「如石と称する雅号にて、しかも創作を書き綴って載せて頂いた」とある。[31]

「宗教会議」とか「破門」とか、おだやかならぬ言葉がならぶが、それはともかくとしよう。この「創作の短篇小説」がいかなるものであったのか、『湖畔の声』第四号に当たってみると、「如石」なる人物の書いたものは掲載されていない。そこで、第一号から一九一〇年代のバックナンバーを見て、執筆者名が清水如石とか清水生となっているものをならべると、私の調べた限りでは、先にふれた「勝利の生活」以降、十の記事がある。

その記事のうち、「創作」といえるものは、『湖畔の声』（一九一四年五月号）の「向上生活」と「嘲笑」だけである。

その「向上生活」と「嘲笑」であるが、「向上生活」は三つの部分からできていて、その二番目が「創作の短篇」とでもいうべきもので、原稿用紙一枚程度である。内容は、イエスの復活の際のマグダラのマリアに関するものである。

次の「嘲笑」という「創作の短篇」は、四百字詰めで三枚ほど。その冒頭部分は次のようになっている。

マリヤ　あなたどうなすったのです、先生？　大へん蒼《あお》うございますよ、お顔が

マルタ　あらほんとにどっかでお泣きなすったのでしょう、どうなさいました

イエス　顔も青くやつれているでしょう、泣きもした、しかし人の子は自分のために泣きはせない、人のため世のため神のために泣くのだ、お家《うち》にすまないと思って悔しいのだ

マリヤ　またいつかのように誰かが（沈んでしまう）

イエス　今日も愛する者等からこう言われたのだ、人の子《わし》がよくこの家で厄介になるので女達の家に宿るなどとあざけるのだそうだ、人の子は神の前に恥じないからいいけれど、あなたの家こそ御迷惑ですわね、誰がそんなに言われてまで寒い夜に火を作ってやったり御馳走を食べさせたりいたわったりしたいものですかね、こんなに御厄介になっておって、まあこんな噂などされて、ああすまない、許して（涙声の中に）……、どうもすまなかった(32)

清水は、この「創作」が「宗教会議」にかけられ、「破門」されたと戦後に回想しているが、素朴に考えて、もし「破門」されたのであれば、その後に『湖畔の声』に原稿を載せること自体が不可能になるのではなかろうか。しかし、事実としては、この「創作」掲載後にも清水のエッセイは掲載さ

れており、その点で「破門」の中味がいささか不可解である。

また、この「創作」掲載から四ヶ月後の九月号に、清水報「八月中雑報」という記事が出ている。そこには、

清水安三氏は八幡に在って〔中略〕八幡神社祭日には路傍演説を十一回、連続して二百名をそのうちに悔い改めせしむと、八月は大津納涼会を利して、紺屋関に至り連夜連戦せりと。

とある。教会での説教から街頭の布教まで行ない、しかも「二百名」を「悔改」めさせたというのだから、かなりの活動していたことがうかがえる。しかし、本人は「宗教会議」で「破門」されたというが、その理由は定かではない。新約「外典にヒントを得た」との「説」をなすひともいる。私は聖書外典に詳しくないが、『聖書外典偽典』の『新約外典』Ⅰ・Ⅱやその別巻の三冊（教文館）を通覧した限りでは、清水がここで「外典」を参照しているとも思えない。むしろ、福音書の記事をいわば恣意的に「劇化」すること自体が不遜なものとみなされたのではなかろうか。

「処分」を受ける

清水に対し、「破門」といえるかどうかはともかく、一種の「処分」はあったようである。というのは、清水は同志社の学資金として月に八円を近江ミッションから提供され、それといわば引き換えに、金曜日に京都から大津まで歩き、琵琶湖畔の各地に伝道をし、土曜日の夜に八幡にもどり、日曜日には八幡教会で説教をし、最終列車で京都に帰るという「フィールドワーク」を続けていたという。月に八円という金額は、学資としては十分だったというが、同志社卒業まで約一年を残しているとき

に、その「奨学金」が打ちきりになったからである[33]。

しかし、この処分が、清水の中国行きの条件を作りだすことになる。

私が同志社大学を卒業して、ライフワークの召命を受けて、渡海して中国に至るに際して、いささかもオブリゲーション（拘束）を感ずることもなく、近江ミッションに何の遠慮も感ずる要なく行けたのは、まさしくあの時追放破門されたからである。かく考える時に、私が近江ミッションから追放されたことは、神の先見摂理であったと思われるのである[34]。

というのだからである。

清水が同志社の学生時代に『湖畔の声』に寄せた文章から彼の同志社時代を探るということは、以上にとどめる。

留学の希望

清水の『朝陽門外』などによれば、清水は同志社在学中から中国行きをこころざしていたようにみえるが、そのように明確であったかどうかは必ずしも定かでない。

というのは、清水には次のような回想もあるからである。

私が同志社大学神学部を卒業したのは大正四年三月だった。私は卒業後直に米国へ留学しようともくろんだ。当時同志社大学の旧約の教授は川中勘之助博士だったが、同博士の推薦を得て、同博士の母校バークレイのパシフィック・セミナリーに入学願書を出した。同博士はＰＨＤまでも取る程の人であったから、パシフィック・セミナリーは二〇〇弗《ドル》ものスカラーシップを私に約束した。[35]

ところが、清水より二級上のMという学生がアメリカのオベリン大学に留学していて、なぜかこの学生が縊死《いし》した。その報に接した同志社の神学部の教授たちは、その理由をMの英語力のなさだと判断し、救援会は清水も「米国で首を吊るして死ぬといけないからという理由で、留学を阻止すべく決議した。」[36]そのため、同志社卒業直後の留学は実現しなかった。こうして、パスポートも得てビザまで取ったのに、留学はできなかったという。

とはいえ、清水と同じく一九一五年に同志社神学校を卒業してアメリカに留学した人物もいる。台湾人の周再賜《しゅうさいし》である。[37]

周のことはともかくとして、清水のアメリカ留学を認めないと定められた時期が定かでない。ここで時期にこだわるのは、清水の中国行きの話との関連があるからである。

清水の『朝陽門外』に、清水が同級生たちと同志社社長の原田助宅を訪問していたという回想が出てくる。清水は、それを一九一五年二月のことだとしているが、その集まりのとき、外から「青島陥落の号外」を配るけたたましい鈴の音が聞こえたと書いている。

青島陥落とはむろん、一四年七月末にヨーロッパで始まった第一次世界大戦にかかわる。日本は、八月にドイツに宣戦布告し、十一月七日にドイツの租借地・青島を占領した。そのときの号外を配る鈴の音という記憶には具体性がある。

このとき、原田宅にいただれかが、「青島へ誰か伝道に行かぬか」と言い出した。清水は、「躊躇せず、右手を高くあげたら、皆のものがどっと笑って、拍手喝采」だったと書いている。（ただし、『桜美林物語』では、ある先輩が、「ドウダ、シミズを中国へやろうじゃないか」と叫び、回りの学生のみならず、原田までもが拍手したことになっている。）

なぜ拍手喝采がおこったのだろうか。清水のアメリカ行きの希望は他の学生たちにも知られていて、にもかかわらず青島伝道という声にただちに応じたことが笑いをさそったのであったろうか。

清水は翌日になって、中国伝道へのこころざしをあらためて原田社長に訴えたというが、それに接した原田は、中国行きが「出来るようだったら通知するから」と答えたという。同志社の卒業を前にして、進むべき道を模索していたということであろう。「人間は努力する限り、迷うものだ」（『ファウスト』）とすれば、複数の可能性を模索するのは自然だともいえる。

中国行きの理由

清水は、自分が中国に渡ることになった経緯・理由について、『朝陽門外』では、次のような三点を述べている。

第一の話。彼は学生時代に奈良の唐招提寺に出かけた。そこで鑑真についての話を聞いた。それを機に、図書館で調べてみると、「日本の文化史の辻々には支那人が立つている」ことにあらためて気づいた。しかるに、「日本人にして、支那文化史上、何らか貢献をしたものがあるであろうか。〔中略〕鑑真たらんと欲するものが、果して一人としてあるであろうか」というのである。そこで、自分は「支那」のために尽くそうと考えたというのである。（六四ページ）

第二は、徳富蘇峰『支那漫遊記』を読み、中国への伝道に挺身する日本人はいないのかという言葉に接して奮い立ったというものである。この点については、のちに検討する。

そして、いっそう決定的な、第三の理由として清水があげているのは、ホレス・ペトキンの話である。これは、同志社を卒業する直前、つまり一九一五年一月のことだったというが、京都の平安教会で祈祷会があった。そのとき、牧野虎次牧師のスピーチがあって、それがペトキンの話だった。ペトキンは、アメリカン・ボードの宣教師であり、保定（現在の河北省の都市）に学校と教会と療養所を経営していた。

一八九九年三月、山東省で義和団の蜂起が起り、これが秋には直隷（ほぼ現在の河北省）に波及した。ペトキンは、その妻子を出兵してきた米国艦隊に預けたが、自らは保定にもどり、義和団によって殺されることになった。あとには、彼が母校のイェール（エール）大学に宛てて書いた遺言状ともいえる手紙が残された。

その手紙に、「エールよ、エールよ、エールは我が子ジョンが二十五歳になるまで、これを育ててくれ、そして、二十五歳になったならば、彼をして保定に来らしめ、我が後《あと》を継がしめよ」とあった。エール大学の教職員と学生はこれに感激して、エール・チャイナ・ミッションを支持している。

これが牧野のスピーチであった。清水はこの話に大いに感激し、「ついに支那に行くことに心を決めた」（六七ページ）という。

青島陥落の報に接して中国伝道に手を上げたという回想、そして蘇峰の言葉には、国家主義的な発想がひそんでいるようにも思われる。他方、鑑真やペトキンにまつわる回想には国家主義的な発想がなく、国際的なひろがりをもった発想だといえる。

アメリカ留学をのぞみ、中国行きをも希望していた清水は、一九一五年三月、同志社を卒業した。しかし、ふたつの希望とも、すぐには実現しなかった。

第三章　中国伝道への道

第一節　中国への関心のはじまり

徳富蘇峰の影響

先に、清水が中国伝道をこころざすに至った理由のひとつとして『朝陽門外』であげているのは徳富蘇峰『支那漫遊記』を読んだことだったと書いた。清水のその回想によれば、同志社大学の神学部四年生の折、図書館の新刊書のなかに蘇峰のこの本があった。当時の清水は西洋のことにのみ気をとられていて、中国のことにはさっぱり興味がなかったが、その文章に引きつけられて読みすすんだ。そして蘇峰が山東の宣教師を訪問したところまで読むと、次のような文章があった。

思うに、我邦《わがくに》の宗教家にして、果して一生の歳月を支那伝道のために投没する決心あるものあるか。予は、英米その他の宣教師の随喜者にはあらざるも、彼等の中にかくのごとき献身的努力あるの事実は、たとえ暁天の星の如く少なきも、なお暁天の星としてその光を認めざるを得ざるなり。（五八ページ）

史料批判的に言えば、この回想には誤りがある。というのは、蘇峰の『支那漫遊記』の刊行は一九一八年六月であるから、同志社の四年生のときにこの本を読んだということはあり得ないからである。それに、清水は一九一七年には大連に渡っていた。

蘇峰は同志社を退学（一八八〇年）した人物ではあったけれども、新島襄との親交は続いた。新島は亡くなる直前の一八九〇年一月二一日から翌日にかけて、遺言を徳富蘇峰に口述筆記させた[1]という し、また、蘇峰の傑作といわれる『吉田松陰』（初版・一八九三年）には、「新島先生の紀念としてこの冊子を捧ぐ」という献辞がみえる。新島と蘇峰の深い関係がうかがえる。

蘇峰は、雑誌『国民之友』を主宰し、九〇年には「国民新聞」を創刊した。近代日本を代表するジャーナリストのひとりであり、その執筆生活は七十余年にも及んだ。清水の新島襄への敬愛は生涯続いたであろうし、蘇峰への尊敬の念ももっていたであろう[2]。

こういう蘇峰との関係を考えると、清水の蘇峰『支那漫遊記』回想は、読んだ時期という点では記憶違いではあるにしても、蘇峰の言葉は清水にとっては重かったとすべきであろう。というのは、清水の著作『支那当代新人物』（一九二四年）の「自序」に、「校門を出でてここに七年、この間あたかもこの〔蘇峰の〕一文を反証せんがために生けるがごとくに、支那に伝道して今日に至った」とまで書かれているからであり、のちにふれるが、アメリカからの帰国後の岐路で、蘇峰の言葉がふたたび印象深く回想されるからである。

しかし、清水と蘇峰の関係で問題になるのは、たんに年代に関する部分にあるのではない。というのは、蘇峰は、一八八〇年代に「平民主義」を掲げて思想的な出発をしたのであったが、日清戦争後にはやくも「大日本膨張論」を唱え、さらには「帝国主義」を唱えるに至っていたからである。そして、清水が同志社に入学した一九一〇年のころには、蘇峰の国民新聞社は桂内閣の御用新聞となり、大正期に入るや、護憲運動の攻撃の的になるような存在であったからである。

中国伝道を決意した清水は、蘇峰の膨張主義や、ここに引いた蘇峰の中国観には感染しなかったのであろうか。この問題にもう少し立ち入って考えるために、時間を数年前にもどして、組合教会の朝鮮伝道の問題をみておくことにしよう。

組合教会の朝鮮伝道

清水安三が同志社に入学した一九一〇年八月に韓国併合が行なわれ、その翌年には中国で辛亥革命が起こった。

韓国併合自体は一九一〇年のことであったが、すでに日清戦争は朝鮮支配をめぐる戦争であったし、日露戦争も同様であった。そのような時代であるから、キリスト教の教派のなかには、朝鮮伝道を目指す勢力が登場する。韓国併合を機に、同年一〇月、組合教会の定期総会は、全会一致で朝鮮人伝道の開始を決議し、朝鮮伝道部を設置した。そして、渡瀬常吉がその主任となって「京城」(現在のソウル)に赴任した。

日本基督教会、日本メソジスト教会も朝鮮に対してキリスト教伝道をおこなったが、それは朝鮮在住の日本人に対する伝道であった。それに対し、組合教会は朝鮮人に対する伝道に乗り出したのである。[3]

他方、徳富蘇峰は、朝鮮統監府の新聞『京城日報』にも深く関与することになった。蘇峰は、寺内正毅朝鮮総督との間に気脈を通じていたはずである。(4) 渡瀬常吉は熊本出身の士族で、若き日に蘇峰の大江義塾に学び、海老名弾正の教え子でもあるという人脈のなかにあった。(5)

海老名はすでに日露戦争中に「日韓合同論」(『新人』一九〇四年八月)を発表していたほどであって、早くから韓国併合論者であった。そして、土肥昭夫「海老名弾正」(6)によれば、一九一〇年から「三回も自ら韓国におもむいて、朝鮮教化の熱意を示した」し、渡瀬の朝鮮伝道に「十分な賛同と協力を惜しまなかった」のであった。

組合教会の朝鮮伝道に対する内部からの批判

朝鮮伝道に関する組合教会内部の動向を包括的に明確に描いた研究は、松尾尊兊の論文「日本組合基督教会の朝鮮伝道」(7)をもって嚆矢とする。

この論文はまず、組合教会の朝鮮伝道に対しては、政界・実業界の支援があった点を指摘する。引用されている史料は、一九一四年の第三十回総会における海老名弾正の報告である。そして、「此募金に付き有力なる声援を与へたるは、寺内〔正毅〕伯、大隈〔重信〕伯及び渋沢〔栄一〕男〔爵〕なりき」とはじまる『基督教世界』(一四年十月八日)の記事を引用し、それに基づき、「ときの首相大隈重信が〔朝鮮伝道のための〕募金に声援を与え、朝鮮総督寺内正毅が財界有力者に働きかけ、財界世話役渋沢栄一が三菱・三井・古河などの財閥その他大ブルジョワに拠金を勧説したさまが明確に立証される」(二四四ページ以下。〔 〕内は太田)と論じた。(8)

だが、「組合教会内部にも、さすがに朝鮮伝道の御用宗教ぶりに反撥を示す良心は存在していた。小崎弘道・宮川経輝の両長老は批判的であったが、明確にその意を表明するのを避けたらしい。〔中略〕公然と批判の矢を放ったのは安中教会牧師で『上毛教界月報』に拠る柏木義円と、その教会の長老湯浅治郎[9]、および海老名弾正の直系にもかかわらず彼らと呼応する東大教授吉野作造である。」（松尾、同右、二五〇ページ）

そして、この松尾論文は、柏木義円の「渡瀬氏の『朝鮮教化の急務』を読む」（『上毛教界月報』一四年四月十五日）を紹介し、「これこそ、最初の公然たる組合教会朝鮮伝道に対する直接的批判である」とする。

それに遅れること二年、吉野作造の「満韓を視察して」（『中央公論』一六年六月号）が「朝鮮の武断的総督政治の実態を暴露」し、「植民地の同化は不可能で、朝鮮においても民族の自治を認めるよりほかはないことを明らかにした」のだったとする。

清水の立場

松尾論文に私は何も異論はないが、問題は清水が組合教会の朝鮮伝道に関する批判を読んでいたか、この時点で学んでいたかである。松尾論文がふれている一四年の組合教会第三十回総会は、清水の同志社学生時代にあたっているから、清水がその総会に参加していたことはほぼ確実だと思うし、その報告が掲載された『基督教世界』は必ずや読んでいたものと思われる。

主流派に対する批判的論調に関してであるが、『上毛教界月報』は同じ組合教会の印刷物であるから、同志社にも届いていたに相違なかろうが、管見の限り、清水は柏木義円について言及していないと思う。吉野の論文は、清水が兵役生活中のものであるが、『中央公論』ならば、のちになって読むということもあり得ることではあり、清水が、組合教会の朝鮮伝道に対する吉野作造の見解を学んだ可能性は考えられる。

明確な証拠がない点では同じことだが、私は、松尾論文のなかに「朝鮮伝道の御用宗教ぶり」に、組合教会の長老宮川経輝が批判的であったとある点に注目する。清水は、中国に渡る際に宮川と語り合っていたと思われる。

当時の清水の朝鮮観という点では、もうひとつ考えられることがある。

清水が蘇峰の『支那漫遊記』を読んだときの回想のなかに、「その頃のわたくしは、西洋のことにのみ気を採られていて、支那のものなど、てんで興味がなかった」という部分があった。ということは、学生時代の清水は、組合教会の朝鮮伝道にはほとんど引きつけられなかったという意味にも解釈できる。また、清水の同志社学生時代の『湖畔の声』に掲載された清水の文章をみても、朝鮮や中国に関連するところはないといってよい。

ここで「西洋のこと」といっている中心に、欧米の組合教会系の「社会的福音」の考え方があったとすれば、それが国家主義的な朝鮮伝道に同調できない気持を生んでいたのかもしれない。

第二節　満洲行きと結婚

基督教世界社と一年志願兵

一九一五年三月、清水安三は同志社を卒業し、基督教世界社に入り、週刊新聞『基督教世界』の仕事についた。ここで清水が出会ったのが、宮川経輝牧師であった。

大野圭一「大陸の先覚者　姑娘の慈父　北京清水安三の半生」という三十頁ほどの小冊子（十銭）がある。それによれば、清水は、

原田〔助〕博士の主宰する雑誌「基督教世界」の記者に推薦された。それは彼〔の〕卒業論文「トルストイの内面生活」で文才を認められたからだった。その雑誌の記者をしておれば、組合教会の名士たちに会う機会も多い。そのうちには、彼の支那ゆきの後援者も必ずあらわれて来るだろうという、原田博士の心づかいだった。[10]

『基督教世界』は原田が「主宰」していたものではないが、それはともかく、清水はまだ論説を書くわけではなく、実務的な仕事をこなすことが中心であったようである。

基督教世界社で社員として働きはじめた清水だったが、第一次世界大戦中の一五年十二月、「一年志願兵」として入営することになった。『基督教世界』「個人消息」欄に、「清水安三氏　本社員たる同氏は来月〔十二月〕一日大津歩兵第九連隊に入営せらるべし」とある。[11]

一八九〇年代から一九二〇年代末までの「一年志願兵」制度は、満十七歳以上二十六歳以下で中学

校以上の学校を卒業した者にのみ認められた徴兵制上の「特典」で、兵役の期間が短いうえに、一年つとめれば下士官になれたということであろう。

清水の卒業論文のところでみたように、彼は「熱心なるトルストイアン」であったから、勇んで兵になったわけではないだろうが、「一年志願兵」になった。

中国行きの発端

一七年にはいって、牧野虎次牧師から清水の「支那行」が実現されることになったという連絡があった。(『朝陽門外』七〇ページ)そこで清水は、各方面に、「除隊したら直ぐ支那へ行く」旨の知らせをした。これに対して、ヴォーリズが強く反対したという。ヴォーリズの反対理由は、清水の学生生活に対して近江ミッションが経済的支援をしていたのだから、清水が近江ミッションで働くのは当然だというものであったと思われる。ヴォーリズも、清水の近江ミッションからの「追放破門」を知っていたはずだが、清水に近江ミッションに復帰するよう説得しようとした。

だが、ヴォーリズ自身が祖国を離れて伝道をこころざした人である。清水を翻意に至らせることはできなかった。ヴォーリズという存在こそ、清水に海外伝道ということを間近に示したものにほかならなかった。まさしく、ヴォーリズなくば清水安三なしであった。

清水の『朝陽門外』によれば、彼は一七年五月二十八日に軍隊を除隊となり、翌日に母親を訪ね、三十日に大阪に出た。そして、「中の島ホテル」で「わたくしを支那に遣し下さる六名のクリスチャン実業家と会見した」という。その六名とはいずれも初対面であったが、そのなかに高木貞衛がいた。

この六人は、清水のために月に一人割十円を寄付するという。また、宮川経輝牧師も同席した。

その集まりの翌日、清水は高木貞衛とともに大阪毎日新聞社、大阪朝日新聞社を訪問した。大阪朝日では、社会部長の長谷川如是閑が対応し、翌日の大阪朝日新聞には、清水の中国行きが二段抜きで報道されたという。(12)

清水という人選

六月はじめ、清水は大連の土を踏んだ。清水の『朝陽門外』はその日が清水安三の誕生日である六月一日だったと書いているが、高橋虔『宮川経輝』には、六月「三日は最初の日本人宣教師として奉天に行く清水安三を招待し、同氏はその晩一泊した」(13)とあって、清水の回想とは異なる。日にちの確定は困難だが、六月はじめに大連に到着したことは確かであろう。

大連では、ひと足先に到着していた牧野虎次牧師が待機していて、牧野とともに、奉天に向かった。奉天には、東京から海老名弾正が、朝鮮からは渡瀬常吉が来ていて、そこで一夕、「大講演会」が行なわれたという。(14)別の箇所で、清水は次のように書いている。

〔組合〕教会は原田助博士を先ず支那に送って調査し、その報告に基いて、私の駐屯地を満洲は奉天と定めた。海老名弾正氏をわざわざに派遣して私を伴わせた。当時原田博士といい海老名弾正氏といい、教界《ママ》を牛耳る人達、もって如何に教会が支那人伝道に興味を抱きしかが解る。すでにもう私一個の志にあらず、教会全体の事業とはなったのである。

奉天にとどまること一年有半。私は考える所あって北京に移った。(15)

これらの清水の回想について、注目すべき第一の点は、清水の中国伝道（この時点では「満洲伝道」というべきかもしれない）が、いわば組合教会をあげてともいえる支援のもとに開始されたことである。

第二は、財政的な問題である。海老名と渡瀬は、寺内朝鮮総督の協力要請に応えようとした人物であったから、特に渡瀬の場合、清水の派遣を国家主義的な観点から把握していたに相違ない。しかし、朝鮮と満洲の違いはあって、満洲伝道に資金を提供するような統治機構は見当たらず、清水が受けた資金援助は、大阪を中心とする組合教会のクリスチャン実業家たちによるものであった。

第三は、ここで清水が長谷川如是閑の面識を得たことである。一九一八年八月、「シベリア出兵」や米騒動が起こったとき、大阪朝日新聞に寺内内閣を批判する論説が掲載され、これが保守的政治家や右翼勢力を強く刺激して政治問題化した。世に白虹事件という。如是閑や大山郁夫はこの事件のあと新聞社を退き、翌一九年二月に雑誌『我等』を創刊した。同年三月に清水は北京に拠点を移し、彼の論文が創刊まもない『我等』六号に登場することになるが、それについてはのちにふれる。

ここに書いた第一の点に関連することだが、満洲に宣教師を派遣したのは組合教会である。その人選にあたったのは、清水の書いているところからすれば、大阪の宮川経輝や牧野虎次、原田助などのようにみえる。この人びとは、なぜ清水を選んだのか。この点について、「中の島ホテル」での送別会の折に、清水が宮川経輝に、

「他にもシナへ行きたいという青年教師があるのに、どうして私が選ばれたのでありますか」

ときいたところ、宮川先生はおもむろに口を開いて、

「同志社のデビス先生もソルジャーだった。君もソルジャーであるからよかろうと考えたの

だ」とお答えになった[16]。

原田助や宮川経輝が、満洲に派遣する宣教師として清水を選んだのには、むろんいくつかの要素があったであろう。断定することは難しいが、原田が清水の中国行きの強い希望を直接に聞いていたということはすでにみた。それに加えて、ここで宮川が述べている「兵士」という要素が加わったのであろう。いずれにせよ、清水は宮川や原田にみこまれたのであった。

内山完造

清水の伝記的な文書を読むと、清水は、北京の清水を訪ねた人にしばしば上海で内山書店を経営していた内山完造（一八八五〜一九五九）を紹介している。清水と内山の関係については特に語られていないように思われるが、ふたりはともに牧野虎次牧師によって中国に送り込まれた点で共通であった。清水にとってはあまりにも自明のことで、とりたてて語る必要のないことだったのであろう。

内山の『花甲録』[17]によれば、一九一三年三月、京都の商家で働いていた内山は、教会に通うようになっていた。京都教会の礼拝のあと、牧野牧師に「君は将来どうするつもりかネ」と尋ねられた。内山は、商売がきらいになったので、勉強して伝道者にでもなりたいと答えた。対話調に直せば、

牧野　商売がどうしてきらいになったか。

内山　嘘八百をいう商売、いわねば出来ない商売、それがきらいになった第一原因であります。

牧野　嘘をいわないでも出来る商売があったらやったらよいではないか。

ということだった。そして、大阪の参天堂という薬局が上海行きの店員をほしいといっていると誘わ

れた。内山はこの話に「思わず肉の躍るのを感じた」と回想している。(五一ページ)

その内山は、上海に渡り、やがて内山書店を開くことになる。そして、ここに魯迅をはじめとする人びとが通って来るようになり、「日中文化交流」のサロンのようになった。清水と魯迅のかかわりについてはのちにふれるが、上海に移り住むことになった魯迅に、清水が内山のことを話していたことは想像に難くない。

高木貞衛

先に第二として書いたこと、つまり清水の中国伝道に当たっての財政的な支援を惜しまなかった人物である「クリスチャン実業家」の一人高木貞衛(一八五七〜一九四〇)について書いておきたい。清水は『朝陽門外』に六人の名前をあげているが、そのなかで、一九二〇年代を通じて最も多額の資金を提供したのが萬年社の高木社長であったと思われる。萬年社というのは、高木が立ち上げた広告代理店である。[18]

高木は、一八五七年、徳島に武士の子として生まれ、長じて慶応義塾徳島分校で矢野文雄(龍渓)について英学を学んだ。役人、新聞記者、株式取引の会社などを転々としたが、九〇年に広告取次所萬年社を創設し、九二年に大阪基督教会で宮川経輝牧師によって洗礼を受けた。その後、組合教会の枢機に参与し、『基督教世界』の維持社員になり、同志社の参与となるなど、組合教会とのかかわりを深めた。

広告取次所は、新聞社に広告を取り次ぐ仕事をするものであり、現在の広告代理店にあたる。日清・日露の戦争期は、一方で新聞発行部数の拡大期であり、他方では明治前半期の政論中心型の新聞から報道中心の新聞に移行する時期でもあった。

広告業黎明期だったので、高木は、一九〇九年に米欧の広告業界の実情視察のため、何と半年に及ぶ旅行を敢行する。アメリカでは、日本からやって来たはじめての広告業者だということで大歓迎を受け、アメリカのある新聞にエッセイを寄稿するということさえあったという。ヨーロッパからシベリア経由で帰国した高木は、事業を拡張して行く。

高木の『広告界の今昔』によれば、「広告」の重要性に早くから気づいていたのは福沢諭吉だったというが、福沢の「時事新報」の発行部数は一五〇〇。それに対し、一九〇四年、日露戦争開始期の新聞発行部数は、『広告界の今昔』によれば、次のようである。

大阪朝日新聞	二〇万部
大阪毎日新聞	二〇万部
万朝報	一六万部
東京朝日新聞	九万部

東京でよりも大阪での発行部数が多いことが目を引く。それは当時の大阪の財界の位置がこんにちよりもはるかに高かったからであるが[19]、それはともかく、この時代に高木の萬年社は成長し、一九二〇年に萬年社は株式会社となっている。

高木は、日露戦争後の新聞・広告の発展について書いている。

広告界の機運は、予をしてまず三十九〔一九〇六〕年に朝鮮及び満洲各地に遊ばしめ、同時に、予が多年の希望は、これよりして徐徐実現の緒に就き、北京の順天時報、大連の遼東新報、満洲日日新聞、京城の京城日報等、次を逐ふて引続き一手扱いの特約を結ぶこととなった。（『広告界の今昔』九五ページ）

『京城日報』は徳富蘇峰が深く関与した新聞であり、萬年社はそこと「特約」を結んでいたのであるから、高木も組合教会の朝鮮伝道に批判的ではなかったのであろう。

瀋陽基督教会

清水安三が日本を離れてまもない時期の『基督教世界』（一七年七月十二日）第一面に、次のような「謹告」が掲載された。（原文は句読点皆無で漢文調・候文調であるので、適宜読み下した。）

拝啓　御恩寵の下、いよいよ御清栄の段、賀したてまつり候。陳《のぶ》れば今回本会において支那奉天に伝道を開始し、既に主任伝道師清水安三氏赴任、定期集会を開会致しおる次第に御座候《ござそうろう》。ついては、貴教会々員にして同地方（満洲各地）に他行の御方これ有り候わば、なにとぞ本会事務所もしくは奉天城内小川〔勇〕赤十字社病院長方清水安三宛にその住所姓名御一報成し下さりたく、この段、御願い申上げ候。早々敬具

七月五日

日本組合基督教会幹事

組合教会牧師執事　各位御中

これはつまり、奉天には清水安三という「主任伝道師」がいるということを、組合教会の牧師などに公的に宣言したものであった。

続く『基督教世界』（七月二十六日）「奉天通信」欄には、「瀋陽基督教会」という見出しのあとに、次のようにある。

海老名、牧野、渡瀬諸師来奉以来、着々準備中たりし組合教会奉天伝道は、種々なる天恩下にようやく講義所設立の運に到れり。〔中略〕名称を奉天の別名瀋陽を称し、「組合」というは支那語に通ぜざるをもって、〔中略〕教会看板には略して瀋陽基督教会と書せり。〔中略〕山下〔永幸〕氏令兄寛氏の紀念のため、子供館を日曜学校附属事業として寄附せられ、広壮なる洋館の樹陰豊かなる〔中略〕庭園にぶらんこ、遊円木、金棒、すべり台、その他の運動器具を備え付け、家鴨二十四羽を飼いて児童の慰安に供し、〔中略〕洋館〔教会堂〕の最も大なる室に、長椅子十脚、講壇を設け、もって五十名の会衆を容るに足るべし。目下清水安三氏は、最も小なる室に畳を敷きて住し、〔以下略〕

これによってみれば、海老名弾正、牧野虎次、渡瀬常吉などが奉天に事前に入って、種々の準備を整え、そこに清水が伝道者として派遣されてきたことがうかがえる。

『基督教世界』のその次の号（八月二日）にも、「奉天通信」の欄があり、「日本組合瀋陽教会」という小見出しのもとに、七月二十二日に教会堂で、「支那伝道を主とせる伝道開始式」が行なわれたこと、当日にはすでに「児童館の設備」ができて、「日支児童群がりて余念なく遊び」おること、「清水安三氏は来賓兄姉に従来の恩顧を感謝し将来の指導応援」を乞うたことが報じられている。

『基督教世界』のこの記述をみると、「児童館」は清水の到着前から準備されていたように読める。清水が奉天で「児童館」を「創設」したかのように説くものもあるが、『基督教世界』のこの記述との整合性はどうなるのであろうか。

「児童館」のことはともかくとして、組合教会の宣教師・清水安三はこうして奉天の瀋陽基督教会を拠点に活動をはじめた。

清水がめざしたのは、満洲にいる日本人にではなく、中国人あるいは満洲族に教えを説くことであった。中国に行って日本人に教えを説くのでは、近江ミッションで説教をするのと同じではないか、というわけである。その場合、まず問題になるのは、清水が中国語の会話力に欠けているということであった。そこで、現地の子どもを相手に会話の練習をするなど、工夫をしたのだが、これは短期間に成果があがることではなかった。

清水の奉天時代において何よりも重要な出来事は、清水が中国伝道の伴侶を得たことである。伴侶の名前は横田美穂（一八九五〜一九三三）[20]。

横田美穂

美穂は、一八九五年七月に、彦根藩の士族横田光太郎の長女として、滋賀県彦根に生れた。

小学校低学年のとき、学校から帰宅しようとする美穂の前に、見知らぬ婦人が現われた。その婦人は、美穂の妹がすでにその婦人の家に来ていると、美穂を誘った。

この婦人が、実は美穂とその妹の生母だったという。帰宅した美穂は、ことの顛末を祖母に話した。

祖母は、その女の話は作り話だと否定したけれども、そのことを母が立ち聞きしていた。それが継母との間にきしみを生じさせた。

小学校を卒業した美穂は、進学を希望した。横田家の経済状態では難しい話だったが、武家の娘であった祖母の力で、美穂は彦根の実科女学校に入学した。その二年生のときに出席した日曜学校に教えに来たのが、同志社神学校の清水安三だった。

小崎眞「清水（横田）美穂の信仰と生き方」[21]によれば、美穂は、実科女学校四年生のときに、彦根教会で武田猪平牧師により洗礼を受けた。そして、一九一三年に同志社女学校に入学した。学費は、美穂の叔母が裕福な家に嫁いでいたので、月謝だけは補助してくれるという話になった。また、生母の妹が同志社の教師デントンのもとで働いていたため、デントン女史と知り合い、彼女からの援助も受けることになった。

大江健三郎は、「明治・大正においては、日本人の人間関係の主軸がまさに親族関係で成り立っていた」[22]と要約しているが、安三とその長兄、美穂とその継母という関係を考えると、その「主軸」の破綻が彼らの生涯に深甚なる影響を及ぼしたというべきであろうか。

美穂は、夏休みになっても、継母のいる彦根の家には帰らなかった。そのこともあって、清水は美穂に、自分の姉の小竹キヨを紹介した。キヨは、成瀬仁蔵が設立した日本女子大学校の卒業生であった。組合教会の系譜のキリスト者となっていたキヨは、卒業後に、石井十次の設立した岡山孤児院で働いた。そして、台湾で育英事業に身を投じていた小竹徳吉の願いで結婚をしたという[23]。その小竹が亡くなったので、安三の同志社学生時代の後半には、日本に戻っていたと思われる。

清水が「少年」の頃に石井についての話を姉から聞いていたことについては、すでにふれた。キリスト教とはいかなるものかというイメージの形成に関し、安三の姉のキヨは、安三にも美穂にも小さくない影響を与えたといえよう。

また、松尾尊兊によれば、石井十次は「大陸侵略計画に反対し、朝鮮植民地化を非」とし、また、岡山孤児院の事務所をソウルに設けていて、「渡瀬常吉らによる日本組合基督教会の朝鮮伝道と大きな差があった」という。[24] ただし、石井のこうした姿勢が清水の姉キヨや清水に影響を与えたのかどうか、この点は今後に確認したいところである。

デントン

美穂が同志社女子専門部で出会ったメリー・フローレンス・デントン（一八五九〜一九四六）は、カリフォルニアに生れ、祖先は敬虔なピューリタンだった。中等学校教員免許状を取得するとともに、病院に勤め、看護術をも修め、ある町で町立普通学校の校長をつとめていた。デントンは、同志社で教えていてアメリカに一時帰国していたゴードンに出会い、同志社についての話を聞いて、職も婚約相手もすてて日本に行くことを決意。まだ新島襄の存命時代の一八八八年、二十九歳のときに同志社の教員になった。

デントンがゴードンのどのような話に引きつけられたのかは定かでないが、ひとつには、新島がいだいていた同志社で医学教育を行なうという構想だったのだろう。同志社には看護婦学校が作られていて、デントンはそこで教鞭をとった。

また、魚木アサ・横山貞子「デントン・周再賜」[25]によれば、デントンは幼いころから「男女は平等であるというかたい信念」をもっていた。新島襄も、当時の社会通念とは異なって、男女がともに学ぶという考え、婦人尊重の考えをもったひとであったから、この点も、アメリカにいたデントンを引きつけたのかもしれない。

新島の死後、デントンは一時的に同志社を離れたこともあったが、一九〇一年、再び同志社の女子専門学校および高等女学部にもどり、以後、亡くなるまで、同志社を生きる場所、働く場所とした。デントンは、学生のためにとなるべく英語を使い、「学生への伝達の方法は、教壇からの講義というよりは生活ぐるみの実際教育であった」という。美穂は、普通学部から専門部（家政科）に進み、一九一八年に女子専門部を卒業した。

美穂にとってのキリスト教

安三の『朝陽門外』（二二六ページ）によれば、美穂が同志社女学校に通っていたとき、安三と美穂の接触はほとんどなかったという。

安三の記憶にあったのは、救世軍の山室軍平の大講演会があったとき、美穂が「悔改めを促されて、恵みの座へしずしずと出て行く」のをみたことだったという。

また、美穂はデントンの住まいに「入りびたり」になっていたが、そのデントンのところには、内村鑑三、新渡戸稲造、矢島楫子《かじこ》などがしばしば宿泊し、その際に美穂は新渡戸や矢島のマッサージにつとめたという。矢島楫子は、東京婦人矯風会が一八八六年に発足したとき、その会頭をつとめた女性だった。

矢島は美穂に婦人矯風会のことを話し、美穂はその感化を受けて故郷の彦根に矯風会支部を設立したという。安三は、矯風会支部設立に際して、美穂が募金活動を積極的に行なったことが、その後の活動にも活かされたことについて述べている。

救世軍にせよ矯風会にせよ、一種の社会運動的福祉事業的な性格をもつキリスト教の活動であることに注目したい。美穂が安三とともに北京で暮らすようになり、貧困の淵に沈む少女たちの救援運動に尽力するようになるその萌芽が、美穂の場合、同志社女学校時代に形成されていたとみることができよう。

伴侶さがし

美穂と安三の姉キヨは親密になったが、美穂が同志社を卒業する前に、清水は中国に渡っていた。松本惠子『大陸の聖女』によれば、「男女七歳にして席を同じうせず」という儒教の形式がしみ込んでいる中国人の間では、独身男性が中国人の家庭にはいっていくことは不可能だと悟って、清水は結婚を考えるようになった。清水が奉天で「肺門浸潤」にかかったことも、結婚を考えさせる一因であったろう。

そこで、清水は、日本にもどり、心当たりの女性をたずねたが、話はまとまらなかった。

さかのぼれば、清水が姪の八重（長兄の娘）をその願いに応じて中国に同伴しようとしたとき、清水は牧野虎次牧師に相談をし、牧野の反対の前に同伴をあきらめた経緯があった。しかし、組合教会の幹部たちはおそらく清水の結婚自体に反対したのではなく、宣教師の妻として、キリスト者として清水と行動をともにする女性でなければならないと考えていたのであろう。

のちのことになるが、一九三三年十二月十九日、清水の妻美穂が亡くなったとき、清水は、「亡き妻を恋う」という文章を書いた。（湖畔の声、一九三四年二月号）

そのなかで、清水は、「私は今このようなことを書くのを恥しく思うが、しかし彼女の生涯を述べるためにはこれを述べないでは良心が許さぬ。それは私が若かりし頃、兵隊に徴せられる時」、つまり、一九一五年秋のことを次のように回想する。それは、清水が奉天から伴侶をさがしにもどったときよりも二年半ほど前のことになる。

私は暗い重くるしい心持をもって、基督教世界社を去って、大津の兵営に入るべく十一月三十日京都に至った。その頃同志社の女学生であった彼女に、京都駅まで来て下さいといってやっておいた。彼女は紫紺の袴をはいてやって来ていた。私は彼女を伴うて続いて汽車に乗り、石山に赴いたものである。そして某という宿屋に至って夕食を食った。〔中略〕あの時はよほど暗い心持になっていた。私が悲観的なことをいうと、彼女横田美穂子は、色々と慰めてくれたものだ。

そうこうする中に夕飯を食うてから、私が、「横田さん、今晩は泊って行きなさいね」と言った。私の言葉が言い放たるるや、彼女の態度はまるでがらりっと変って、今なお思うあの時の彼女の容貌を。そして彼女は黙々答えもせで、私を見つめていた。その時の威厳といおうか何といおうか寸分の隙間もなかった。そして彼女はつと立って、さっさと帰って行った。私が兵営で受取った手紙の中に彼女は、

「身も魂もあなたにおあげするつもりではおりますが、物の順序を踏まないでそこにまで行けません。お許し下さい」

と書いてあやまって来た。私の受けた印象の中で、あの処女時代の彼女のあの日の威厳ほど、強いものはなかった。彼女が死んでから後に、彼女の秘密の箱から私の彼女の娘時代に与えた数多くの手紙が出て来た。その手紙の中に私が、

「みさん、僕はすんでのことで、髪を剃り落したサムソン〔旧約聖書士師記〕の如くに、力も命も何もないものになるところだった。あんたは自分を救うたのみならず、私を救うてくれました」

と書いている。ああ娘美穂子は、いかに誘うても断乎として負けぬ剣の如き棘を隠し用意せる優しいバラの花であった。

結婚

伴侶を決めることができないまま奉天にもどった清水のところに、美穂からの求婚の手紙が届いた。松本恵子『大陸の聖女』によれば、そこには次のような文面が含まれていた。

明治の初年、日本が未だ封建の夢から醒めきらない頃、アメリカの若い婦人伝道師達が遥々《はるばる》海を渡って、風俗習慣の異った土地へ来て、貴い生涯を日本女子教育のために捧げて下すった事を考えますと、今度は私ども日本の女性が隣邦へ渡って、支那の女子教育のために生涯を捧げる番ではないかと存じます。どうぞ私を御傍《おそば》へゆかせて下さい。お願いでございます(26)

アメリカから日本にやって来てバイブル・クラスを開き、清水安三をキリスト教に導いたのはヴォーリズであった。異郷の地で伝道をしようというヴォーリズの熱気が、おそらくは清水を中国に渡らせる一因になった。同様の熱気がデントンにもあって、それが美穂をつき動かして安三のいる中国へ導く一因になったのではなかろうか。

清水にとって、「遥々海を渡って」来たのは、ヴォーリズでもあったが、鑑真でもあった。また、清水は、美穂がデントンの教えに心動かされたばかりでなく、彼女からはかりしれない支援を受けたことはよく知っていたはずである。

こうして、清水は、美穂と結婚する決意をし、一九一八年五月二十八日、ふたりは大連教会で結婚式をあげ、奉天での生活がはじまった。美穂は、南満医大病院看護婦学校の講師を務めたという[27]。結婚式から四カ月ほど後の『基督教世界』(九月二十六日)に、清水の論文「日曜学校教師の遭遇せる実際的問題」が掲載されている。これは清水が『基督教世界』に書いた最初の論文であろう。

奉天での清水夫妻の生活は極端に貧しいものであった。清水は、ほぼ十年近くのちのことだが、奉天時代の「貧しい生活」の一端を次のように回想した。

只私の残念に思うことは、在支十年只の一枚の外套も妻のために買いやらざりしことである。彼女は奉天で外套なしで一冬を過した。北京では私が天橋で五弗で買い取った男用の外套を直してこれを穿って恥じなかった[28]。

奉天を去る

清水美穂夫人は、結婚後数カ月、奉天に冬の訪れが近づいたころ、次のように書いた。

清水美穂（奉天）〔一八年〕十一月九日

…今更のように祖国を捨てて来給へる宣教師の御身の上に同情と共鳴とを感ずる次第でありま す。私達の仕事は思えば思うほど前途遼遠で日暮て道遠き感がいたしますけれども、ただ一片の信仰から慰安と奨励を与えられて日々を過しております。一千年の昔我邦に仏教と儒教をもたらした支那の高僧学者のように、何物かを支那に与えたい。子々孫々までも此国のものとなりても惜しからじと献身の心持でおります。このたび北京に留学を命ぜられましたので、私たちは彼地で支那語と支那事情を研究するはずであります。私どもは支那に一人でも多くの偉大なる人物が出るように尽したいと祈っております。人道主義と民主主義とのために名利を超越して戦う偉大なる人物はいずれの国にも必要かと思いますが、特に中華民国には必要のようでございます。〔以下略〕(29)

この文章は、短いながら含蓄が深い。時期についていえば、美穂のこの文章の執筆は十一月九日と書かれているから、この時点で、清水夫妻が北京への「留学を命ぜられ」ていたことが判明する。ここで「祖国を捨てて」というのは、直接には欧米系の宣教師のことを言っているのであろうが、そこには清水のことも念頭にあったのかもしれない。また、美穂が「人道主義と民主主義とのために名利を超越して戦う人物」への期待を明確に述べているのは、注目に値する。

少し先回りしていえば、『基督教世界』（二一年三月三十一日）で清水は、「小生の〔北京での〕留学期はこの二月で終りました。三月より愈々伝道をやります」と書いているので、まずは身につけるべき「中国語と中国事情」の研究には、奉天という場所は適切とはいえず、北京に居を移すのが望ましいという判断も働いたのであろう。

清水が奉天から北京に移動した経緯には、一九一〇年代末の同志社内部の「紛争」の余波という面もあるらしい。清水は「命ぜられ」る形での北京行きとあいなった。

先に、徳富蘇峰の『支那漫遊記』（一九一八年）を読んだことが、清水の「支那」行きの一契機となったという清水の回想にふれた。「満洲」は「支那」とは別という意識があったとすれば、清水は、奉天を去って北京に移るときに、蘇峰の言葉を深くかみしめたのかもしれない。

時代は大きく変転しつつあった。一九一四年夏にはじまる第一次世界大戦は、日本にはむしろ好況をもたらしていた。清水が満洲の土をふんだ一七年六月には、ヨーロッパ列強は世界戦争のさなかにあり、ロシアも戦争を続けていたし、アメリカも参戦したばかりであった。満洲への列強の圧力は弱まっていた。

だが、一七年十一月にロシア革命が起こり、一八年三月にはロシアの革命政権とドイツとの間にブレスト・リトフスク条約が結ばれて、ロシアは戦線から離脱する。清水夫妻が奉天で暮らしはじめてまもない一八年八月、日本政府の「シベリア出兵」宣言がなされ、ロシアの内戦の波はシベリアに及び、満洲の緊張度も高まってくる。

ヴェルサイユ会議では、民族独立をうたうアメリカのウィルソン大統領の十四箇条が提起されていた。一九一九年三月、朝鮮では三一独立運動がはじまり、「独立万歳」の叫びが巨大なうねりとなって全土をおおった。

『基督教世界』（一九年四月十日）「個人消息」欄に、「清水安三氏　留学のため北京に赴かる」とあるが、「清水夫妻」とは記されておらず、このときは美穂は日本にもどった。清水が奉天から北京に移ったとき、北京は五四運動前夜にあった。

第四章　北京のスラムと学校の設立

第一節『我等』への寄稿のころ

記憶の曖昧さ

清水安三の『朝陽門外』は四部構成になっていて、その第二部は「崇貞物語—清水安三自伝—」となっている。したがって、彼の伝記的なことはこの本をみていけばよいということになりそうである。だが、清水が奉天から北京に居を移したのは一九一九年、この本の刊行から二十年前のことである。二十年前のことだからといって記憶が曖昧になるとは限らないけれども、一般的に言って、当事者の「証言」だけで歴史が書けるわけではないこともまた自明である。

単純な一例をあげる。『朝陽門外』に、「わたくしは民国八年五月北京に来た」（九五ページ）とある。「民国」は辛亥革命後の一九一二年を元年とする紀年法であるから、民国八年は一九一九年となる。大正元年も同じ年にあたり、年に関して偶然にも同じ暦である。

他方、『基督教世界』（一九年五月二十二日）の清水安三「北京通信」冒頭には、「三月々底住み慣れし奉天を離れ、燕京に到着、〔中略〕一年有半の奉天生活は青年者に取りて、涙の谷を余りに多く過ぎ行くべきものに候き」とある。「三月々底」とは三月末、燕京は北京の旧名。となると、この記事から考えて、清水が北京に移ったのは三月末で、それを「五月」とするのは清水の記憶違いだったとみなすべきである。ちなみに、「涙の谷」は旧約の詩編八四章にみえ、現在では「嘆きの谷」と訳されるが、清水夫妻の奉天での生活を象徴しているようでもある。

「わたくしは民国八年五月に北京に来た」といった清水の記述に接すると、疑問の余地のない事実のようにみえるが、そうとは限らないということをこの例は語っている。

私の印象では、清水の書いた伝記的記事には日時や住居に関する記憶違いが散見される。それが北京に移ったのが三月だったか五月だったか程度ならまだしも、重要と思われることでも記述が混乱している場合もある。伝記を書くには、まずは回想された事柄の日時などに関する吟味、つまり史料批判が不可欠だが、ここにあげた単純な例は、その必要性を如実に示すものである。史料批判の過程に関する記述をわずらわしいと感じる読者もおられようが、伝記である以上、必要と思われる範囲で、私の解釈の根拠を示しておきたいと思う。

雑誌『我等』掲載論文

五四運動前夜に当たる一九一九年三月末、清水が奉天（現在の瀋陽）から北京に居を移してまもなく、『我等』（六号）に「支那生活の批判」という題名の論文が掲載された。その冒頭に「北京　清水安三」とあり、そのすぐうしろに、本論の筆者清水安三氏は、三年前支那人に対して基督教を伝道する唯一の邦人として同国に渡って、以来各地に宣伝に従い、かたがた支那事情の研究に没頭している篤志家である。（記者附記）

と注記され、文末には「一九一九、三、二五」と記されている。この論文を少し紹介すると、まず冒頭は、「支那は傲慢なヨーロッパ人の見るように、未開な野蛮ではない」「支那人は気早な日本人の批判するように、過去の文明人ではない」という、現代風にいえばオリエンタリズム批判の趣で論がはじまる。

他方、「日本が人種差別撤廃を主張する限り、台、鮮、支人に対する自分の態度を反省し改革するを要する」とも書いていた。「人種差別撤廃」というのは、当時アメリカに移民していた日本人に対する差別を念頭においたものであるが、その撤廃を主張する日本は、台湾人・朝鮮人・中国人に対して、差別をしていないのかと問いかけたものであった。

この論文の重要な部分は、第一に、「支那は少数の『馬鹿の論客』と『怜悧な民衆』の多数から成り立っている」とする点にあり、第二に、「南北の分争は新旧両思想の衝突で、古い頭の親は北方で、新しい思想の子は南方に似ている」とする点にあった。

第一の点の「馬鹿の論客」とは中国の伝統的な支配者のことである。日本の「支那通」は、この「馬鹿の論客」をみて中国を論じているが、「怜悧な民衆」の動きのなかにこそ「真相の支那」があると清水は断定する。また、「『怜悧な民衆』は絶対に平和を愛する」とか、「支那はロシアよりかもっと若いであろう」といった文言もみえる。(1)

多数の「怜悧な民衆」に着目している点も興味を引く。また、ロシアより若いというのは、一九一七年のロシア革命をふまえての発言である。

第二の点は「南北の分争」であるが、北方軍閥と南方の孫文を中心にする勢力とを対比し、南方側に中国の将来はかかっているといると清水はみているといってよい。

論としてはいささか抽象的だとは思うが、「事件」についてではなく「状況」について書いているので、こういう論じ方になるのであろう。

清水が北京から原稿を送った先が『我等』だったというのは、彼が中国に渡る直前に長谷川如是閑の面識を得ていたという理由だけによったわけではなく、この雑誌がデモクラシー的な性格をもつものだと明確に自覚していて、清水もそれに共鳴するところがあった結果でもあろう(2)。

清水の最初の『我等』掲載論文には、ここにその一端をみたように、中国の民衆運動に共鳴していく方向性がうかがえる。これをデモクラシー的方向というとすれば、それは、組合教会が朝鮮に送り込んだ渡瀬常吉の立場、あるいは、『京城日報』をになった徳富蘇峰の立場、すなわち「日本」の利害を背負った国家主義的傾向とは、かなり方向性が異なる。組合教会の多数派が朝鮮総督府との連携を考えていたのに対し、清水は『我等』掲載論文においてデモクラットとして登場したのである。

中国語習得と当時の北京

とはいえ、中国での活動を続けていくためには、まず中国語を習得しなければならなかった。清水が奉天において中国語習得にはげんでいたことはむろんだが、まだ不十分であった。そこで、北京では「大日本支那語同学会」という学校に入学し、まずはその寄宿舎に入って、「支那語と支那事情の研究に没頭した。」

当時の北京の一端を、清水のことからひとまず離れて、次にみておこう。

丸山幸一郎『北京』（一九二二年）という本がある。私がみたのはその第三版（大阪屋號書店、東京、一九二三年）であるが、新書本サイズで五一八ページ、写真もかなり入った北京のデータブックであり、ガイドブックの役割もある。清水安三も「北京に於ける耶蘇教」という項目（十六ページ分）を執筆している。なかなか厚手のガイドブックであるが、こうした本が増刷されるほど、日本人と北京とのかかわりが広がりつつあったことがうかがえる。この丸山は、清水との親交があったが、その点についてはのちにふれる。

この『北京』には、「北京の邦人」という項目があり、北京在住の日本人の数が、一九〇一年から二三年七月まで年ごとに記載されている。そこから抜き出すと、

一九〇一年末	四九戸	男一六五人	女　七人	計　一七二人
一九二三年七月	三五八戸	男七三八人	女六九二人	計一四三〇人

である。その出身地域は四六道府県に及び、二三年七月末時点で、右の「内地人」のほかに朝鮮人一八七人、台湾人四一人とある。

吉野作造が注目した清水論文

一九年に清水が『我等』に寄せた論文に、「在支外人生活の批判」（十二号）があるが、その後まも

なく、清水のある論文が吉野作造の注意を引いた。そのことは、数年後の吉野の一文から判明する。吉野は、清水の著作『支那新人と黎明運動』『当代支那新人物』（ともに一九二四年刊）に「序」を寄せた。（二冊ともに同じ「序」が出ている。）この「序」ならびに清水の著作についてはのちにやや詳しくふれることとして、ここでの文脈にかかわる部分だけを抜き出すと、こうある。

第一に清水君の本は非常にいい本だ。清水君は支那の事物に対して極めて公平な見識をもっている。今日は親友の交りを為しているが、予が氏を識るに至ったのは、実は大正九年の春同氏が某新聞に寄せた論文に感激してわれから教《おしえ》を乞うたのに始まる。爾来《じらい》同氏はいろいろの雑誌新聞に意見を公にされているが、一つとして吾人を啓発せぬものはない。最も正しい見解の抱持者として今日の支那通中蓋《けだ》し君の右に出るものはあるまいと信ずる。

ここで注目すべきは、この引用のうちの（A）「今日は親友の交りを為している」という部分、（B）「予が氏を識るに至ったのは、実は大正九年の春同氏が某新聞に寄せた論文に感激してわれから教を乞うたのに始まる」という部分である。

まず、（B）から検討したい。

吉野は『中央公論』一九二〇年二月号の論文「時論　支那学生運動の新傾向」(3)で清水について言及し、中国の動向に関連して次のように書いている。

世上には或《あるい》は之《これ》〔支那の日貨排斥運動〕を根拠なき一時の軽挙妄動と看做《みな》し、或は外国の煽動に由《よ》る浮薄な運動だなどという者もあったが、是等《これら》は事の真相を誤るの謬見《びゅうけん》たるのみならず、かかる謬見に基づく対策に因《よ》って被る損害の測るべからざるものある事は、吾人の已《すで》に繰返して主張せる所であった。先月央《なか》ばの『大正日々新聞』に表われた清水安三氏の所説は此点に於《おい》て大いに見るべきものがある。其頃《そのころ》同紙の社説に表われた日貨排斥対応策も亦《また》、吾々の大いに同感を禁じ得ざる所であった。

ここに、「先月央ばの『大正日日新聞』に表われた清水安三氏の所説」というのは、『大正日日新聞』一月十三・十五・十九・二十日に連載された「排日の解剖」と考えられる。吉野のいうこの清水の連載記事は、なかなかの迫力をそなえているだけでなく、清水の北京での活動の基本方向を表明するものだといってよく、吉野が「感激してわれから教を乞うた」ことになったものである。

「排日の解剖」

では、清水の「排日の解剖」(一)〜(四)はどのようなものだったか。

この連載記事は、五四運動などに示された排日の動向を、外国人宣教師や日本に留学した中国人(留日学生)たちに関する統計を利用し取材を重ねて分析し、論じたものだといえる。その中心的な論は、日中親善のあり方にかかわる。

清水によれば、留日学生のうちで「日露戦役前後に亘《わた》って日本に遊学したものは最も排日的である。」なぜなら、当時の「日本の空気がミリタリズムの黄金時代」であったからである。

また、日露戦争前後以降、中国における「排日運動」に加担している在中国の外国人宣教師(プロテスタント)に関して、彼らに「与えた日本の印象が余りに露出《むきだ》しな侵略主義的なものであったがために宣教師は最近日本国民思想の推移などに眼を注いで日本を理解するの余裕に乏しい」とも清水はいう。

つまり、かつての留日学生たちや在中国の外国人宣教師たちは、大正デモクラシーの新動向をご存知ない。しかし、日本はすでに軍国主義から抜け出しつつあるので、「排日」の根拠自体が失われていくのだというのが清水の見方であった。

日本が「軍国主義から抜け出しつつある」という見方は、一九三〇年代以降の日本の歩みから考えれば、ほとんど幻想のごとくだったと判断されるかもしれないが、一九二〇年はじめという時点では、吉野も基本的には「軍国主義を抜け出」す方向をめざしていたと考えられるし、そうした方向に希望をつないだからこそ、彼らは日中間の人的交流を促進しようと動いたのだった。

実際、「日本思想界の新進が発表したる主要なるものは必ず彼等の雑誌には訳載せられる」と清水は書いているので、北京で「文化運動」をしている中国人たちには、日本の「デモクラシー」思想の一端は伝わっていたといえよう。

そうした実情を背景に、清水はこの「排日の解剖」で、「人道主義」あるいは「四海同胞主義を以て日支親善を建設することが今の場合残されたる唯一の方法であるらしい」と考えた。北京における清水の二十年をこえることになる活動の基本的な姿勢がここに表明されたとみることができる。また、「国家的打算を以て日支親善」をしても、「風向」いかんによって排日につながりかねないとも書いている。

ここに表明された清水の立場は、彼の政治的判断によっているのではあるが、それ以上に、「耶蘇教の真理がミリタリズムに反対するもの」だという認識から来ているといえよう。

具体的方策として、近年の日本の状況に通じていない在中宣教師たちに日本に来て、その現状をみてもらう便宜を与えるべきだといった提案なども行なっている。

吉野が清水の名前を知ったのは『大正日日』の連載記事だったというのだが、この新聞は一九一九年十一月に創刊され、その主筆は鳥居素川であった。素川も先にふれた「白虹事件」によって大阪朝日新聞社を退社した人物だが、吉野作造の日記（たとえば、一九二〇年一月二十二日条）に、鳥居のことが出てくる。それゆえ、吉野がこの新聞社の人脈を媒介に、記事を寄せた清水と迅速に連絡をとることは容易だったとみることができる。

先に吉野の『中央公論』論文を引用したが、その引用の末尾に『大正日日』社説への共感が表明されていた。この『大正日日』の特色に立ち入る紙面的ゆとりはないけれども(4)、明らかなことは、清水の言論活動は、『我等』や『大正日日』にみられる大正デモクラシーの言論の流れに、その人脈との連携を意識しながら、自ら入りこんでいく形で開始されていたという点である。

すなわち、デモクラット・清水安三の出発点に、『大正日日』連載における自己定位——「人道主義」にもとづく「日支親善」への尽力——があったというべきであろう。

『基督教世界』論文

以上で、（B）「予が氏を識るに至ったのは、実は大正九年の春同氏が某新聞に寄せた論文に感激」という部分の「論文」が、『大正日日』連載記事だったという点は明らかになったと考える。

次に、先の引用のうちの（A）「今日は親友の交りを為している」という部分は何を意味するか、という問題を説明しなければならないが、その点は少しのちに説明することにして、ここで、もうひとつの清水論文をみておこう。それは、『基督教世界』第一八九八号（一九二〇年三月十八日）に掲載された「理解すべき排日運動」である。この論文は、清水が五四運動をどうみたか、日中の関係をどのように考えたかという点で重要であるからである。

なお、吉野がこの『基督教世界』を読んでいたことは確実である。なぜなら、吉野は海老名弾正の弟子であり、この組合教会に属するキリスト者であったからである。

清水のこの論文は、次のようにはじまる。

> 支那において群衆運動が、ああまで成功しようとは、誰しも思い到らなかった。首都北京の真中で、排日に熱する学生青年が、勝手次第に商舗を襲うて日貨を街路に吐き出させて、破壊し焼棄する、商家の小僧も番頭的《ママ》も応戦拮抗するどころか、協力加勢してぶっ壊している。出資者も経営者も、そうすることが一種の広告であり、信用の増進である限り、黙許し尻押ししている。巡査と兵士はこの光景をきょ《ママ》りろりっと黙視して制しもせず、声もかけず手も出さぬ。それは番頭や巡査兵士連に、排日感情が胸いっぱいである限り、どうすることもできないであろう。

一九一九年の五四運動から約一年が経過している時点での論である。中国の「群衆運動」が「成功」するという書き方からは、五四運動への共感がうかがえる。五四運動それ自体は、学生を中心とし、数千人の規模のデモンストレーションであって、必ずしも大規模とはいえないが、この清水論文は、「排日運動」の広がりや根深さを伝えている。

吉野作造の中国論(5)と、先に一部を紹介した清水の『大正日日』連載記事およびこの『基督教世界』

論文を読み比べてみれば、ふたりはかなり似通った見方をしていることがわかるし、清水の描き方には、さすがに現地の北京で排日運動の動向をよく観察していたと思わせるものがある。吉野が「感激」したのももっともである。

五四運動と海外伝道

五四運動をほぼ全面的に肯定するこの清水論文は、現代の日中関係を念頭におけば、アクチュアリティの乏しい話にみえるかもしれない。しかし、戦前の日本にこのような観点が存在していたことを確認することは、日中関係という「歴史認識」に一定の意義を有するものと思われる。

この清水論文でみのがせないところは、一九一五年の「対華二十一箇条」以降の排日の動きに対応して、「日支親善」のために「文化的事業」をしようとする傾向を批判的に論じた部分である。その動向について、清水は、

病院を建設しようというもの、学校を開こうというもの、可成《かなり》に多い。けれども国家のメイドサーバントとして来るものにどれだけの支那人を愛する心があるかが疑問である。病院を建てても生涯の業として来ていぬ看護婦や医師が、支那語をやる気にならぬのも無理ないことである。〔中略〕割良い俸給で暫く雇われて行くものが医師や看護婦である間は、やればやるほど、他国の文化的事業に比較せられて、馬鹿にせらるるのみである。基督教の伝道をすら、国家の手先に用いるものすらある。〔中略〕

もっと日本人が国家を忘れ得ねば、支那人と手を握ることができない。支那人と共に排日運動

を起す位の、大きい度胸を持合せていないでは、どうすることもできぬ。合弁事業も支那人を益して、日本人には損ある如き事業をどんどん興すがよい。〔中略〕支那人留学生が、どこに来ているか解らぬから、日本の教育ももっと世界的なものに解放して、愛国者を作るよりも、世界の人間を育てることに改めるがよい。日本を愛するものは、もちっと日本の国家を忘れるべきではないか。

と書いている。ここには、「文化交流」に携わるものにとっての外国語といったようなこともあるけれども、みのがせないのは、キリスト教伝道を「国家の手先」になるような形では行なわないとする意思表示がここには含まれているという点である。これは、抽象的に考えれば、国家主義への批判ということもできる。しかし、歴史上の文脈からすれば、名指しこそしていないけれども、組合教会主流による朝鮮伝道も念頭にあったとみるべきであろう。

組合教会の朝鮮伝道という点では、清水の『大正日日』連載記事にもみのがせない指摘がある。それは、次のような日本のキリスト教会に対するある種の批判である。

日本の耶蘇《やそ》教会では先輩という階級が官僚めいた口吻を弄んで、びくびくしている後輩連を頤《い》使《し》しているのに比較すると、支那の耶蘇教はよりデモクラチックである。青年が大勢を支配しているから活気がある。

やや文意がとりにくく、また、「日本の耶蘇教会」が具体的に何を指しているのかは、この記事だけからは判然としない。だが、清水が内情に通じていたのは組合教会であるから、その組合教会は「デモクラチック」な性格に乏しく、やや「活気」に欠け、後輩を頤使、つまりアゴで使っている、という批判であろう。

吉野と清水の交わり

吉野作造が清水と「今日は親友の交わりを為している」と書いた部分（先にAとした部分）の具体的な中身を検討するといいながら、やや回り道をしたが、この問題を検討することにしよう。「親友の交わり」というからには、ふたりの間に通り一遍ではない交流があったとしなければならない。では、どういう交流があったのか。先に述べたように、この点で、清水は北京にいるのだから、教えを乞うべく吉野のまず行なったことは、論文を読んですぐに清水に手紙を出したということにちがいない。

大正デモクラシーの旗手のような存在である吉野からじかに手紙が来たとなれば、吉野のために、あるいはデモクラシーのために一肌脱ごう。そのように清水は考えなかったであろうか。おそらく清水はその吉野の手紙に触発されて動いた。

その動きを伝えるものが、『大阪毎日新聞』（一九二〇年五月一日付）の「日支親善運動　吉野作造博士談」という記事ではなかろうか。ときあたかも、清水夫妻が崇貞学校の発足に向けて動き出したころであるが、その点はのちに述べる。その記事全文は、次のようである。

昨年の八月頃私と北京大学教授との間に了解が成立した。新しき日支親善運動のため北京側の教授胡適、陳独秀氏を始めとし支那学生諸君が来る六月までに来朝すべしとの報道は半《なかば》事実であり半は尚早の報道である。この計画は昨年の夏私が個人として北京に出かけ、友人の家にでも宿泊して各方面の人々にも接触するという至極簡便な方法を取り、然《しか》る後私がやった如き簡便なる方法によって北京大学の少壮教授や学生諸君を日本に案内したいというのであったが、支那側から考えればソンナ簡単な方法で済ますわけには行かぬ、私を三四箇月間支那側で招聘《へい》する形式によりたいとの希望を回答されたので、かつ当時は未だ其実行時機《ママ》にも達していなかったので、一時無期延期の形となっていたのである。処《ところ》で今回は組合教会牧師として北京に在る清水安三氏が少し早飲込をして此の計画を進め、早くも胡適教授等及び学生諸氏の来朝計画となったらしく、実は私の方が詳細の報道に与《あずか》っていない次第だが、北京大学側では必ず李大釗《りたいしょう》、陳啓修氏等の教授の他に晨報《しんぽう》の有力なる記者陳溥賢《ちんふけん》氏等が大に斡旋しつつあることと思う云々《うんぬん》

この記事は吉野の話を記者が録したものだが、この記事に注目したのは、松尾尊兊である。その論をみる前に、この記事に出ている人名について簡略な注釈をつけておこう。

陳独秀は、中華民国の新しい文化運動をになった雑誌『新青年』を創刊した人物で、日本への留学経験ももつ。一九一七年には北京大学の文化科長になっていた。二一年には上海での中国共産党の創設にも参加した。胡適は、コロンビア大学のジョン・デューイのもとで学び、『新青年』での「文学革命」の推進者となった人物で、この時期よりはだいぶあとのことだが、雑誌『改造』にも寄稿したこともあり、日本での知名度もあった。

清水と李大釗など

李大釗（一八八八～一九二七）は、中国共産党創設に参加した人物として知られるが、吉野の天津

法政専門学堂時代（一九〇七〜〇八）の学生であって、その後も吉野に敬意をもっていた。清水は、のちにふれる論文「回憶魯迅」において、「米国留学中（一九二四〜六）に大切な三人の友人を失った」とし、そのひとりが李大釗だと書いている。厳密に言えば「留学中」ではないけれども、それはともかく、李は「大切な友人」だったわけである。

清水は八十九歳のとき「李大釗先生の思い出」という回想を残した。(6) この「思い出」によれば、早稲田大学に留学中の李大釗は、丸山伝太郎牧師（組合教会派）の丸山寮に住んでいた。丸山伝太郎夫妻はともに同志社出身だということもあって、清水は上京するとこの丸山寮に泊めてもらい、その寮で清水と李大釗は面識を得ていたという。李大釗が日本に留学してきたのは、一九一四年夏以降で、その時代に丸山寮で清水と李大釗との邂逅があったことになる。

清水のこの「思い出」によれば、清水が北京に移住してまもなく、丸山昏迷《こんめい》（先にみた『北京』の著者・丸山幸一郎）を通じて北京大学教授の陳啓修と知り合い、陳啓修の主宰する集まりで李大釗に再会したという。ただ、清水が陳や李と北京で出会った時期が判然としないうらみは残る。

松尾尊兊は、「吉野作造の中国論」(7) において、一九一九年の五四運動後に、「日中両国の解放運動の提携を具体化」すべく、両国の教授・学生の相互訪問の計画が立てられたことにふれている。それによれば、吉野の論文「日支国民的親善確立の曙光」（『解放』一九一九年八月号）に、この提携計画の一端が示されている。吉野自身がこの提携のために中国に行く計画もあった。しかし、この吉野の訪中が進展しなかったことは吉野日記からもうかがえる。そして、一九二〇年初夏、北京大学の学生五人が来日することになった。松尾は、この論文で、次のように書いている。

吉野はこの挙は前年来北京在住の日本組合基督教会牧師清水安三が計画を進め、李大釗、陳啓修および陳溥賢らが斡旋しているらしいと観測しているが（『大阪毎日新聞』五月一日）、この観測は的外れではなく、学生の来日にあたっては、李以下の三人が署名した紹介状を持参している（『宮崎家文書』）。

ここで注目すべきは、清水が「新しき日支親善運動」にかかわっていたという吉野の「観測」がほぼ確実であることである。つまり、五四運動後の日中関係をデモクラシーの観点から活性化させるべく、吉野たちは日中間の教員と学生の交流を構想したのだが、清水も、おそらくは李大釗と連携して、それに呼応していたことになる。「呼応」したというより、吉野の意図を清水が忖度して動いたのではなかろうかというのが私の推測である。吉野からみれば、清水に「早飲込」のきらいがあったにしても、この清水の行動こそが、吉野に「親友」と感じさせたものであったにちがいない(8)。

「どえらい革命」

吉野とのかかわりから転じて、北京時代における清水の最初の活躍の場であった『我等』に掲載された論説についてみておこう。

清水の『我等』寄稿論文数は十一であり、一九一九年には「支那生活の批判」、「在支外人生活の批判」が発表されている。そして、二〇年に四本、二一年に二本、二二年に二本、二三年に一本という具合である。

清水の『我等』論文のうち、「支那最近の思想界」（二〇年八月）は注目すべき論文である。ここで

清水は、五四運動をリードした北京大学の学生たちの動きについて、彼らの

> 排日提唱はデモクラチック・ムーブメントの一端であった。〔中略〕民衆運動の思想的花形、北京大学生は最初から、人間の自由と平等のために闘わんとする精神に熱していた。

と書いている。また、「支那民衆運動」は、当初は「愛国運動」だったが、それが「デモクラチック・ムーブメント」に変化したとも書いている。そして、その運動は、「今日では純然たるデモクラシイのための民衆運動に成上った」とみた。と同時に清水は、「ナショナリズムからインターナショナリズムに移る傾向が、支那学生達に見え出したのは、比較的最近のことである」とも書く。これらの言説をあわせ考えれば、「純然たるデモクラシイのための民衆運動」は「インターナショナリズム」的だということになろう。

清水は五四運動を評価したが、それはその「愛国的」側面に着目したというより、その「インターナショナリズム」的な側面を重視していたことが、この論文からうかがえる。すなわち、清水はデモクラットとしての言論活動を鮮明に打ち出したといえる。時期的にいえば、この論文が書かれたと思われる二〇年初夏は、すでにみた北京大学学生団の来日の時期であり、清水は、その動向のなかに「インターナショナリズムに移る傾向」をみてとったとみることができよう。

この「支那最近の思想界」論文のあと、『我等』に、「支那に亡国の兆ありや　支那の将来と対策如何」（二〇年十一月）が発表された。その末尾の一節に、

> 帝国たる日本が民主国たる中華民国を承認したる如くに、支那に如何なる革命が起ろうと、差出口を叩く必要はあるまい。〔中略〕如何なる時にも、日本は民論に好意を表示するのが、最も怜《れい》

悧《り》ではあるまいか。孫逸仙〔孫文〕、黄與と共に、革命に奔走したる日本浪人があった如くに、孫洪伊《こうい》、陳独秀と共に、来るべきどえらい革命に奔走する特志者が、一人や二人あったってもよかろうではないか。

とある。この「どえらい革命」がどのようにイメージされていたかは必ずしも明瞭ではないが、学生たちを中心とする動きのなかにみた「インターナショナリズムに移る傾向」の延長線上に「革命」を予感していたのであろうか。孫逸仙（孫文）のために奔走した「日本浪人」、代表的な人物としてすぐに頭にうかぶのは宮崎滔天（一八七一～一九二二）であり、その波乱万丈の姿は『三十三年の夢』（岩波文庫など）に活写されているが、滔天の後継者をもって任じようとするかのごとくである。[9]

『上毛教界月報』における渡瀬批判

先に引用した清水の論文「理解すべき排日運動」のなかに、「国家のメイドサーバントとして来るもの」とか、「基督教の伝道」を「国家の手先」になって行なう者があるという表現がある。これは、組合教会の朝鮮人伝道に対する間接的な批判として、あるいは、その背後にある政治勢力への批判として読むことができるところであるが、この点について次に考察しよう。まず、こうした批判を含む清水論文が『基督教世界』に掲載されたこと自体、驚きである。

というのは、吉野作造の書いた文章でさえ、『基督教世界』は掲載を拒んでいたからである。[10] この点は、『上毛教界月報』（一九年十一月十五日）に掲載された柏木義円宛の「吉野博士の書簡」（十月二十七日付）が、その経緯を伝えている。吉野はその書簡のなかで、組合教会の朝鮮伝道という方針が根本的に誤っていることは明白で、組合教会幹部が朝鮮伝道を後援するのは「醜の極みにして組合教会の一員として小生の最も遺憾とする」ところだと書いている(11)。

この『上毛教界月報』の発行から半年もたっていないのに、ここにみたような清水の論説が『基督教世界』に掲載されたのである。

ここでの問題はふたつ。第一に、清水論文が「編集幹部の容《い》るる」ところとなったのはなぜか。第二に、このような批判的観点を、清水はいかにして獲得したか。

清水論文の周辺

第一の点については、まずは清水の「批判」が間接的なものだったということが指摘できよう。吉野の手紙にあるような、組合教会の「従来の伝道方針の根本的に誤れる」とか、それに対する批判の封殺を「醜の極み」だとするような歯に衣着せぬ批判とはニュアンスを異にするということである。それに、清水はまだ按手礼を受けていない、いわば牧師見習であって、その意見などとるに足りず、影響力もないとみなされたのかもしれない。さらには、時代の変化も作用したかもしれない。三一独立運動に衝撃を受けた日本政府が、一九年八月には朝鮮総督府の「官制改正」を行ない、朝鮮総督を長谷川好道から斎藤実に交替させ、「文化統治」にのりだしたという変化に対して、『基督教世界』編集部もいささかの対応をしようとした可能性もある。

第二の点、つまり、組合教会の朝鮮伝道に対する批判的見解を、清水がどのようにして獲得したかという点であるが、学生時代のところでもみた『上毛教界月報』を刊行していた柏木義円も新島襄の教えを受けた人物であり、清水のもとにも柏木の創刊になるこの『月報』届いていた可能性も否定できない。また、吉野論文のいくつかを清水が読んでいたことは、清水「現支那の儒教」（基督教世界、二〇年十一月十一日）に明記されている。その影響があったのであろう。

先に、清水が北京に移ってすぐにその論文を『我等』に送ったことをみた。そして、その『我等』への寄稿自体、長谷川如是閑らのデモクラチックな姿勢への共感のなせるわざだったのだろうと推測した。この推測が妥当だとすれば、清水のデモクラットとしての姿勢は、奉天時代にすでに確立されていたとみなければならない。となると、それははじめて接した中国の現実から何ごとかを学んだ結果であったのか、清水が同志社の学生時代に接した「社会的キリスト教」に学んだゆえだったのか、あるいは、救世軍や矯正会の活動に共感し、京都の西陣教会において日曜学校の教師をしていた経験のある美穂夫人から影響を受けるところがあったのか。明確には確認しがたいが、これらの要因が綯い交ぜとなった結果だったと推察したい。

「国家的利益」の伝道批判

右の第二の点に対する直接の答えになるわけではないけれども、注目したいものに、清水の論文「果して日本基督教徒に支那伝道の使命ありや」（基督教世界、二〇年十月十四日）がある。

国家的利益の上に立って伝道することは、有害無意味である。傲慢なる優勝者の根性で伝道することは神を恐れぬ仕業である。只《ただ》、只実に自らは取るに足らぬ糞土《ふんど》の如きものであるけれども、耶蘇《イエス》を知れる喜びを、支那人に分ちたい。その貧しい心持ちに浮んだ伝道心においてのみ、支那伝道の使命が明かになる。国を異にせることには何の興味もなく、只隣人であることに感興を抱いて、耶蘇の律《おきて》のごとく、自らを愛するごとく、愛するに過ぎない。誰の応援も多く心頼まぬ。只神を信じて自らを潔めながら、支那人を隣人とする、こういう伝道者がおれば、国と国とは必ず平和を日々に増すであろう。

と書いている。ここに出てくる「傲慢なる優勝者の根性で伝道するとは神を恐れぬ仕業である」という表現は、最大級の非難であろうが、この傲慢者とは、松尾尊兊の指摘するように朝鮮伝道を推進していた渡瀬常吉たちを意味しているというべきである。(12) 清水はこの論文で、「愛国心と矛盾するならば、耶蘇を棄て、国家を守る」というキリスト者がいるが、「国家問題に超越せしは耶蘇であった」とも書いている。

わたしの隣人とはだれですかと問いかけた「律法の専門家」に、イエスがサマリア人のことを引き合いに出して語る記事がルカ福音書十章にみえるが、この清水論文では「支那人を隣人とする」という考えが、渡瀬的立場への批判の根拠になっているといえよう。あるいは使徒行伝十五章にみえる異邦人伝道についてのペテロの言葉も念頭にあったかもしれない。

以上にみてきた清水の『我等』論文の延長線上にある清水の著作についてはのちに検討することにしよう。次節では、北京における清水の重要な活動である学校の設立に眼を転じることにするが、学校設立の前提になった清水の考え方にふれておこう。

「足を洗う」

清水の戦後の回想記に『北京清譚　体験の中国』（教育出版、一九七五年）があって、その後編は「中国人の足を洗う」と題されている。清水は自らの仕事を要約して、「私の中国人の足を洗う事業」と説明している。（同書、一七七ページ）

この「足を洗う」という言葉は、ヨハネ福音書十三章にみえる。イエスが最後の食事の折に、弟子たちの足を洗った。この言葉に関する新井明の説明によれば、この行為は師の立場にあるものが弟子たちに行なう仕事ではない。ほんらい奴隷階層の者に託された仕事である。しかしイエスは弟子たちすべてにそれを行なった。「イエスは相手が誰であろうと、『愛の模範』を示したかった」のであり、そこに「イエスの低き姿」、「従順の姿」、他人に「仕える」姿があるというのである。[13]

清水がヨハネ福音書の「足を洗う」という言葉を、「中国人の足を洗う」という形で自分の生涯の仕事の意義付けとして使いはじめたのがいつの時点であったかは、定かでない。しかし、この言葉につながる姿勢は、清水が一九一七年に中国に渡る時点でもっていたものとみるべきであろう。

熊本バンドの系譜にありながら、その「一辺倒」にならず、たとえば姉キヨを媒介として石井十次の社会事業に共感を寄せるといった発想が、清水を「中国人の足を洗う」という方向につなげていったと推定したい。

第二節　崇貞学校の設立

崇貞学校のはじまり

一九二〇年五月に「新しき日支親善運動」の発展のために、北京大学から学生五人が来日したころ、清水安三は北京に学校をつくろうとしていた。

清水の『支那人の魂を掴《つか》む』（創造社、東京、一九四三年八月）の後半には、「日記帳より」が収められている。その「小序」によれば、清水には「二十年に亙る日誌」があり、この本では、それを「抄記」したという。そして、「一九二〇年（大正九年）の巻」以下、二一年、二二年、三六年～三八年の分が「抄記」されている。ちなみに、この「二十年に亙る日誌」の現在の所在については、私は知るところがない。

その二〇年の日記は、五月十日・月曜の日誌からはじまる。そこには、次のような生徒募集ビラの文面が掲げられている。

招生
初小一年級二十五名
学費免収
報名日期洋暦五月二十八号

齊外　太平倉　崇貞学校

この文面には、出版に際して清水自身が註をつけている。それによれば、招生とは生徒募集、初小一年級とは初級小学一年、学費免収とは授業料をとらない、報名日期は入学願書受付日という意味。齊外は北京の朝陽門の旧名齊化門の外、つまり朝陽門外のことという。

中華人民共和国成立以前の北京は、城塞都市の趣があって、城壁に囲まれた「内城」とその外側の「外城」を含んでいた。その城壁には九つの門があったが、門を含めて城壁も次第に撤去された。朝陽門も残っていない。

戦前の朝陽門

開校の日

城壁のことはさておき、開校の日の記事をみよう。

五月二十八日　金曜

「果して生徒が来るかしらあ。」心中祈りつつ太平倉に行った。〔中略〕自信はなかったが、ついに二十六名もの姑娘《クーニャン》が報名し来った。ほっと安堵した。

しかし入学せる姑娘達は、予期せる所の七つや八つの少女ではなかった。最年長のものは二十四歳だった。〔中略〕初小一年級を募集するとふれ回したのであるから、七つか八つの少女が来るであろうと思ったのに、全くこれは予想外れであった。しかしまあ、生徒があってよかった。

というのである。姑娘とは、中国語で娘を意味する。そして、

六月一日　火曜

今日は吾輩の誕生日。ふるさとの母のところへ手紙認《したた》む。

今日から二十六名の姑娘達に授業。午前十一時までは学課。十二時から五時まで手工をさせることにきめた。靴下編みと、ハンケチの製造。なかなかかわいい姑娘もいる。

というスタートであった。しかし、翌日からは、いろいろな困難に直面する。

二日の記事に、ハンカチの刺繍をさせるのはよいが、ハンカチが手あかで真っ黒になってしまうとある。対応策として、作業の前に石鹸で手を洗わせるため、翌日は石鹸を持ってこようという具合。三日の記事では、教室に入ったときに「いうにいわれぬ匂《におい》」に閉口し、「たまらなくなり、外へ出」て吐くという始末。

六月九日「吾輩の生徒は手洟《てばな》をかむ」というのは、鼻水というのか鼻汁を手でぬぐうという「風俗」である。これは「紙の高価な国」ゆえの現象だと清水はまもなく気づくが、崇貞学校の開学時点で清水が直面したのはこうした状況だったのである。

いずれにせよ、一九二〇年五月二十八日、崇貞学校は北京・朝陽門外の太平倉という場所でうぶ声をあげた。生徒は女子のみの二十六名、学費は無料ということになる。

瑣末なことのようだが、ここでは「崇貞学園」ではなく「崇貞学校」となっている。また、清水の

始めた学校は、当初は「工読学校」といったと『朝陽門外』にはあるけれども、清水の「日記」には「工読学校」という名称はみえない。ただし、実態を考えると「工読学校」というのは言い得て妙である。美穂夫人は、一九一九年三月末には北京に移らなかった。時期は不明だが、ほどなく安三と合流したのであろう。安三ひとりでは刺繍の指導はできないからである。

開校の発案

清水夫妻はなぜ崇貞学校を発足させたのか。その発案者は清水夫人美穂だったのかもしれない。清水安三へのインタヴューを重ねて書かれた清水美穂伝である松本恵子『大陸の聖女』（鄰友社、一九四〇年）には、次のように書かれている。

当時の北京の「周囲に高く繞《めぐ》らされている城壁の外へ一歩踏み出すと、そこには人間と動物の生活の差別《けじめ》のつかぬほどに悲惨な社会が展開されて」（一八一ページ以下）いた。「背中の肌が見えるほどに破れた衣服を着せられた幼児が、泥濘《でいねい》の中に尻餅《しりもち》をついて泣いて」いた。美穂夫人は、北京の城壁にある門のひとつ朝陽門の外側に「肉体を鬻《ひさ》いで生きている世にも惨めな若い女の群のあることを知った」（一八〇ページ）という。それは、清水夫妻の住んでいるところからほど近いところだった。

美穂は安三に、

「私達は思い切って城内を引揚げて、この町へ来て住みましょう。そして女の子達を教育しましょう。女の子はやがて子供を育てる母親になるのですから……」（一八八ページ）と言った。夫妻は、「朝陽門外の細民窟の真中に女学校を建てる計画に没頭した。」

細民窟の姑娘たちが売春の世界に入らずに生きて行くには、読み書きができるだけでは不十分であり、何か手内職を授けなければならないと考えて、「工読学校」という方針が生れた[14]。この学校での苦労譚はむろん数限りなくある。清水の『姑娘の父母』（改造社、一九三九年）にはその苦労譚が書かれ、感動的ともいえる。それを記すことにも意義はあるというべきだが、その一部は、山崎朋子『朝陽門外の虹』にも描かれているので、ここでは省略しよう。いずれにしても、スラムでの女子教育という清水夫妻の基本的な方向性がここに生れた。

朝陽門外の歴史的社会的概観

崇貞学校にやってきた姑娘たちの境遇は、二十世紀初頭の中国の生みだしたところでもあった。一九一一年の辛亥革命によって清朝は倒れ、中華民国が成立したけれども、統一的な政権にはほど遠く、各地に「軍閥」が割拠する状態となり、民生がかえりみられなかった。加えて、帝国主義列強はそれぞれに軍閥との結びつきを強めるというのが一般的な情勢であった。

また、朝陽門付近には特殊な事情も加わった。清水が『朝陽門外』に書いている「朝陽門外の歴史的、社会的サーベイ」によれば、北京への生活物資、ことに米は、北京から通州を経て天津に至る運河を使って運ばれていた。その水路によって、王侯貴族たちは船で南京から蘇州を見て、西湖に遊ぶことができたという[15]。

その船運が、北京の政治的位置の変化、鉄道の登場などによって凋落する。加えて、清朝時代には、朝陽門外にあって禄米運搬に従事したのは満洲人に限られていたが、彼らは船運の衰弱とともにその仕事を失った。また、そこには、「八旗兵」という城門を守る世襲制の「旗人（士族）」が屯営していたが、彼らも清朝の倒壊によってその伝統的な仕事を吹き飛ばされた。こうして朝陽門外は、当時の北京で最大の「貧民街」になっていた。彼らは「政治的貧民」になったと清水は説明しているが、的確な「歴史的、社会的サーベイ」というべきであろう。

北京東郊の朝陽門外にはこのほかに、通州街道、つまり東方の天津に向かう方角に、郊外から北京城内に家畜や野菜、雑貨を売りに入り込んでくる人びと向けの店舗が立ち並んでいた。先の「政治的貧民」に加え、こうした店舗の人びと約二万が、「わたくしのフィールド」だと清水は書く。ということは、崇貞学校に通いはじめた娘たちの多くは、満洲族の子女たちだったということになろう。

崇貞女学校教員・満洲族の羅俊英。満洲八旗（士族）の礼服姿

そういうフィールドをあえて選んだのがキリスト者としての清水夫妻であった。スラムというのは高度経済成長以降の日本ではやや想像しにくいのかもしれないが、清水の青年時代の日本では東京にも「首都の三大貧民街」があった。[16] 世界各地をみわたせば、今も貧困が重要な問題のひとつであることはいうまでもない。

賀川豊彦

孤児救済活動についての清水の見聞という点では、すでに述べたように、清水の姉が石井十次の孤児院で働いていたし、清水の学生時代の『基督教世界』にも石井十次のことは紹介されていたから、一定の知識はもっていたはずであるし、美穂夫人も安三の姉からおそらく石井について聞いていたことはすでにみた。

また、賀川豊彦（一八八八〜一九六〇）がその自伝的作品『死線を越えて』に描いた神戸・新川のスラム居住、キリスト教伝道の開始は、一九〇九年のことであった。

賀川は清水よりも三歳年長である。二〇〇九年九月十三日の新聞各紙は、スウェーデンのノーベル財団公式サイトに、賀川豊彦が一九四七年と四八年の二回ノーベル文学賞の候補になったと紹介されたと報じた。文学賞とは別に、一九五四年から五六年の三年間には、ノーベル平和賞候補になっていたことは知られており、賀川の名前はかつて非常に有名であった。キリスト教の社会運動家にして牧師であり、労働運動・農民運動の指導者でもあった。その『死線を越えて』は、雑誌『改造』に連載（一九二〇年一月号〜五月号）され、単行本化（改造社、同年十月）されて、戦前の最大のベストセラーとなったものである[17]。

賀川は徳島県生まれ。ただ、「妾の子」として生れたため、子どものころから悲哀を味わい、十五歳のときに兄の放蕩によって家が破産するという憂き目にあっていた。家の破産というところは清水の場合とやや似ている。

その賀川について、清水は、次のように回想している。

確か大正八、九年の頃であった、賀川豊彦氏が北京へ来遊せられたのは。私とはその時以前においては一面識もない間柄であった。多分天津若くは上海の基督教会に頼まれたのだったろう。私が駅へ迎えに行って、北京見物の案内をせねばならぬことになった。当時已に賀川さんは、名だたる名士だったから、北京飯店に一室をレザーヴして置いた。駅でそういうと

「君のところに泊めてもらいたい」

とのことだった。無論私はザアカイ〔ルカ福音書一九章〕の如くに喜びはしたのだが、私が実は、僕等夫妻は、一電話局の技師の家庭に食客をしているのであるから、お泊めし難いとわけをいって、断わったところ

「じゃ、僕も二、三日一緒に食客になろう」

とのこと。致し方なく、私共夫婦と枕を並べて寝ることにした。

私は万寿山だの大和殿だの、それから天壇を案内したり、中国の学者、社会主義者にお引合せしたりした。そしてまたご希望で、中国のスラムを共に視察した。その折、たしか天橋の泥棒市場を見物している折だった。

「僕が君だったら、シナの貧民窟に飛び込むがネ」

といわれた。当時は私はまだ何の事業をも開始せず、専らシナ語を勉強していたんだが、私が後年貧しい人々の住む朝陽門外に学校をたて、天橋のスラム街に愛隣館を建設したのも、もとをただせばその折の賀川さんの示唆に依るところ多かった。(18)

賀川との出会いの時期に関する清水の記憶はややあいまいである。賀川の詳細な年譜にしたがえば、

賀川は一九二〇年八月中旬に中国上海に講演旅行をして、九月十五日に帰国しているが、前年一九年にも翌年二一年にも中国旅行をしたという記事はない(19)。

他方、清水は二〇年七月二十日から八月十六日まで日本にもどっていたと『支那人の魂と掴む』所収の「日記」に出ているから、八月下旬以降には北京にいたと考えられる。賀川と清水のはじめての出会いは、このときのことであったと推定される。

この推定が正しいとすると、清水は賀川に勧められたから朝陽門外のスラムに飛び込んだのではなく、賀川が清水のもとを訪れたときには、清水はすでにスラムに入っていたことになる。しかし、賀川は、その清水の行動に賛意を示したに違いなく、そのことで清水や美穂夫人が大いに励まされたということはあったと考えられる。

賀川と清水の出会いがいつであったかはともかく、学生時代の清水が賀川のことを何も知らなかったとは考えがたい。つまり、日本においても貧民救済活動はすでに実践されていたことであって、清水が朝陽門外に飛び込んでいったことは、そのような文脈において考えるのが自然であろう。

それが女子学校という形をとったのは、朝陽門外の「政治的貧民」を含む貧民たちの娘たちが売り飛ばされるという実情を知って、彼らに援助の手をさしのべることが喫緊の問題だと考えたからであろう。

ジョン・デューイとラッセル

ここで清水夫妻の「工読学校」に関連して、アメリカの哲学者ジョン・デューイ（一八五九〜一九五二）について書いておきたい。

貧民街の娘たちをみて、彼女たちを救いたい、そのためには教育を授けると同時に手に職をつけさせることが重要だと清水夫妻は考えた。とすれば、「工読学校」は清水夫妻の相談の結果として自然に生れた着想のようにもみえる。しかし、そこには、デューイの思想からの影響もあった。というのは、清水自身が次のように回想しているからである。

我輩は英語の会話の練習がてら、デュウイ博士をよく訪れた。そうそうと最初に行ったのは、かの有名な胡適博士に伴われてであった。〔中略〕

デュウイは「且つ働き且つ学ぶ」ことを、特に中国において説き伝えたが、その結果中国には「何々工読学校」と称する学校が至る処《ところ》に建てられた。彼の北京朝陽門外の崇貞工読学校は、実は我輩の建てた学校であるが、如何《いか》に我輩自らも博士の影響を受けたかがわかるであろう。(20)

デューイがアメリカにいる娘に送った手紙が『中国と日本からの手紙』として出版されている。それによれば、デューイが日本から中国に渡ったのは、清水が北京に移ってほぼ一ヶ月後の一九一九年四月末である。上海などを回って北京に到着したばかりの七月一日付のデューイの手紙には、「投獄された男子学生の解放を求めて、アメリカンボードのミッションスクール前から大総統府にデモ行進する二、三百人の女子の姿をみたところだ」と記されている。(21)

清水によれば、デューイとの出会いは、清水が中国語学習のために支那語同学会へ通っていたころだったという。また、デューイとの出会いの前に胡適の知己を得たという話だから、早くても一九年初夏だろうが、いずれにしても二〇年はじめまでには出会っていたのであろう。

清水は『我等』所収の「支那改造の原理　改造論の種々」（二一年三月）において、イギリスの哲学者バートランド・ラッセル（一八七二〜一九七〇）とデューイの中国訪問が、青年たちの間に及ぼした影響を論じている。

デューイとラッセルの訪問は、日中両国に共通する出来事であった。コロンビア大学教授だったデューイは、サバティカル・イヤーを利用して一九一九年二月に来日、東大で「哲学の改造」についての講演をするなど、日本でも少なからぬ反響を呼び起こし、その後に中国に渡った。彼は、日本の「デモクラシー」よりも中国の動向の方に関心を示し、中国滞在期間はほぼ二年に及んだ。

ラッセルは逆に、先に中国に降り立ち、二一年七月に来日し、大歓迎を受けたという。ときあたかも、戦前日本の最大の争議といわれる神戸の川崎造船所、三菱造船所などの争議が燃えさっていた。ラッセルはその労働者たちに対する講演をした。大歓迎を準備したのは、争議の指導者となっていた賀川豊彦であった。

また、清水は、『読売新聞』（二二年一月二日付）で、「現支那を眺めて　デュウエ《ママ》イと支那」という記事を書いている。それによれば、「デュウェイは日本と独逸の教育を堂々と攻撃した。日本と独逸の学校は国家の宣伝機関である。教育に自由なく思想に束縛がある。国民を造るものであり得ても人間を造り得ぬと日本教育を罵倒した。」また、「民衆の眼に文字なくしてどうして共和民主があろう」と考えたデューイは、その活動の一環として「平民夜学校」を開いたとあり、清水がデューイの民主主義的な考え方や中国での活動におおいに関心を払っていたことがうかがえる。

ラッセルについてもここで少しふれておけば、一九三〇年の回想になるが、清水は、ラッセルが

「北京大学へ来た折に、ずっとその講義にも出、また何回もお訪ねして親しく謦咳《けいがい》に接した」といい、こう書いている。

ラッセルは偉い。何しろ彼はその所信のために、牢獄にまで陥《ママ》ちて欧州大戦に反対したのであるから。(22)

清水が第一次世界大戦に際してのラッセルの反戦活動を、一九三〇年に書いた論文において高く評価していたことは、注目すべきことである。

ペスタロッチーとオベリン

清水「支那人のために十五年②(23)」をみると、こうある。

その頃支那に来ていたキルパトリックやデュウイの講演を聞いた私は、勤労教育というものに特に興味を抱いた。ペスタロヂ《ママ》のまず「実際より理論へ、理論より再び実際へ」い《ママ》う標語は私達の創立来の学校精神であった。「労働は祈りなり」という言葉は最初にかかげた看板であった。そのために崇貞工読学校と名づけた。

勤労教育は米国のオハイオ州のオベリン大学も、創立的理想として持っている。その校章にはラーニング　アンド　レバア（Leaning and Labour）と書いてある。もっとも私はフレドリック・オベリンやペスタロヂのやり方だとは支那人にはいわないで、近江の中江藤樹の教育法であるといっている。藤樹先生は商売、百姓、学問この三つを併せて行わしめたのである。

キルパトリックはデューイの弟子筋の教育学者。フレデリック・オベリン（一七四〇〜一八二六）は、その名前がオベリン大学に継承されたアルザス出身の牧師、幼児教育の先駆者である。

ペスタロッチー『シュタンツだより』をみれば、「わたしはもともと学習を労働に、学校を作業場に結びつけて、両者を融合させることを目的とした」といった視点が表明されているだけでなく、「民衆教育の父」ペスタロッチー（一七四六～一八二七）が孤児院のために働いたことも書かれている。(24)

相賀安太郎の北京訪問

創立まもない崇貞女学校を訪問して、その記録を残した人がいる。相賀安太郎（一八七三～一九五七）である。彼は日清戦争直後にハワイに渡り、日露戦争直後に『日布時事』社長・主筆となった人物で、一九二四年初夏の一カ月、「朝鮮と満洲」と中国の「駆け足」旅行をし、その記録を『鮮満支の初旅　韮の匂ひ(25)』（以下、『韮の匂ひ』）として出版した。相賀の北京訪問は五月で、清水夫妻がアメリカ留学に旅立つ少し前に当たる。

約束の夜、清水がホテルを訪ねてきた。美穂夫人についても、「同志社女学校の出身たる夫人も、支那語においては、その巧妙なること夫君に譲らない。この珍しい夫妻は、共に身を挺して、真に日支両国人間の楔《くさび》となって働いておらるるのである」（一六三ページ）とある。

相賀はジャーナリストであったから、北京におけるジャーナリズム関係者数人を訪ねているし、芝居も見て回っている。清水は、相賀をいろいろなところに連れて行っているが、そのなかに、日本人の「一等書記官の私邸」もあった。相賀は書記官夫人に、「北京の御住み心地は如何です」と聞いたところ、夫人は直ちに、「それは北京みたいに好い所はありません、殊に私共婦人には本当に極楽で、北京に一年いた日本の婦人の方は、どなたでも私と同じように北京の讃美者ですの」と答え、相賀は意外に思ったという。相賀はこれに続けて、

何故日本人の婦人方が北京を地上の極楽だと叫ぶかというに、それは此の地では、どの家にも召使が幾人もおり、台所の如きも、その家の夫人が、そういう所に顔を出すことさえ恥と考えられている程で、一家の主婦なるものは横のものを竪にするだけの働きさえせず、ただ毎日奇麗にお化粧をして、美しく着飾っておれば、それで好いとされているためである（二〇八ページ）

と書いている。相賀は、長くない北京滞在にもかかわらず、精力的に行動しており、清水美穂夫人と崇貞女学校を訪問したことにもふれている。

相賀は「崇貞女学校」は清水の経営するところで、「一九二一年五月創立」（二六二ページ）と明記している。また、「四人の支那人女教師が教鞭を執り、六十余名の支那人少女が通学している」とあって、当時のこの学校の規模がうかがえる。また、この『韮の匂ひ』には、美穂夫人が「将来の同校建築敷地」を案内してくれたことにもふれている。その敷地は千七百余坪で、高木貞衛が寄付したものだという説明もあった。

この相賀の記録『韮の匂ひ』に、崇貞女学校が二一年五月創立、というところに眼を止められた読者もおられよう。学校の設立時期は二〇年五月ではなかったのかといぶかる向きもあろう。その点については、次節で検討することとしよう。

第三節　旱災児童救援活動

華北の旱災

一九二〇年代初頭の清水夫妻の活動に関して、学校の設立と同じあるいはそれ以上の重要性をもつのは、華北の旱災にかかわる児童救援活動である。

清水の『朝陽門外』に描かれたその模様は次のようである。

支那語と支那事情の勉強に没頭しているときに、北支の旱災が起った。雨が一滴も降らぬ。麦も米も、高粱《こうりやん》も稗《ひえ》も、芋も落花生も、玉米《とうもろこし》も、春作も秋作もなんにもとれなかったので、北支五省は大飢饉で以《もつ》て百姓達は死ぬよりほかに仕様がなくなった。（一〇二ページ）

この事態に対し、英米の宣教師たちが救援活動をはじめた。また、日本国内でも寄付金が集められるようになった。しかし、日本の寄付の仕方は、中国の軍閥に金銭を渡すというだけの方式なので、それでは実際に飢えている農民たちのところに援助の手が届くのかどうか疑問であると清水は考えた。そこで清水は、英米の「宣教師達と同様に、直接救済運動をやりたいと考えた。」（一〇四ページ）

わたくしはこの考えを浄書して東京の渋沢栄一男爵、後の子爵に提出した。勿論《もちろん》わたくしは子爵に面識もないものであつた。然《しか》るに数日たって、電報が子爵から来て、工藤鐵男氏が北支に行くから面談するようにとあった。〔中略〕

渋沢子爵に一書を呈上するとともに、一方北京の居留民会委員長の中山龍次氏を訪れて、わた

くしの願いを申し上げた。(同)

するとその願いと、清水の「災童収容所案」が中山に認められたという。(26)

災童収容所というのは、餓死に瀕《ひん》している農民の子女を狩り集めて、それを麦の収穫期まで養うという案であった。そこへ工藤氏が着かれ、話はとんとんと進んで、ついに北京朝陽門外緑米倉において、災童収容所を建設する運びになった。(一〇四ページ以下)

災童収容所

引用が長くなるが、この災童収容所が清水の崇貞学園に密接な関連をもっているし、にもかかわらず、その時期という点でいささかの問題があり、そのことの検討に必要でもあるので、『朝陽門外』からの引用を続ける。

わたくしは自ら、飢饉地に到って災童を狩り集めた。馬や騾馬《ろば》の挽《ひ》く大車を連ねて村々を訪れた〔中略〕

わたくしは大車へ鈴なりに子供を積んで停車場に至り、貨車に乗っけて北京に向うのであった。〔中略〕その狩り集め旅行を一週間ほど、毎日経返すうちに八百名に達したから、収容所の設備の整頓に取りかかった。〔中略〕

災童達には粟の粥《かゆ》、玉米《とうもろこし》の窩々頭《ウオウオトウ》を食べさせた。〔中略〕

一ヶ月一人分二円そこそこで食物は足りた。〔中略〕

災童収容所の経営はなかなか面倒であった。けれど幸いにその年の春は雨量も十分あって、麦がよく茂ったものであるから、農夫達は愁眉をひらいた。わたくし達は麦の収穫を待たずして、麦粉一袋ずつを持たせて親達の許《もと》へかえらせた。わたくし自らも再び大車に乗って、子供達を村に送り届けた。村々では親達が道ばたに跪《ひざまず》いて、わたくしに感謝の意をあらわしてくれたので、わたくしも収容所経営中嘗《な》めた苦労を、自ら慰めることができた。(一〇五ページ以下)

災童収容所を解散したら、わたくしに三百円のお礼が贈られた。〔中略〕その外に二百何十円か、綿衣の製作費の剰余を頂いた。〔中略〕その二種のお金五百何十円を資金として、わたくしは学校を設立した。それが崇貞学園なのである。〔中略〕民国九年〔一九二〇〕五月二十八日、わたくしは崇貞学園を創立した。(一一三〜四ページ)

清水の述べている活動の概略はこのようであり、その尽力は感動的ともいえる。そして、救済活動が二〇年の春に行なわれ、「崇貞学園」が二〇年五月に創立されたことは、疑問の余地のない話のようにみえる。

しかし、救済活動それ自体に着目せずに、その時期という瑣末なことに拘泥していると思われるかも知れないが、この災童救援活動から二十年近くのちに書かれた『朝陽門外』の記述ではなく、同時代の清水の記述をみてみると、時期の話はにわかに異なった様相をおびてくる。

清水の取り組み

ここに「同時代の清水の記述」というのは、清水「北京通信」(基督教世界、二一年三月三十一日)の、次のような記事である。

北支五省の大旱災における小生の活動は更に猛烈であった。小生をして書斎より飛出さしめたるものは、まさに北支旱災の大飢饉である。〔中略〕

小生はついに一月二十二日北京を出発して、京漢鉄道、道清鉄道、洛徐線、津浦線の沿線を或《あるい》は馬を駆り或は幌馬車に乗じて、飢饉と其救済の業を視察した。木皮を咬《か》み草葉を噛《か》む実況をキャメラに入れて帰った。〔中略〕

小生の宿った飢民の家は幾戸もあるが、或家の如きは父母の裡《うち》に四人の子があった。十六の長男の衣のみを残して一家皆裸で朝夕蒲団《ふとん》のセンベに包まれて寝てた《ママ》。寒いから起きられんのだ。十六の子は一枚の売残した衣をはおって粥《かゆ》を乞いに行くのだ。〔中略〕

このことを書き出せば、もう何千枚の原稿用紙があっても尽きない。〔中略〕

祈るところ応えられるとあるが、小生は調査のみに終らずして、ついに北京に災民児童収容所を設けることになった。日華実業協会は小生を用いて北京朝陽門外太平倉に五百名の災民児童収容所を設立することにした。小生は万一切を手盛りしてやっている。五百名の裡には一割内外の孤児がいる。孤児は永久に之《これ》を養育する筈《はず》である。父母のある者は五月または六月にその原籍地へ送り帰す筈である。六月の麦収穫まで彼達まさに飢えんとするものの保護をする。すべてがすべて営養不良になっているから之を健康にして、送り返すまではなかなか骨である。〔中略〕

別に一個の平民小学校も近日開校する筈である。日本学生会の義捐金の端くれも貰《もら》ったから、それを用いて平民の小学校を設ける。

清水夫妻の救援活動を具体的に書けば、それこそ「何千枚の原稿用紙」があっても足りないほどであろう。その具体的な記述は今なお読者を感動にさそうが、それらをここで紹介することは割愛しよう。

そういう感動的な記述ではないけれども、この記事を読むと、ふしぎな気持になる。この記事は二一年三月の記事であるから、この記事にいう「北支旱災の大飢饉」に対する清水の取り組みは、二一年一月に始まるとしか読むことができない。

とすると、災童収容所の解散後に得た資金をもとに、二〇年の「五月二十八日、わたくしは崇貞学園を創立した」という『朝陽門外』の記事はいったい何なのか。

日時という点では、同時代に発行された『基督教世界』の記述を妥当とみなければならないのは当然である。とすると、災童救済活動と「崇貞学園」の創設とは、いつ、どのように生じたのか。

日本国内における飢饉への対応

清水の『朝陽門外』にも、華北の飢饉について「日本国民もそれを黙って見てはいなかった」と書かれているから、飢饉についての一般の報道を追ってみよう。

『東京朝日新聞』（二〇年九月二十九日）に、「北支飢饉の救済（速に断行せよ）」という記事が出ている。「北支那の飢饉は、日を経るに従い惨状益《ますます》甚《はなは》だしく、生民塗炭《とたん》の苦しみ目も当てられずとの報道頻《しきり》なるより、我国においても隣邦の情宜として座視するに忍びずとなし」日華実業協会が支援に乗り出したこと、また政府も原敬首相以下、対応に動いていることが報じられている。さらには、諸外国も救援に向けて動いているともある。

同紙十月八日付の記事では、「北支」飢饉に対する「国際的救援」とくに米英の対応が報道されている。

清水は渋沢栄一（一八四〇〜一九三一）に手紙を出したというが、渋沢は、清水とは無関係に、しかもより早くから動いていた。当時の首相は原敬だが、『原敬日記』[27]にこの飢饉問題がしばしば記録されている。ここに引用した『東京朝日新聞』の記事の数日前、九月二十二日条に、

渋沢栄一、和田豊治来訪、支那関係実業家の相談なりとて、漢口より撤兵する事支那北方飢饉に付《つき》、政府所有米中より十万石を救済に差出さるる様《よう》ありたし、其節《そのせつ》は運送等の実費は実業家にて負担するも可なり、〔中略〕政府に於《おい》ても飢饉救済等は話題に上りおれりと返答したり。

とある。和田豊治も当時の有力実業家だから、この飢饉救済への取り組みは特定の事業家の意思というより、関係実業家の間での相談があったことがうかがえるし、政府部内でも話題にはなっていたことがわかる。また、『原敬日記』十月一日条によれば、原首相は「支那飢饉に付救済方《かた》渋沢等より申出あり」と、首相官邸における閣議で自ら報告したという。

さらに、十月二十一日条には、渋沢が原敬を訪問したことが記されている。当時は三一独立運動から「戦後恐慌」の余波さめやらず、「シベリア出兵」の継続する時期であって多事多端、飢饉のことのみが話題になったわけでは決してないが、こうある。

又支那飢饉に付救済内談あり、支那官府は誠意なく、度々借款《たびたびしゃっかん》を起さんとし、又《また》関税を引上げんとするなど、皆な飢饉を好餌《こうじ》として私腹を肥《こや》さんとするに似たり、故に我国にては単に人道上

より相当の救済を講じて可ならんと言いたるに、渋沢其通《そのとおり》なすべしと言えり。

渋沢栄一の活動

渋沢栄一はこのように飢民救済に動き出していたが、渋沢の救援運動への取り組みは、二〇年秋の飢民救済にはじまるわけではない。渋沢は一九一五年七月には中国の広東地方の水害に対して「中国関係実業家」によびかけて義捐金募集に奔走している。また、一七年十一月には、天津の大水害に対し、東京商業会議所に「天津水害義助会」を設立し、自らその会長になって義捐金を募り、外務省に「交付」していた。[28]

『原敬日記』十月二十一日条にみえる「支那官府」つまり北京政権が「皆な飢饉を好餌として私腹を肥さんとするに似たり」という感慨がふたりのいずれの口から出たにせよ、義捐金を軍閥もどきの「私腹」を肥やすのではない形で使うことの重要性は、この時期の渋沢のみならず、原にもよくわかっていたのではなかろうか。

『東京朝日新聞』十一月十四日付には、「北支那飢民救恤《じゅう》義捐金品募集」という日華実業協会（会長・渋沢栄一）の広告が掲載された。そこには、今年の「北支那五省」の飢饉は近年その類をみないほど甚大で、「災民」は「三千有余万」人に達し、じつに「悲酸《ひさん》の極《きわみ》」にあるとして義捐金品の訴えをしている。以下、協会の役員名（後述）が並び、そのうしろに「東京各新聞及通信社賛助団」二十五社の名前が並んでいる。

これを受けてであろうが、『基督教世界』（二〇年十二月九日）には、日本基督青年会同盟の名前で、

「中華民国飢饉救援義捐金募集」という「広告」が掲載された。

『北支那旱災救済事業報告』

先にみた「日華実業協会」は、のちになって『北支那旱災救済事業報告』(以下、『救済事業報告』)という約百ページの報告書を出している。(29)

その本文冒頭に「本会北支那救済事業報告概要」が記され、多様な活動の報告があるが、そのなかの「災童収容成績」の箇所に、二箇所の災童収容所の記載があり、その一つが次のように書かれている。(原文のカタカナ表記をひらがなに改めた。以下同じ)

一、北京災童収容所(朝陽門外) 北京救災会にては本会の事業として定員五百名を収容する設備を以て災童収容所を設け、三月十日開始より六月二十五日閉鎖に至るまで、その収容延人員三万二千五百三十七人に上れり(一ページ)

そして、「北支那各地に於ける本会救済事業状況」の項には、北京と天津における「救災事業《ママ》」について書かれ、北京の方の記述は、(一)災民施療所、(二)災童収容所という構成である。この災民施療所については、「北京朝陽門外施療所」が日本赤十字社の手によって担われ、四月十一日から五十日間の施療を行ない、「患者一万四千五百三十九人」とある。「災童収容所」については、次のようである。

朝陽門外災童収容所は日本組合教会牧師清水安三氏主としてこれを担任し、支那陸軍部所有の大平倉《ママ》を無料借受け、これに小修理を施し、中国方面男女十数名の協力を得、平均五百人の災童を収容するの目的を以て三月七日開始し、六月二十五日閉鎖せるまで、収容災童数は六百七十九名に達し、之が延人員三万二千五百三十七人（三九ページ）

この記録によって、太平倉における清水の災童救済活動[30]が一九二一年三月七日から六月二十五日にわたるものだったということに疑問の余地はないものと考える。[31]（太平倉については、表紙カバーの地図を参照されたい。朝陽門付近の城壁の外側に太平倉が長く延びているさまがうかがえる。）

別の疑問もある。それは、清水自身が書いている「災童収容所を五月二十七日に閉鎖して、翌二十八日に、崇貞学園を開いて、事業の性質を一変せしむる事にした」（清水安三『姑娘の父母』一八ページ）という閉鎖時期である。この閉鎖の日付は、『救済事業報告』に、清水の「太平倉」における災童救済活動が六月二十五日までとあるのとほぼ一ヶ月のずれがある。清水は災童所長を交替でもしたのであろうか。そんなことはあるまい。

私の想像だが、四月あるいは五月になると、災童たちを徐々に帰宅させる方向に動いたのであろう。

日華実業協会

次に、「日華実業協会」自体について一瞥しておこう。

この『救済事業報告』巻末には、この協会の役員氏名がイロハ順で掲載されている。

会長は、子爵渋沢栄一。副会長は和田豊治〔実業家・貴族院勅選議員〕と男爵藤田平太郎〔藤田財閥の二代目。美術品コレクションが藤田美術館に残る〕である。

名誉顧問に、岩崎小弥太〔三菱財閥四代目総帥〕、井上準之助〔当時は日銀総裁〕、大倉喜八郎〔大倉財閥設立者〕、久原房之助〔実業家。昭和期には衆議院議員、田中義一内閣逓信大臣〕、古河虎之助〔古河財閥三代目。古河市兵衛の子〕、三井八郎右衛門〔三井家当主〕、住友吉左衛門〔住友家当主〕が名前を連ねる。

さらに評議員四十四名の名前が並ぶ。清水にかかわりのある人物として、田村新吉の名前がみえる。このようにみるならば、これは当時の日本資本主義のリーダーたちをかなりの程度巻きこんで進められた事業だったことがわかる。総資本を代表する人物というべき渋沢栄一が、会長の位置にあった。この組織が中国の「旱災救済事業」に取り組んだのである。

ここに名前のみえる人びとが、一方からみれば組合教会の朝鮮伝道をバックアップした面々とかなり重なる点は注目に値する。

『救済事業報告』の冒頭には、この取り組みのめざすところについて、次のように書かれている。

さきに北支那大飢饉に際し、本協会は善隣の誼《よしみ》に顧み、特に臨時救災《ママ》委員会を組織し、あまねく大方の同情に訴えたるところ、短日月の間に六十余万円の巨額に達したるは、一同の感謝措《お》くあたわざるところなり。本義捐金処分については種々考究の末、なるべく直接有効なる方法を取ることとし、あえてその実行に着手したるも、元来無経験の事に属するのみならず、かの欧米人のごとく、支那内地随所に多年教会、学校または病院等の機関設備を具有するものと異なり、その成績いかんはひそかに自ら疑惧《ぎぐ》したるところなりし。しかるに本書中詳記するごとく、北支那在留本邦官民の協力と日本赤十字社の共同とにより、予期以上の結果をもって同情者の誠意を直接災民に徹底せしめ、あわせていささか国際感情の融合に資したるは欣慰《きんい》にたえざるところ、すなわちこれを首途として将来あるいは教育にあるいは医療にあるいは慈善にあえて欧米人に劣ら

ざる対支文化施設の吾邦《わが》人によりて達成せられんことを希図してやまざる次第なり。〔中略〕

大正十年十二月

まず注目したい点は、「いささか国際感情の融合に資し」という位置づけがあるところである。この「国際感情」には、ふたつの側面があるとみるべきであろう。一方は欧米諸国の「国際感情」であって、実際、この『救済事業報告』のなかでも英米伊の対応に言及されている。他方は、対中国という「国際感情」であろう。簡単にいえば、対華二十一箇条以降の、あるいは五四運動以降の排日感情を勘案しての、という意味であろう。この『救済事業報告』には「日華実業協会主意書」が収録されているが、そこには「共存の運命を有する両国〔日中〕国民が反目排擠〔排斥の意〕ついには国交を危殆に陥れんとするの恐れある現状」を「深憂」しているとある。その「深憂」に、当時の日本の実業家たちは対応しようとしたということである。

『救済事業報告』における清水の活動の位置づけ

この『救済事業報告』には、「北支那各地ニ於ケル救災事業援助者氏名」が列挙されている。そこには、北京だけでも百二十名の名前が並んでいる。

「北京災童収容所長　日本組合教会伝道師　清水安三殿」

はそのひとりであり、そのうしろに、「同　三井書院　大橋義一殿」「同　同　横堀繁治殿」とある。ふつうに読めば「所長」が三人いたと解釈できる。続いて、「北京災童収容所　同　糟谷夏五郎殿」「同　同　中島弥太郎殿」「同　日華同仁医院　佐渡古直明殿」「同　北京大和倶楽部書記　瀧久馬殿」

とある。そして、それとは別に、「北京児《ママ》童収容所　北京地方服務団長　王洞陳先生」にはじまり、十五名の中国人名が並んでいる。本文中に、清水が「中国方面男女十数名ノ協力」（三九ページ）を得たとある「十数名」とはここに名前の並んだ人びとであったと思われる。

一九二三年の北京日本人数は千四百人ほど。そういう時代に、記名されただけでも百二十人が救援事業にたずさわるという状況が、当時の北京にはあったわけである。

日華実業協会は、一九二〇年六月の創立。その晩夏に北支那一帯の旱災の報道に接し、調査などを行なって、十一月に新聞社などに呼びかけ、「有力団体の協賛」を求めて動き出したとこの本に書かれている。

先に引いた『救済事業報告』冒頭の文章でもうひとつ注目したいのは、このような国際的な救済事業に日本が「無経験」だったこと、欧米人が「支那内地随所に多年教会、学校または病院等の機関設備を具有」していたのに対し、日本側にはその種のものがないという現実に、実業協会が直面したことが率直に述べられている点である。

清水の救援活動の意義

このようにみてくると、清水がこの救援活動に尽力したいと申し出たことは、実業協会の側から考えれば、願ってもない話だったといえよう。

とすると、清水の活動は渋沢栄一たちの援助活動の「手足」として使われただけという見方もできないことはない。

とはいえ、いくら寄付を集めてそれを被災地に送ってみても、被災者自身に救いの手が届かないのでは、話にならない。この問題は、原敬や渋沢も懸念していたところであったことはすでにみたし、北京や天津をはじめ、各地で実際に救援活動が展開されたことは『救済事業報告』からうかがえる。また、日華実業協会の呼びかけで集まった義捐金が、数多くの、民衆レベルの人びとの拠出するところでもあったことも、当時の日本の新聞報道からみて、事実である。その民衆レベルの動向を背景に、清水は「現場」で実際に児童と向きあう活動をした。その点に清水の活動の意義があったといえよう。

「援助」物資が実際に援助を最も必要としている人びとのところに届いているのかという問題点は、延々と現代にもつらなる問題である。[32]

現代的に言えば、清水の活動は発展途上国のスラムとか難民キャンプなどでの救援活動の先駆的なものといえる。工読学校、災民児童収容所という、ふたつの事業だけが清水夫妻の仕事であったとしても、それだけで、実に大きな仕事であったというべきであろう。

ひとつだけ、現代の状況をみておこう。中村哲医師は、パキスタン北西部からアフガニスタン東部で医療活動を行ない、「土建屋」として千四百の井戸を掘ってきたひとである。澤地久枝が聞き手となってまとめられた中村の『人は愛するに足り、真心は信ずるに足る』によれば、中村医師は若き日に内村鑑三の強いインパクトを受けてキリスト者になったといい、『後世への最大遺物』を読んで深い影響を受けたという。内村の本のどういう点から影響を受けたのかは、この『人は愛するに…』だけでは必ずしも明瞭ではないけれども、その影響のなかには、「事業」ということも含まれるのであろう。

中村医師は、二〇〇一年十月、衆議院で参考人のひとりとして現地での体験を述べた。そのなかで、当時アフガンをおそっていた大旱災について述べ、迫りくる厳冬期には大量の餓死者が出るおそれがあるという訴えをした(33)。

このようにみれば、清水が一九二〇年に直面していた華北の旱ばつのような事態は、過去のものになってしまったとは到底いえない。

清水の災童救援活動と崇貞学校

以上にみたように、清水安三は一九二一年春から、華北の旱害に苦しむ農民たちの救援活動をはじめた。となると、当然のことだが、すでにみた二〇年五月の「崇貞学校」開校の前にではなく、約八ヶ月後に、清水の旱災児童救援活動が始まったことになる。

ここにみた経過を清水の伝記という立場から考えると、時間的な先後に関する問題が残る。というのは、『朝陽門外』に「災童収容所は実に崇貞学園の前身である」(一〇五ページ)とある表現との整合性という問題が生じるからである。

「災童収容所」が「崇貞学園の前身」であるとすれば、学校開設が一九二〇年五月などということはあり得ない話である。では、清水の『支那人の魂を掴む』に出てくる「日誌」における学校の開始(二〇年五月)はどうみればよいのか。

じつは、年だけではなく、五月二十八日という日付についても、いささかの問題があるように思う。

私が日付について問題だと書く根拠は、清水の『支那人の魂を掴む』所収の清水の「日記」一九二一年五月二十八日・土曜日条である。そこには次のように書かれている。

今日は設立一周年である。文芸会を催して、茶会を供した。父兄が三十何名やって来た。双簧という余興がおかしかった。

短いが、これで全部である。清水による「註」はついているが、それは、「文芸会」とは日本の学芸会と同じだという指摘と、双簧という遊びの説明にとどまる。

この記事は、どうみても、「崇貞学校」あるいは「工読学校」一周年行事であって、新たな学校設立に関するものと読むのは困難だろう。

ちなみに、ふしぎなことだが、この「日記抄」には旱災児童救援活動の話がまったく出てこない。一九二〇年に関していえば、抄録のはじまりは五月十日で、児童募集についての記事である。翌年は、一月十一日の記事の次に四月十六日が来ている。私は、この一月末から清水の救援活動が開始されたと考えるのだが、その間の記事が省かれているのである。

他方、日記とは別だが、『基督教世界』（一九二二年四月六日）に掲載された清水「北京通信」冒頭には、「去年五月にスタートを切った私達の支那人小学校は、彼是一年を過ぎました」とある。『基督教世界』に清水が書いたこの記事、つまり、学校のスタートは二一年五月だという記述が事実に反しているとは信じがたい。

この記事から、崇貞学園が二一年五月二十八日に設立されたと考えざるをえないとすれば、『支那人の魂を掴む』所収の「日記」二一年五月二十八日の記事のそっけなさはなんなのか。

学校創設時点はいつか

こうした事態に対し、あくまでの私の解釈ということで学校創設時期についての試案を提起すれば、次のようになる。

「崇貞学校」、あるいはこれを「工読学校」といってもよいが、その成立は一九二〇年五月二十八日であった。しかし、これはいわば「私塾」のようなものであった。

その後に清水は旱災児童救援活動に全力でとりくむが、そのなかでこの「私塾」が順調に進んでいたとは思われない。他方、救援活動によって結果的に生れた収入を学校の資金に回すことができ、しかもそれを公的に表明できるようになった。それは二一年のことであったので、清水の「日記」にいう「記念日」＝五月二十八日を崇貞学園設立の日と定めたのではなかったか。

つまり、「私塾」のようなものであるにしても、「学校」は存在したのであり、二一年五月に「工読学校」とは別の学校のはじまりがあったわけではなかったと思われる。女子校というのも、旱災児童救援活動の前だからこそ生じた発想ではなかったか。

清水は『基督教世界』（二一年三月三十一日）の「北京通信」で、「不鳴不飛《なかずとばず》の二年を北京で暮した」と書いているが、これを文字通りに受け取れば、一九年三月末から二一年三月末までの二年間、清水夫妻は「鳴かず飛ばず」だったということになる。中国語習得に全力をあげていたということであろうが、となると、二〇年五月の「工読学校」設立も、その「鳴かず飛ばず」のなかに含まれると考えなければならない。つまり、二一年三月の段階では、清水の意識のなかで、「工読学校」は『基督教世界』の読者たちに対して、さほど語るに値しないものだったのではなかったか。

それが、災童救援活動ののちには、自分が「平民小学校」をやるのだと、『基督教世界』の読者に公的に宣言するに至ったのである。

その宣言が最も明瞭に出ているのが『基督教世界』（二四年八月十四日）である。（六ページ参照）この号のトップページには、真ん中に大きく写真が掲げられ、八十名ほどが写っている。写真の上には「崇貞女学校」、下には「北京にて清水安三氏の経営せるもの」とあり、別のページには「崇貞女学校の沿革」という清水の書いた記事が掲載されている。そこには、「生徒七十五名、教員四名」とあり、「大正十年（一九二一）五月創立」とあり、「創立日は五月二十八日」と添えられている。

しかし、前にふれた丸山幸一郎『北京』（第三版、一九二三年）という北京案内本には、「崇貞女学校」という項があり、そこには、「民国十年六月」開設と書かれている。[34] こちらのほうが「事実」に近いのかもしれないが、二四年の『基督教世界』の記事の段階では、「崇貞女学校創立」は二一年五月二十八日という位置づけがあったことがわかる。

以上が私の解釈、試案である。私は、学校創設の時期についての考証に、「はいまわる経験主義」的にこだわった。しかし、それと矛盾するようだが、私は創設時期の問題が非常に重要だと考えているわけでは必ずしもない。政策的決定に基づいて設立される官立の学校ならいざ知らず、自然発生的ともいうべき性格も帯びつつ、しかもごく小規模で出発したような学校の場合、どの時点が「創設」時なのかが必ずしも一義的に決まらなくても不自然ではなかろう。

布教の拠点と定めた北京で、極貧の淵に沈み、身を売る以外に手だてはなさそうな少女たちをまのあたりにして、彼らに読み書きを教え、「手に職」をつけることが第一歩と考えた美穂と安三。ふたりが始めた「学校」はむろんごく貧しい「設備」しかなかったであろう。その「学校」を始めてしばらくのち、華北を旱災が襲った。旱災に苦しむ農民たちの子どもをあずかるという救援活動の現場で、先頭に立って働いた安三。災童救援活動の結果としていくばくかの金銭を日華事業協会から贈られた安三。それを「学校創設」の資金として使うのだと「公的」に宣言し、その創設が二一年五月二十八日だと宣言したのだと考えるべきであろう。すなわち、『救済事業報告』に明記された清水夫妻の「活動」の延長線上に、その活動を基盤として学校が「創設」されたのである(35)。

学校創設の時期にまつわる清水の言説の整合性という点にこだわれば、以上のようになる。しかし、清水夫妻の設立した学校の性格に着目するとどうなるか。それは、災童救済活動以前の二〇年五月の開校の段階ですでに定まっていたとみるべきであろう。

安三と美穂がこの「創設」に至った背景には、すでにみたように、石井十次や賀川豊彦の活動に触発された面もあろうし、アメリカの「社会的福音」という考え方からの影響も想定し得るだろう。だが、清水は奉天で中国人（おそらくは主として満洲族）たちの暮らしを見聞して、その境遇にある者たちこそ、まさしく愛すべき「隣人」だと思い至ったという要因をより重視すべきかもしれない。安三自身そう感じたと思うが、美穂夫人も安三と同等あるいはもしかするとそれ以上に「隣人」を意識したのではなかったか。

清水夫妻が設立した「工読学校」という発想自体は、清水が回想しているように、デューイなどに由来するのであろう。しかし、その対象を北京のスラムで貧困の淵に沈淪《ちんりん》する女子児童と定めたところは、清水夫妻の選択の結果である。そうした児童を「隣人」とみることができなければ、彼らのために「工読学校」を開設しようなどという発想は到底生れなかったであろう。

ケノーシス（自己無化）

貧困の淵にあった点では、清水夫妻の生活もさほど違いがない。のちの回想であるが、清水は「支那伝道」という連載記事で、もし自分が中国に渡ることがなかったならば、として次のように書いた。

私の一生はかくまで辛いものではなかったであろう。たとえ平凡でもかく南京虫に夜な夜な食われ、妻子をひどい目にあはせんでもよかった筈である。囲《かこい》もない支那式の便所しかなく、便を食しに来る犬を追いながら便せることも、五年や六年ではなかった。さすがの妻も日本へ帰った時に大阪の三国の借家に入って「畳、なんと長い間用いなかった畳ですね。お便所もこの家にはちゃんとついているし、お台所もある」といって笑ったことがある。

実際に私達は多くの在留日本人と異って、惨めな生活をしたものである。ごく幼い娘を連れて中国にもどったとき、彼女が「二階おうちへ帰りたい」といって泣いたことがあった。「その時は私達も泣かされた」というのである。[36]

このくだりを読むと、うかんでくる新約聖書の言葉がある。

難に遭い、苦労し、骨折って、しばしば眠らずに過ごし、飢え渇き、しばしば食べずにおり、

寒さに凍え（コリントII、十一章）
そうした生活であったが、彼らは学校設立だけでなく、旱災児童救援活動にもとりくんだ。旱害で苦しむ農民の子どもたちを多数引き取り、その子どもたちを救うべく、身を挺して活動したのであった。

自ら着飾ることはいささかもなく「野の花」のごとく生きた美穂は、士族の娘ではあったけれども、熊本バンドの面々が引きずっていた士族的意識とはおそらくまったく無縁であった、あるいはあらざるを得なかった。そこには、おそらくデントンの教えが脈打っていたのであろう。安三は士族の子ではなかったし、美穂の姿勢と共鳴しあっていたのであろう。また、ふたりは、先に引いた相賀安太郎『韮の匂ひ』が描いた日本人一等書記官夫人のごとき自己満足ともまったく無縁であった。

美穂についての周到な考察をした小崎眞は、「清水（横田）美穂の信仰と生き方[37]」において、「最終的に美穂は自己実現の道ではなく、自己無化の道を歩むことになった。」「自己無化、これこそが、美穂のキリスト教信仰の本質であった」と書いている。これは、美穂の生き方を「自己実現」にみようとする解釈に対する的確な反論である。

そして小崎は、この「自己無化」という言葉について、岩波キリスト教辞典の「ケノーシス」の項の参照を求めている。その項の説明の冒頭を参照すると、ケノーシスとは「神（の子）が受肉し十字架の死に至るまで父なる神に聴従したという自己無化・自己放棄をさす」とある。

そして、ここにみえる「聴従」の項では、マタイ福音書十九章二十一節によりつつ、「イエスへの聴従は救いの根本的条件である」と説明されている。その節でのイエスの言葉は、「永遠の命」を得るには「持ち物を売り払い、貧しい人々に施しなさい」というものであり、イエスは「わたしに従いなさい」と語ったのである。

寄付金を集める

清水の『支那人の魂を掴む』に抄録された日記をみると、二〇年七月から八月にかけて、清水は日本にもどり、学校のための寄付金を「一万円」集めたとある。

女学校開設が一段落したと思われる翌二一年秋、『基督教世界』一九七八号（二一年十月六日）「個人消息」欄に、「清水安三、（中略）古屋孫次郎の諸氏は総会出席の途次本社を訪問せられたり」とある[38]。組合教会総会出席のためであると同時に、寄付金集めの帰国でもあった。ついでながら、一九八〇号（十月二十七日）同欄には「清水安三、松井文弥両氏帰任の途来阪、用務に奔走せらる」とあり、一九八二号（十一月十日）同欄には「清水安三氏　滞阪中の処、来る十二日の便船にて北京に帰任せらる」とある。一カ月あまりの日本滞在であった。

清水は「北京通信」という題名の記事を何回か『基督教世界』に寄せているが、そのひとつである第二〇〇二号（二二年四月六日）には、次のように書いている。

前年つまり二一年十月、清水は日本に帰って東京で募金をこころみたけれども、うまく行かなかった。そこで清水は、神戸に田村新吉（一八六四～一九三六）を訪ね、「三時から七時まで」「熱誠を披《ひ》瀝《れき》して、雄志を告白」し、田村から五千円の寄付を受けたという。

田村が日華実業協会の一員だったことはすでにみた。彼はアメリカ留学の経験をもつ実業家で、バンクーバーで業務をはじめ、のちにその拠点を神戸に移した人物だった。一九一五年に衆議院議員になっていた。『大陸の聖女』の記述では、このとき清水は田村に、生活費はどうしているのかと聞かれ、大阪の高木貞衛から援助されていることを説明した。そして、五千円の援助を受けることになったという。五千円という話は、『基督教世界』の記事の数字と一致する。

清水の「北京通信」によれば、そのあと東京で、森村豊明会から五千円もらったと書かれている。森村市左衛門は、組合教会の成瀬仁蔵が一九〇一年に日本女子大学校を創設した際に、多額の寄付をしていた。安三の姉が、この大学校に学んだことはすでにみた。安三の森村についての情報は、この姉が「豊明寮」に寄宿していたことによると、『朝陽門外』（一三一ページ）に述べられている。ただし、このとき清水が寄付をあおいだのは、森村市左衛門（六代目）の息子であった。

清水は、森村訪問に先だって、吉野作造の友人でもあればクリスチャンでもあった内ヶ崎作三郎（一八七七〜一九四七。早稲田大学教授。一九二六年、衆議院議員となる）に紹介状を書いてもらったという。内ヶ崎は、北京の災童収容所を訪れたことがあり、清水とは顔見知りだった。（『桜美林物語』）

高木貞衛の寄付

「北京通信（承前）」（基督教世界、一九二二年四月十三日）には、高木貞衛の寄付金によって、校舎用に千九百坪の土地を入手することができ、校舎は、ヴォーリズ建築会社のふたりの技師が無料で設計を担当してくれた。そこで、「九月の新学期からは、男女の生徒二百名を募集」しようと考えているとある。

いずれにせよ、学校経営は軌道に乗りはじめた。

ところで、ここに引用した「北京通信」（四月六日）には、清水の中国での活動の性格を考えるうえで見のがせない文言があるので、それにふれておきたい。

それは、清水が田村新吉の寄付を得たことについて報告したすぐうしろに、「我校は帝国の対支政策から生れたことは、永久に紀念すべきだと思う」とある点である。

清水は、日本政府も取り組んだ災害児童救援に際して日華実業協会などと連携し、その活動の終結に際して得た資金を背景に崇貞学校の設立を公的に宣言するに至った。その点では、崇貞学校が、「帝国の対支政策から生れた」という側面があるとはいえるだろう。

しかし、救援運動には赤十字社も加わっていたし、義捐金の呼びかけに応じたのは隣人の困窮に援助の手を差し伸べようという人びとの意思でもあった。それを受けて、清水も中国人児童たちに直接向き合って活動をした。そのことがむしろ「永久に紀念すべき」だと考えたい。

第五章　周作人・魯迅・エロシェンコとの交流

『読売新聞』への登場

崇貞学校の開設から半年ほどのち、『読売新聞』に清水の執筆した「直接交渉を中心として」という記事（二一年十二月二十八日付）が掲載された。さらに、二二年一月はじめに同紙に「現支那を眺めて」という清水の連載記事が掲載された。その連載の副題をならべれば次のようである。

「一、排日漸《ようや》く淡《あわ》し」（一月一日）、「二、デュウェイ〔デューイ〕と支那」（二日）、「三、孫文の北伐(1)」（四日）、「四、北伐と華府《ワシントン》会議」（六日）、「五、山東交渉と世論」（七日）、「六、愛国心は何処《どこ》に」（八日）

これに続いて、「中国婦人解放運動」という連載が三回（同年二月十・十二・十三日）あり、三月二十七日付で「北京大学に招かれたエロシェンコ君を周作人氏方に訪う」が掲載された。題名の脇に「在北京　清水安三」と書かれている。さらに、この年十一月の『読売新聞』には、如石という筆名記事が三回出ているが、それについてはのちにふれる。

一九二三年には、清水は『読売新聞』に「中国の議会見物」という三回の連載（二月）と、「北京より」という二十回にわたる連載（四月九日から五月十四日）をした。後者のなかには、「革命婦人」が三回、「エロシェンコ」が二回、「学生運動」が四回などという連続ものが含まれていて、これらも時事問題中心の記事であった。

ところで、清水の『桜美林物語』には、『読売新聞』へのこのときの連載については、丸山侃堂（幹治）からの注文だったとある。侃堂は、如是閑や素川などとともに、一九一八年の「白虹事件」で大阪朝日新聞社を退社した人物で、当時は読売新聞社にいて、如是閑とのつきあいは親密だった。[2]

清水が北京に移住して数年の間に登場したジャーナリズムの舞台は、一九一九年に如是閑などの『我等』、二〇年に鳥居素川のいる『大正日日』、二二年に侃堂からの注文で『読売』ということになった。『我等』へは、清水自身が寄稿し、これを『我等』が採用した形だが、『大正日日』の場合は素川が依頼したのかどうかはわからない。

つまり、如是閑は清水の投稿を受けてこれを認め、『大正日日』の清水の論は、すでに述べたように吉野作造の認めるところとなり、侃堂は清水の力量を認めて記事を依頼したことになる。如是閑・素川・侃堂というすぐれたジャーナリストたちが、清水の中国情報の意義を認めていたとみるのが妥当であろう。

こうして、『我等』『大正日日』『読売』への清水の登場は、ジャーナリスト清水安三の誕生を意味していたといってもよかろう。ジャーナリストとしての清水という面については次章でまた論ずることとし、それに先立って、清水が交わりをもった人びとのことをみておきたい。

「回憶魯迅」

清水は一九六八年に「回憶魯迅　回想の中国人　一[3]」という文章を書いたが、そのなかに次のようなところがある。

魯迅先生（爾後《じご》敬称略）の日記の中に数多く日本人の名前が出ている。私の名前もしばしば出て来る。〔中略〕

それ等の日本人の名前の中に昏迷（昆迷はあやまり）という名前がある。それは丸山昏迷君のことである。同君の実名は丸山幸一郎であって、〔中略〕長野県の人である。〔中略〕日刊新聞「新支那」の記者であった。〔中略〕

当時の北京では、〔中略〕早大出の鈴木長次郎君（爾後敬称略）、新支那の丸山昏迷、それから私自らが何を隠そうラジカルの三羽烏であった。その頃は中江丑吉氏はまだ勉学などそっちのけの一遊客に過ぎず、〔中略〕北京日本人村においてすらまだ名を出してはいぬ人々であった。

北京の思想家や文士達に最初に近付いた者は実に丸山昏迷君であって、多くの日本からの来遊の思想家や文士達を、或は周作人さん（爾後敬称略）、或は李大釗先生の家々へ案内した者は丸山昏迷であった。実を言うとかく言う私自身も、同君の同道で周作人や李大釗を訪ねたのであった。〔中略〕私は米国留学中（一九二四―六年）に大切な三人の友人を失った。その一人は李大釗先生（爾後敬称略）で、他の二人は丸山昏迷、鈴木長次郎である。丸山は病没、その享年は実にわずかに三〇歳だった由〔中略〕

私がどういう手段を用いて中国の思想家や文士達をそんなにしげしげと訪問し得たかというに、

また彼等が「没在家」（居留守）を使いもせずに会ってくれたかというに、私がいとも聡明にも自分一人で訪問などは滅多にせずして、必ず日本からの知名士来遊客のお伴を承って彼等の門をたたいたからであった。例えば田山花袋や、芥川龍之介や、林芙美子、片上伸等という人が来遊された時は、八道湾の周宅を訪れたし、福田徳三、服部宇之吉、鶴見祐輔、長谷川如是閑、賀川豊彦、サンガー夫人等いう人が来遊されると胡適《こてき》を訪れ、佐野学、中江丑吉等いう人を案内しては李大釗を訪れたものだ。〔中略〕

さて魯迅を最初に日本へ紹介した者は不肖《ふしょう》私である。

長谷川如是閑と鶴見祐輔

まず、この引用の最後の方に出てくる日本人の「知名士」についてふれておこう。

この人びとのうち、賀川との北京での出会いについてはすでにふれた。『我等』の長谷川如是閑についてもふれたが、そこでは述べなかったことをみておこう。

如是閑は、一九二一年八月から十月にかけて中国を初めて旅行した。如是閑自身は、「支那の馳《か》け回り旅行の区域が拡張されて、ハルピンまでも行った(4)」と書いている。そして、このときのことが、「支那を見て来た男の言葉」として、『我等』（二一年十一月号から数回の休載を含めて二三年三月号まで）に連載された。それは、対談形式で書かれ、最後の二回が北京に関連した話題である。

このとき清水と如是閑が北京で会っていたことはたしかだと思うけれども、北京での如是閑の関心は都市のあり方などにむかっていたようで、少なくともこの連載には如是閑が北京で清水に会ったという話は出てこないし、そもそもこの連載には、胡適にせよ周作人にせよ、如是閑が特定の人物と会見したということ自体が出てこない。

先に引いた清水の回想に、鶴見祐輔（一八八五〜一九七三）の名前が出てくる。戦前に著述家として知られ、代議士をつとめ、戦後には厚生大臣などをつとめたから、たしかに「知名士」のひとりであった。後藤新平の娘と結婚し、娘（和子）と息子（俊輔）が生れたが、今ではこの子どもたちの方が有名であろう。

鶴見祐輔には、『後藤新平』は別としても、旅にまつわる著作も多い。その祐輔に、『壇上・紙上・街上の人』（大日本雄弁会、一九二六年）という、いわば人物会見記がある。五百ページを超える著作である。第五篇の見出しだけ追いかけても、伊藤博文、山県有朋、大隈重信、原敬、漱石、尾崎行雄、犬養毅、新渡戸稲造という具合である。その第四篇は、一九二二年五月に、鶴見が中国に旅行したときの記録である。このとき北京で鶴見が会見したのは、胡適、周作人、蔡元培《さいげんばい》（北京大学総長）であった。三十ページ近いこの部分に、清水の名前が一度だけ、というか一行だけ登場する。それは、周作人宅訪問の際、「東道の主清水安三君が、あまり口を極めて周君をほめちぎった(5)」というものである。

官僚として順調に昇進していて、著述家としても著名な鶴見がなぜ清水に「東道」つまり案内を頼んだかとなると、北京在住者としての清水の名が、一定の知名度をもつに至っていたということであったろうか。ただ、清水はまだ三十歳を少し超えたところ。賀川や如是閑の場合と異なり、清水も鶴見から何か思想的な影響を受けたというよりも、依頼を受けて北京を案内したということではなかったか。

林芙美子・芥川・花袋

次に、清水の回想に出てくる「知名士」のうち、文学者についてである。

林芙美子(一九〇三〜五一)は、『放浪記』(改造社、一九三〇年)でたいへんな人気を博した作家だった。清水の一回り年少である。

『林芙美子紀行集 下駄で歩いた巴里』(岩波文庫)に収められた「北京紀行」を読むと、そこに清水安三の名前が出てくる。林のこのエッセイは一九三六年十月の林の旅行に関するもので、清水が小泉郁子と再婚してまもない時期の話である。

このエッセイには、「北京大学では周作人氏にお眼にかかった。亡くなられた魯迅氏の弟にあたる方で、実に品のいい人である」とあって、そのあとに、「日本の人では橋川時雄、清水安三氏に逢えた」として、次のように書かれている。

清水氏は崇貞女学校の校長で、面白いことに、支那人の娘ばかりあつめておられる。奥さんは昔の小泉いく子さんで、小さいながらも、健実《ママ》な学校だった。(6)

林は、こののちの一九三八年には、「ペン部隊」の一員として従軍し、漢口《かんこう》への「女流一番乗り」として名前をあげたから、清水にも強い印象があったのであろう。

魯迅の弟、周作人(一八八五〜一九六七)は日本軍が北京を制圧したのちも北京に「踏みとどまり」、日中戦争が終った一九四五年には、対日協力者(漢奸)として逮捕されるという運命をたどる。いずれもまだ先のことである。

芥川龍之介は、大阪毎日新聞海外視察員として中国に派遣され、二一年七月には北京を訪問し、

「北京日記抄」という文章を残した。しかし、芥川のこの文章には清水の名前は出てこない。また、『芥川龍之介全集』（岩波書店、二十四冊）に収められたこの旅行前後の書簡をみても、清水との接触をうかがわせるところは見当たらない。[7]

芥川は一八九二年三月生まれであり、清水は九一年六月生まれであるから、年齢は一年と隔たっていない。だが、当時の芥川はすでに流行作家であったのに対し、当時の清水はさほど有名ではなかったし、中国に対する関心の持ち方が重なりあっていたとも思えない。

清水がその「回憶」に芥川の名前を書いているところからすれば、清水には何か印象的なことがあったのかもしれない。

田山花袋は、一九二三年の四月末から六月末までの約二カ月、満鉄の招待を受け、満洲・朝鮮訪問旅行を行ない、数日間、北京にも滞在した。そのときの旅行記「満鮮の春から夏」が、『東京朝日新聞』五月二十九日から七月一日にかけて連載されたほか、「北京から」といった随筆が書かれた。[8]

この時期の『周作人日記』[9]をみると、五月十日条に、「田山花袋君」の名前がみえる。また十二日午後に「東華飯店」で「田辺田山沢村今西清水」の五人との「宴」があったとある。「田山」は田山花袋、「清水」は清水安三を意味するものと思われる。

しかし、管見の限りでは、花袋が清水に言及しているということはなさそうである。また、林芙美子にせよ、芥川や花袋にせよ、彼らとの「交流」が清水の考えに大きく影響したとはいえないだろう。

日本人については以上にとどめ、次に周作人、魯迅、エロシェンコとのかかわりをみてみよう。

清水と周作人とのかかわり

周作人には日露戦争後に五年ほど日本留学の経験がある。清水と出会ったころの周作人は北京大学教授で、中国古典からヨーロッパ文学まで幅広く関心をもち、日本文学にも通じていた。

清水の名前が『周作人日記』にはじめて登場したのは、「清水安三君来訪」と記された一九二二年三月二十日条だと思われる。清水が周作人を訪問したのは、『読売新聞』三月二十七日付の「北京大学に招かれたエロシェンコ君を周作人氏方に訪う」という記事の取材に関連してであろうと思われる。この記事は、その題名にあるように、エロシェンコのことを主として書いているが、周作人についても少しふれている。

> 周さんは支那第一等の雑誌「新青年」に古くから、翻訳もの、創作を載せてきたから、支那青年には最も多く知られてる《ママ》小説家だ。わけて日本の短篇ものを割合に多く紹介した事によって私達は遠くから知っていた。〔中略〕
>
> 周さんは強いヒューマニストでコスモポリタンである。その書くものにはアリストクラチックな、しかし思い切って柔和な心持が、どこまでも人間愛に喰《く》い入るようなところが出ている。

このあとに、いろいろなことが書かれているけれども、この記事には魯迅の名前は登場しない。

この三月二十日の初出以降、二二年の『周作人日記』には清水の名前を十六回（十六日分）数えることができる。この『読売新聞』への寄稿以降、清水は比較的頻繁に周作人のもとを訪れたものと思われる。二三年の日記での清水の名前の登場は五回である。(10)

丸山昏迷

清水の北京時代の最初の五年間、つまり、一九一九年の北京移住から二四年のアメリカへの旅立ちに至る五年間において、清水にとって大きな意味をもったのは、すでにみた『北京』の著者でもあった丸山昏迷（幸一郎）との出会い、それに加えて、周作人、魯迅、そしてエロシェンコとの出会いであった[11]。

丸山昏迷の名前も『周作人日記』に頻出する。『周作人日記』二〇年二月三日条に丸山という名前がみえる。同じ箇所に「新支那」という新聞名がみえ、丸山はその記者をしていたというから、ここの丸山とは昏迷のことであり、これが丸山と周作人の初対面であったと推定してよかろう。『周作人日記』にみえる丸山の名前は、私の数えたところでは、二〇年に十七回、二一年に九回、二二年には何と五十一回、二三年に二七回、二四年に三回である[12]。

二二年十月五日条には、「丸山永持清水三君」が来たとある。丸山と清水がともに周作人を訪ねたことになる。（ただし、丸山と清水が周宅に同行したという記事は少ない。）

山辺健太郎「パリ・コミューン百年と日本[13]」に、李大釗と丸山昏迷に言及した次のような記載がある。

> 李大釗〔中略〕は、一九二〇年（大正九年）にできた日本社会主義同盟にはいっていたからである。私のもっている社会主義者同盟の加入者名簿にはつぎのようにでているが、その加入順序によるとかなりはじめの方であった。

山辺は、李大釗と丸山幸一郎の名前に、加入を意味する記号が付されており、李大釗には「支那北京北京大学内」、丸山には「支那北京新支那社」という所属が記されているとしている。

日本社会主義同盟は、一九二〇年夏から結成準備が進められ、十二月に結成大会が開かれた。二一年五月に第二回大会が開かれているが、ほどなく解散させられた。李大釗と丸山昏迷がこの同盟にどうかかわったか、また、ふたりの接触の内実、接触の開始時期は定かでないが、山辺の説明によれば、このふたりの加入時期は早いとのことであるから、二〇年夏には知り合っていた可能性は高いし、一九年から知合いだった可能性も否定できない。

吉野作造との関連ですでにふれたところだが、一九二〇年初夏に北京大学の学生五人が来日したとき、李大釗はこの学生たちのために紹介状を書いていた。この時期には李大釗と丸山との連携ができていたのではないか。清水と李大釗の東京での接触についてはすでにみたが、このふたりの北京での再会も、一九年には果されていた可能性は否定できない。

先に紹介した「回憶魯迅」のなかで、丸山と鈴木長次郎と自分が当時の北京の「ラジカルの三羽烏」だったと書いているが、それは李大釗とのつながりがあるような関係だったのであろう。

清水安三と魯迅

さて、この節の冒頭で清水の「回憶魯迅」に言及し、「さて魯迅を最初に日本へ紹介した者は不肖私である」とある部分を引用したが、それに続けて清水は、「最初に」という時期について次のように書いている。

すなわち私が大正十三年に、大阪屋號書店（その当時中国に関する書籍を専ら出版していた書店）

から「支那当代新人物」と称する本を上梓している。その本の中に「周三人」と称する一節を設けている。周三人とは周樹人（魯迅）、周作人、周建人の三兄弟のことをユーモラスに称呼したのに他ならない。これは先に読売新聞に連載した文章を単行本として出版したものであるから、

〔以下略〕

断り書きが多くなるが、この部分でまず断っておかなければならないのは、「魯迅を最初に日本に紹介した者」という部分である。『魯迅』（平凡社・東洋文庫）などで魯迅研究者として著名な丸山昇（一九三一〜二〇〇六）は、「清水安三と現代中国」という論文で、清水よりも二年前の一九二〇年十一月に、中国文学者の青木正児《まさる》（東北帝国大学教授などをつとめた）が魯迅について「胡適を中心に渦いている文学革命」（雑誌『支那学』所収）ですでに紹介していることを指摘し、厳密な意味ではじめての紹介とはいえないとしている(14)。

雑誌『支那学』は専門雑誌だし、しかも創刊されたばかりだったから、当時北京にいた清水がこれに気づかなかったとしても、当時としては無理からぬことではあった。

ここで清水が述べている『読売新聞』とは、一九二二年十一月二十四・二十五・二十七日の三回にわたる「周三人」という連載である。「周三人」の右脇に「支那の新人」という小見出しがあり、左脇に「北京　如石生」という名前が出ている。この筆名を清水が『湖畔の声』で使っていたことはすでにみた。

この連載の第一回目に魯迅のことが紹介されている。紹介といっても、そこで清水がその内容についてまで紹介している魯迅の作品は「孔之己」だけである。

清水の「周三人（上）」のなかには、「盲目詩人愛羅先珂《エロシェンコ》は周樹人〔魯迅〕を支那創作家の第一人者であると推称した。わたくしもそう思うものの一人である」と書かれている。しかし、清水は二二年はじめの『読売新聞』の連載では周作人には論及しても魯迅にはふれていないから、エロシェンコとの対話を通じて魯迅作品に開眼した可能性が高いと推定したい。

魯迅と清水との邂逅

ところで、魯迅との出会いについて、清水は「回憶魯迅」で次のように回想している。清水が「魯迅を最初に訪れた時は、実を言うと魯迅を訪ねたのではなく、周作人を訪ねたのであった。」ところが、清水が単独で出かけたためか、本当に留守だったのか、周作人に会えなかった。入り口付近でボーイに対してねばっていると、

西廂房から鼻の下に而も濃い髭を生やした中年の男が、簾垂れのドアーを開いて首を出し、

「僕でよかったらいらっしゃいよ。話しましょうよ。」

と叫ばれたので、お部屋に入って談じたのが何とそれが魯迅だったのであった。そしてそれより後というもの私の八道湾〔周兄弟の居所の住所〕詣では、いつの間にか周作人伺候《しこう》から、魯迅訪問へと次第に移り変って行ったものだ。

というのである。ただし、これがいつのことだったのかは不明である。

魯迅には日記が残されている。[15] その一九二二年分には、清水の名前は出てこないから、出会いは二二年以降であろう。だが、日記の一九二二年の部分は、魯迅の上海時代に日本の憲兵隊に押収され

たまま、行方知れずである。そのこと自体、実に遺憾であるが、清水と魯迅とのかかわりという点だけから考えても、遺憾である。

『周作人日記』から考えて、清水と周作人との最初の出会いが二二年三月のことであったとすると、清水と魯迅の最初の出会いも、この三月、あるいはそこからあまり隔たらない時期だったのであろう。二三年の魯迅『日記』は残されていて、そこに清水の名前が二度登場する。

一度は、二三年一月二十日の条。

晩、エロシェンコ君と二弟〔周作人〕より招かれて飲む。今村、井上、清水、丸山の四君および余、省三《ショウサン》も来る。

とある。

今一度は、同年八月一日の条。ちなみに、このときにはエロシェンコはすでに中国を離れていた。

午前、伊東宅へ歯の治療に行き、清水安三君に会う。ともに珈琲館に行き小坐。昼すぎ、荷物の整理。

というものである。

ここに引いた二三年八月一日条に「荷物の整理」とあるが、これは、魯迅が弟の周作人と不和になり、転居するにあたっての「荷物の整理」であろう。

清水の魯迅紹介異説

清水「回憶魯迅」に、「魯迅を最初に日本へ紹介した者は不肖私である」とある点について検討したが、『朝陽門外』には、やや別のことが書かれている。
　別に誇るわけではないが、魯迅の小説を初めて日本文に訳したのもわたくしであつた。もっともその訳は、だいぶ魯迅自らにやって貰ったけれども（一〇一ページ）
　この魯迅作品を「訳した」という話は、戦後に書かれた「回憶魯迅」には出てこない。とすれば、この「訳者」説にはこだわらなくてよいのかもしれないが、いささかの検討をしておこう。
　丸山昇は、先にふれた論文で、清水が日本文に訳したと書いているのは、魯迅の「兎と猫」を指すのだろうが、魯迅はこの作品について「日本語で自作小説一篇を訳す」と日記（二二年十二月六日条）に書いているとして、清水が訳したとする主張を退けている。[16]
　しかし、もし清水が「訳」したとしている魯迅作品が「兎と猫」だとする推定が正しいとすれば、その「訳」が清水の手になるものではないことを示す根拠が、日記以外にもうひとつある。それは、『北京週報』第四十七号（二三年一月一日）である。そこには、「兎と猫」が、「魯迅作・同人訳」として掲載され、同時に、編集部の手になると思われる前書き部分には、魯迅を紹介する文章とともに、この作品の「日本文も氏の訳になったものである」として、原文と訳文が掲載されているのである。
　つまり、「兎と猫」の日本語訳は魯迅の手になると明記されており、これを清水が行なったとすることはできないことである。もっとも、魯迅が「兎と猫」を訳すとき、清水に相談をもちかけたということはあり得たことではあろう。

魯迅と丸山昏迷

次に、魯迅『日記』における丸山昏迷と藤原鎌兄の記事をみておくことにしよう。

先にみた魯迅『日記』二三年一月二十日条にもどると、ここに出てくる丸山は、丸山昏迷のことである。この丸山については、この『日記』に、少なくとも十四回登場する。二三年の日記から少し抄出・引用すると、

一月七日　午後、丸山君来る。記者の橘樸《たちばなしらき》君を紹介さる。

四月十五日　昼、丸山より招かれ、エロシェンコおよび二弟とともに中央飯店に行く。

四月十六日　エロシェンコ君帰国す。

五月八日　午前、北京大学に講義に行く。丸山および石川半山両君に会う。晩、丸山君より招かれ大陸飯店で飲む。同席者、ほかに石川および藤原鎌兄両人。

九月一日　午後、丸山および胡適之〔胡適〕に『吶喊《とっかん》』を一冊ずつ送る。

九月十四日　丸山に手紙。〔中略〕丸山を訪ねるが会えず。

という具合であり、この他にも「丸山から手紙」という記事が数回出てくる。

二三年の記事を見る限りでは、清水と魯迅のかかわりがあったことは確かだけれども、魯迅が丸山に手紙を出したり訪問したりしている点からみて、丸山と魯迅の関係の方がより親密であった。ただ、先に述べたように、二二年の魯迅日記は断片が伝わるだけであるから、二二年については何ともいえない(17)。

魯迅が彼の第一作品集『吶喊』（一九二三年八月）を丸山に献じたのは、丸山との親密さ、あるいは

丸山の読みへの信頼のゆえであろう。

四月十五日条も気になる。この日の昼食は、翌日にエロシェンコが北京を離れているところからみて、魯迅『日記』の訳注に書かれているように、エロシェンコの送別会であったとみるのが自然であろう。しかし、そこに清水の名前はない。別に何か重要な仕事があったのであろうか。

五月八日条にみえる藤原鎌兄は、『北京週報』の発行人であった。藤原についてはのちにふれるけれども、魯迅との接触があったことは魯迅の日記から明らかである。

いずれにしても、魯迅、周作人、エロシェンコ、丸山昏迷、清水安三、藤原鎌兄を含むつながりが、周作人と魯迅の『日記』からうかがえるのである。

魯迅と清水の問題意識の共通性

以上、清水と魯迅の関係について、やや否定的なことを連ねたように思われたかもしれない。しかし、魯迅と清水には、その問題関心において重なるところがあったことも確かであろう。

第一には、「婦人問題」に対する関心である。清水の『北京週報』掲載論文「支那婦人運動」（第九八号）などにそれが示されているが、この点は魯迅にも共通している。魯迅の「ノラは家出してからどうなったか――一九二三年十二月二十六日北京女子高等師範学校文芸会での講演」はその一例であろう。イプセンの『人形の家』は、当時の中国の女子学生の間でも有名だったようで、魯迅も「皆さんご承知でしょうから、詳しく申しあげるまでもありません」と、この「社会劇」の内容自体にはほとんど言及していない。

そして魯迅は、「ものの道理から考えてみますれば、ノラは実際にふたつの道しかなかった。堕落するか、そうでなければ家に帰る、それより仕方がなかったかもしれないのであります。」と述べている。[18]

女子児童の「堕落」を少しでもふせごうと学校を開いた清水夫妻にとっても、この「堕落」はじつに切迫した問題であった。

第二に、「貧困」の問題の認識である。魯迅は、北京に住む外国人の一部や軍閥は「各種各様の宴席」を楽しんでいるが、「一方、あばら屋根の下にはすっぽろ飯、路傍には残飯あさり、郊外には餓死体がある。金に糸目をつけずに丸焼きが食える富豪がいる一方では、飢えて死にかけた子どもが一斤八文で目方売りされている。[19]」と書いた。旱災に苦しむ農民たちの子どもの救援活動をした清水にも、共通する思いがあったであろう。

魯迅と清水の関係で逸することのできないことは、羅俊英が魯迅の推薦で崇貞女学校の教員になったということである。羅は満洲族の女性で、北京の市立女子中学校の卒業生だった。崇貞女学校に学ぶ児女たちに満洲族が多かったことをふまえての推薦だったと思われる。（一〇九ページの写真参照）

また、このふたりには、エロシェンコへの共感という点でも共通するところがあった。

エロシェンコ

現在の時点で考えれば、エロシェンコの名前はほぼ忘却の淵に沈み、魯迅は読み継がれているという状況だと思われるのに対し、清水が魯迅を紹介したころの日本あるいは東京では状況が異なっていた。すなわち、一九三六年に魯迅が死去した直後には改造社版『大魯迅全集』が刊行されるけれども、二〇年代前半では魯迅の名前はまだあまり知られず、エロシェンコは人気者だった。

『ワシリイ・エロシェンコ作品集』(二冊・みすず書房)を編集・翻訳した高杉一郎は、『夜あけ前の歌 盲目詩人エロシェンコの生涯』[20]という伝記を残した。その伝記などによりながらエロシェンコの経歴を略記してみよう。

一八九〇年一月、エロシェンコはロシアに生まれた。清水安三より一年半ほど年長。九四年、四歳のとき、高熱を出して失明した。九九年からモスクワ盲学校に学び、そこを卒業して、一九〇八年からモスクワの盲人オーケストラで働いた。そこで、イギリスには盲人に本格的な音楽教育を授けてくれる学校があるという情報を得た。また単身でイギリスまで行く際には、国際語エスペラントを学ぶとよいと聞き、エスペラントを習得した。イギリスの学校に入学したが、校風になじめず、また、日本では盲人がマッサージ業などで生計を立てているという話も聞き、日本語を学んだ。

エロシェンコ、日本へ

エロシェンコは、一九一四年、第一次世界大戦がはじまる少し前の東京に現れた。

そして、雑司ケ谷《ぞうしがや》にある盲学校の特別研究生として学び、そのかたわら、日本の古典文学なども学んだ。独立不羈の精神をもつエロシェンコは、次第に幅広い人びととつきあいはじめる。作家の秋田雨雀《うじゃく》と知り合いになり、秋田によって、武者小路実篤、島村抱月などの作家、そしてアナーキストの大杉栄などに引き合わされた。語学の才にめぐまれていた大杉は、エスペラントも解した。また、早稲田大学教授だった片上伸（先の清水「回憶魯迅」にその名がみえる）、そして新宿・中村屋の女主人・相馬黒光（一八七六〜一九五五）とも知りあった。相馬黒光は、芸術家たちやインドの独立運動家ビハリ・ボースの庇護者となったひとであるから、エロシェンコが黒光と知り合いになれば、その交友圏は当然ながら大きく拡大する。エロシェンコは日本語にも習熟し、秋田雨雀や神近《かみちか》市子（大杉栄の恋人だった時期がある。戦後、衆議院議員）の援助もあって、創作を発表するまでになっていた。

しかし、いずれの年よりか、方雲の風に誘われて、漂泊の思いやまずというべきか、エロシェンコはシャム（現在のタイ）に盲学校を作ろうとして、一六年七月に日本を離れ、タイにその基盤がないと知るや、インドに向かった。だが、彼がインドに入ったのが偶然にもロシア十一月革命の直後であって、インド独立運動に神経をとがらせていたイギリス当局は、ロシア人を過剰に警戒していた。そういう事情もあって、インドから国外追放されたエロシェンコは、一九年七月、ロシアに行くこともかなわず、ふたたび日本にもどることを余儀なくされた。当時はまだ日英同盟が存在していたから、エロシェンコのインドからの追放という情報は、日本政府にも届いていたと想像される。時あたかも、清水安三が北京に移ったころにあたる。

日本にもどったエロシェンコは、創作活動をしつつ、片上伸との関係もあって早稲田大学文科の聴講生になったが、社会主義的な思想の持ち主たちとも交流を深め、二一年には、暁民会という左翼的な団体の集会で演説をしたり、メーデーや日本社会主義同盟の第二回大会に参加したりした。暁民会の演説会はたいへんな盛況だったというが、いずれにせよ、こうしたエロシェンコの行動は、内務省を激怒させ、日本追放という形の処分がなされるに至った。

演奏するエロシェンコ。うしろで伴奏するのは相馬黒光

相馬黒光はのちに、「このエロシェンコの検束は日本思想史上抹殺の出来ないものであると思います[21]」と書いた。黒光の毅然たる姿勢が浮かびあがるようである。

エロシェンコ、中国へ

一九二一年六月、エロシェンコは敦賀を出港、ウラジオストック、ハルピンを経て、上海にいるエスペランティストを探し、胡愈之（一八九六～一九八六）の名前を見つけて連絡をつけ、上海に移った。胡愈之は、中国のエスペラント界では著名人であり、エロシェンコが中国に来たという情報は、中国の各地に伝わった。その結果、やはりエスペランティストでもあった周樹人（魯迅）、周作人の尽力で、北京のエスペラントの専門学校の教員として北京に招かれることとなり、エロシェンコは二二年二月、北京に到着、周兄弟の住まいにたどり着いたのだった。ちょうど清水が周作人とはじめて出会ったころにあたる。そして、ほどなく、北京大学教授となった。

以上、エロシェンコについて立ち入りすぎたかもしれない。エロシェンコに立ち入ったのは、清水の「回憶魯迅」は、題名こそ魯迅と出ているけれども、エロシェンコについても魯迅と同じくらいのスペースをさいて述べているし、「エロシェンコから耳が章魚《たこ》になる程に聞かされた話は、神近市子さんの声が実に佳いということである」などなど、清水が北京時代のエロシェンコとかなり親しかったことがうかがえるからである。清水はまた、相馬黒光についても次のように回想している。

私は今でも新宿の中村屋へよく行ってライスカレーを吃する。それは相馬黒光さまがなうての北京崇貞学園のパトロンであったからばかりでなく、三階のロビーになつかしいワシリー・エロシェンコの肖像画がかかっているからである。(「回憶魯迅」八ページ)

さて、エロシェンコが北京で暮らしはじめたのは、先に書いたように二二年二月である。その年の八月には、ヘルシンキで世界エスペラント大会が開催されることになっていた。エロシェンコは、この大会に出席しようと考えたが、当時の交通事情で、シベリア鉄道でヨーロッパに向かうこととした。エロシェンコは日本を追放された人物であるから、途中で日本政府による妨害に遭遇する可能性があった。なにしろ当時はロシア革命から日が浅かった。そこを、「危険人物」のエロシェンコがシベリアに向かおうというのであるから、すんなりとは行かないだろうと想定しない方がおかしい。

高杉一郎『夜あけ前の歌』には、こうある。

大連から奉天まで通過するとき、日本政府が妨害するといけないと思ったので、念のため、周作人の友だちで朝陽門外で学校を経営している清水安三(いまの桜美林大学学長)にたのんで、日本公使館へあらかじめ諒解をもとめてもらった、日本公使は、エロシェンコのパスポートに署名して、大連・長春一帯を通過することを許した。(22)

実際、日本公使の署名が効力を発揮した場面にも遭遇したという。

ヘルシンキでの世界エスペラント大会に参加したエロシェンコは、故郷を訪ねたのち、十一月になって北京にもどった。

魯迅とエロシェンコ

魯迅とエロシェンコの関係はどのようなものであったのか。

魯迅「雑憶」(23)には、次のように書かれている。

エロシェンコ君の名は、かれが日本から追放されるまで、私は知らなかった。追放処分にされたときいて、はじめてその作品を読み出した。迫害を受けて追放にいたるまでの経過は、『読売新聞』に出た江口渙氏の文で知ったのである。そこで、この文を訳し、さらにかれの童話を訳し、さらに戯曲『桃色の雲』を訳した。なぜそうしたか、その理由は、虐げられたものの苦痛の叫びを伝えて、強権者に対するわが国民の憎悪と憤怒をかき立てたかった、というだけのことであり、〔以下略〕

この時点で出版されていたエロシェンコの創作集は『夜明けまえの歌』だが、この創作集について、魯迅は次のように書いた。

ただ彼は、一つの稚いが美しくけがれのない心をもっていて、この世の国境も彼の幻想に制約を加えることはできないのだ。そのため彼は日本に対して、いつも痛切な怒りの言葉を発した。彼のこのようなロシア的大曠野の精神は日本にはあわないもので、当然侮辱と殴打の返礼を受けるにちがいないものであった〔中略〕私は読み終わってから、人類の中にこのような嬰児《みどりご》の心を失わぬ人と著作があることに深く感謝した。[24]

魯迅のエロシェンコへの高い評価と愛着が伝わってくる。と同時に、魯迅がここでエロシェンコの「精神」として描いたところは、「日本」という枠にせまくとらわれなかった清水の発想に通いあうところがあり、また、「虐げられたものの苦痛の叫び」に応えようという姿勢は、清水夫妻とも通い合うものであったというべきである。

エロシェンコ作品の発表援助

清水とエロシェンコのつながりを作ったきっかけとして、もうひとつの線がある。それは、福岡誠一である。福岡はエスペラントを学んでいた東大生で、エロシェンコとは知り合いだった。時期が判然としないが、福岡は雑誌『我等』の編集事務の仕事に従事するようになる。高杉一郎『夜あけ前の歌』には、「北京郊外を散歩するエロシェンコと福岡誠一（1922年）」という写真が掲げられている。清水の「回憶魯迅」では、福岡は清水とも連絡をとったと書かれているし、さらに、

福岡誠一氏が辞去された後も、私は殆どいりびたりにエロシェンコの許に行って、求められるままに魯迅の小説を誤りだらけの無茶苦茶の訳ではあっただろうが訳しきかせたものだ。すると

エロシェンコは、

「魯迅のような小説家は日本にはいなかったですよ」

と、読んでさし上げるたびに、口を極めてほめちぎった。（六〜七ページ）

という。語学の才にめぐまれていたエロシェンコではあったが、中国語は解さなかったから、清水が

魯迅の作品を日本語に訳してエロシェンコに聞かせたということになる。

また、清水は、エロシェンコが「口述する童話を筆記してあげた。筆記し了えるとそれを東京の雑誌社に送付して原稿料を稼いでさしあげたものだ」(清水「回憶魯迅」)ともいう。

清水の「筆記」したエロシェンコ作品が「原稿料を稼いだ」という回想が正確だとすれば、その作品がどこかに発表されたものと考えるのが自然であろう。

そこで、『我等』にあたってみると、次のふたつのエロシェンコ作品が目につく。

(一)「私の盲学校生活の一頁」(二二年六月号) この文末に、「此稿原文エスペラント、S・F生訳」とある。

(二)「時のおぢ《ママ》さん(童話)」(二三年一月号) 文末に「ロシヤより帰って」とある。また、『我等』巻末の「編集室から」に、「盲目の人道詩人エロシェンコの童話は、北京のS氏がエ君の日本語の口述を筆記したものですが、モスコウの目下の生活を批判したようにも思えて面白いと思います(係)」とある。

まず、なぜ『我等』なのかであるが、次のような事情があった。

それは、清水と如是閑の間に親交があったということはもとより、福岡誠一が『我等』で働くようになっていたことも関連するだろうが、じつはもっと太い糸が存在していた。

それは、『読売新聞』(一九二二年三月二十七日)に「在北京　清水安三」の名で掲載された「北京大学に招かれたエロシェンコ君を周作人氏方に訪う」という記事にうかがえる。この記事の一部は、清水とエロシェンコの対話調になっているが、エロシェンコの発言として、次のように書かれている。

日本では書いたものの値を見ないで、名ある人でないと載せてくれないのです。「我等」の長谷川如是閑さんがいなかったら、私は日本の雑誌に中々載せて貰《もら》えるようにならなかったのです。
ここに、如是閑・清水・エロシェンコ、そして福岡というつながりがうかびあがる。

エロシェンコ作品の筆記

さて、原稿料を稼いだ件である。エロシェンコの「私の盲学校生活の一頁」と「時のおぢさん《ママ》（童話）」は、どちらの場合も、訳者名をアルファベットで表記しているが、エロシェンコが日本を追放された人物であり、ここで訳者の本名を明記して起こり得る不都合を避けようとする配慮に出たものであろう。

（一）のS・Fとは福岡誠一のことであろうが、問題は（二）である。「編集室から」にある「北京のS氏がエ君の日本語の口述を筆記したものです」という説明もあわせ考えれば、S氏が清水のことである可能性はきわめて高い。

高杉一郎の『ワシリイ・エロシェンコ作品集2　日本追放記』「あとがき」によれば、『我等』に出た「時のおじいさん」は、「日本語で書かれたものと想像される」という。しかし、さすがの高杉も、この「時のおぢさん」を口述筆記したのがだれであったのかには思い至らなかったようである。(25)

一九二三年四月、エロシェンコは北京を離れてモスクワに向かい、以後、中国にもどることはなかった。彼が北京で暮らした時期は、二二年二月からほぼ半年、そして、二二年十一月から二三年四月までと、合算して一年ほどでしかない。その時期に、魯迅や周作人、丸山昏迷、そして清水安三との接点があったのである。

大原孫三郎

『北京週報』第六一号（四月一五日号）に、「来燕中の大原氏を訪う　日本の珍しき富豪」という記事が出ている。執筆者は「一記者」となっている無署名記事である。

この記事には、「支那漫遊」中の大原孫三郎（一八八〇〜一九四三）が北京（燕京）に来たので、十二日の朝、滞在先を訪問したとあって、大原の紹介が三ページほど書かれている。

大原といえば、今は倉敷の大原美術館で知られる人物だが、『大原孫三郎傳』(26)には、北京を訪問した大原と清水安三の出会いの模様が二ページにわたって書かれている。それによれば、大原は二三年三月二十六日に倉敷を出発、長崎から上海へ渡り、上海、杭州、南京、漢口を視察して、四月十一日に北京に到着。その後の旅程は、天津、青島、大連、旅順、奉天、撫順などを回り、ソウル、釜山、下関を経て、五月二日に倉敷に戻るというものだったという。

大原は、すでに中国に進出している日本の紡績業の工場などを視察し、他方で「日貨排斥」の状況をつぶさにみて、倉敷紡績の中国進出の可能性を検討したとみるべきであろう。その大原が、北京を訪問したのである。『大原孫三郎傳』によれば、「大原会会員」で大蔵省財務官をしていた公森《きみもり》太郎が、案内役として「北京日本人教会の牧師清水安三」を選んでいた。（『桜美林物語』によれば、公森夫人は北京日本人教会の執事で、清水を知っていた。）

それに対し、大原の視察旅行に同行していた山内顕取締役が、「東棉と三井洋行から、中国語のよくできる方」を派遣してもらうことになっていると遠慮深く断った[27]。

このとき大原は、清水に「仮に貴君に案内していただくとしたらどういうふうに案内してくれますか」と質問したという。少し長くなるが、『大原孫三郎傳』から引用しよう。

> 　すると清水は、かねて用意していた、三日案、一週間案、十日案の三種の視察日程一覧表を差出した。それには名所旧跡だけでなく、大学、劇場、仏寺、堂廟、公園はもちろん、中国の各層の家庭訪問、遊廓などの視察も盛られ、更に阿片窟、阿片の解毒治療所、貧民の娯楽場、書籍店、いろいろの骨董品店も案内することになっており、大学教授、学生にも引合せたい旨も答えた。これを見ると孫三郎は直ちに「山内君、僕は清水君に案内してもらうことにする」と決めてしまった。この三十歳前の青年の作った日程は、すっかり彼の心をとらえてしまったのであった。
> 　孫三郎は公森や清水の案内に従って、普通日本人が立寄らないような所まで見、またその間、清水は北京大学の総長や、胡適、毛沢東などとの会談の機会まで作った。
> 　清水の案内を非常に奇特とした孫三郎は、「君の畢生《ひっせい》の事業をぜひ見に行こう」と、清水が経営する場外の僻地にある、崇貞学園にも案内させた。その学園は創立後わずか二年で、生徒も四十名ばかりの極めて貧弱な寺小屋《ママ》にすぎなかった。清水は付近の空地を買収して壮大な学園を建てる夢を持っていたが、今まで見学に来た人がだれも一笑に付したこの空想ともいえる計画に対して、孫三郎は真剣に耳を傾け、激励した。孫三郎は後年、この崇貞学園の建設に多大な援助を行ったが、それはこの日に縁由するものであった。（一九〇ページ以下）

さすがに実業家大原は、どこに行き、どういう人に会うか、果断に主体的に判断した。

アメリカ留学への途

大原が北京視察の最後に土産物を購入する際、清水は「巧みな駆け引き」で大原の買い物を助けた。そのとき、清水が四千円ほどの翡翠をみて、「私も一粒ほしいものだ」とつぶやいたのを耳にした大原が、何に使うのかと尋ねた。清水が、これがあればアメリカに留学できると答えたところ、大原は、ではお望み通り進呈しようという話になり、清水がアメリカに留学できる資金を得る路が開けた。

大原が石井十次の孤児院の事業に多大な援助をしたことはすでにみたが、それは大原が若き日に石井の影響を受け、キリスト教に傾斜したことに連なっている。(28) 大原はまた、大原社会問題研究所（現在は法政大学に所属）や労働科学研究所を作った。それは、労働運動や米騒動に直面した大原が、そうした運動がロシア革命に連ならないようにするという意図のもとに構想したものであったけれども、社会事業に多大な尽力をしたことは事実である。大原の清水への援助も、そのような意図と関連してなされたものと思われる。

清水がアメリカに向けて旅立つのは二四年七月で、大原の申し出から一年三ヵ月後になる。この留学は二六年五月までの二年近くにわたるものであり、美穂夫人も同行した。となると、『大原孫三郎傳』には「四千円」と書かれているが、この金額で二人の渡航費・学費・滞在費のすべてがまかなわれるとも思えない。

また、まかなえるかどうかは別として、いささかの金額を事前に調達したいと清水が考えてもふしぎではない。それに、次のような事情が加わった。

大原孫三郎から清水がアメリカ留学の資金供与を受けられるという話があったのが、二三年四月。

同年夏に、清水は組合教会の集まりへの出席という用事で東京に行った。九月一日の関東大震災に遭遇したのは、おそらくはその滞在のときだったのであろう。そのあと、清水は故郷の滋賀県に立ち寄る。清水の論説「支那の主義者を紹介す」（北京週報、二四年二月二十四日）の冒頭に、次のように書かれている。

　去秋帰朝の砌《みぎり》亡き父が墓を展《ひら》かんとて郷里に立寄った時、老いたる母がみそぼらしく貧乏してる《ママ》のに驚いた。わけをよく訊ねると、この頃五百円ばかり借金が出来て困っとるとのこと。わたくしは生れてより曾《かつ》てお金でもって親孝行をしたことがない。何とかして母を喜ばせんと勘考したが、五百といえばわたくしにとっては飲まず食わずに半年間働かねば溜《たま》らぬ大金。さらばとて、母は日々に老い行きて、八十に近ければ親孝行は火急を要する。折柄《おりから》老友藤原兄〔北京週報社主・藤原鎌兄〕来って、書けよ書けば金になるとの御申し出。ついに欲から禿《とく》筆を駆って書き放題、材料を端本古雑誌の安いところに漁《あさ》って、毎週文を売って幾らかでもせしめている。然《しか》るに「京津」「北京」の両新聞はほとんど最大級の形容詞で以《もっ》てほめて下さる。それも一再に止らず毎度のことである。むろん週報社主との交際の故でもあろうが、わたくし誠に汗顔また感激さらに恐縮に堪《た》えない。すでに孝を得、今また誉を獲た。この上「京津」の言わるるごとく一冊子に纏《まと》めて世に出ずるに至らば、どんなにか嬉しいでしょう。今日は冒頭まず両紙に感謝して筆を運ばねばならぬ。(29)

　次章でふれるように、清水の『北京週報』への寄稿は、一九二三年末から翌年夏にかけてきわめて精力的に行なわれることになるが、その背景にはここに引用したようなことが伏在していたのである。

この寄稿による収入がいかほどだったかは定かでないが、清水の『支那新人と黎明運動』に収められた「現支那の文学」の末尾に、「支那の文士生活」についての言及があり、「四百字詰の原稿が差詰め四円幾らである」(三二四ページ)と書かれているところに依拠して考えてみよう。

二二三年秋に母親の窮状を知り、それ以降に清水が『北京週報』の寄稿した論文は、ここに引いた「支那の主義者を紹介す」以前に七点である。その七点の分量を四百字詰め原稿用紙に換算してみると、百七十枚ほどである。仮に一枚四円だったとすれば七百円ほどとなり、ここに「既に孝を得」と書かれていることとほぼ符合すると推定できる。[30]

第六章　ジャーナリストとしての清水安三

第一節『北京週報』

清水の論説と吉野作造

すでにみたように、清水安三は、北京に移って中国語習得にはげんだが、その過程で知るようになった同時代の中国についての情報を、『我等』『大正日日新聞』『読売新聞』などに次々と寄稿した。第五章の冒頭に書いたように、ジャーナリスト清水安三の誕生だった。その後に、『北京週報』に論説を精力的に書いた。その論説をまとめた本が、一九二四（大正十三）年に出版された。『支那新人と黎明運動』『当代支那新人物』の二冊がそれである。

この二冊に、吉野作造が序文を寄せたことについては第四章第一節で述べ、その冒頭部分を引用した。その引用に続く部分をここに引用しておこう。

第二に清水君の論説する所は悉《ことごと》く種を第一の源泉から汲《く》んでいる。書いたものによって其人《その》の思想を説くのではない。直接に氏の書中に描かれた人々と永年親しく付き合っているのである。

斯《こ》の如きは清水君でなくては出来ぬ芸当だ。何となれば支那の新人と接触してよくその腹心を披《ひら》かしむるまでに信頼を博するは、殊《こと》に今日において我が同胞にほとんど不可能だからである。清水君はこの不可能をよくし得た唯一の人である。〔中略〕

第四に清水君はまた其の好む所に偏して宜《よ》い加減の事をいう人ではない。悪いことは悪いと憚《はばか》りなくいう丈《だけ》の勇気と聡明とをもっている。此点において同君の書いたものは当《あて》になる。従来同氏の言説を当にして嘗《かつ》て私にしまったと後悔したことはない。

第五に清水君は無名の士である。本の値打は本自身が語れば足りる。序文など無用というはこだ。しかし日本では不幸にして良いものが必ずしも通用しない。矢張り紹介者がいる。厄介な国だ。売れなくたって構わぬといえばそれまでだが、それでは清水君が困る。困るからと頼まれたとて良くないものを良いとは決していわぬ性分だが、清水君の書いたものに間違いのあろう筈《はず》はなし、私のようなものの紹介でも少しは役に立つならと、喜んでこの駄文を送った次第である。

余談はさておき、此種の研究として信頼すべき纏《まとま》った本は、恐らく清水君の外には出来まい。良くも悪くも之《これ》が唯一の本である。いわんや同君の造詣と聡明と同情とは此種著述の作者として十分信頼するの価値あるに於てをや。是非同君の此書を座右に備えられんことを冀望《きぼう》する。

大正十三年九月二十日

吉野作造識

この二冊の本に収められた論説の多くは、清水が『北京週報』に寄せた論文である。

『北京週報』にみる北京の日本人

これまでにも名前が出てきた『北京週報』は、一九二二年一月から二七年十一月にかけて、極東新信社が北京で発行していた日本語の週刊誌であり、この極東新信社主幹は藤原鎌兄（一八七八〜一九五三）である。

藤原は、長野県出身。一九一一年に中国に渡り、翌年に北京で『新支那』という新聞（当初は週刊、のち日刊）を発刊（二一年まで）した。発行人は安藤万吉で、藤原鎌兄が主筆をつとめた。そのあとに藤原がはじめたのが『北京週報』である。[1]

『北京週報』のバックナンバーをみると、一月一日号がまずは興味深い。たとえば、一九二五年の元日号をみると、「北京居留日本人氏名電話住所表（イロハ順）」がある。その数約六百六十。板垣征四郎、土肥原賢二、芳沢謙吉、中江丑吉といった名前がみえる。

板垣は満洲事変を引きおこした人物として知られ、板垣も土肥原も、戦後A級戦犯として絞首刑に処された人物であるが、それはのちの話。芳沢は公使である。中江丑吉は兆民の息子で、その住所は東観音寺となっている。中江丑吉については、のちにまたふれる。

二五年一月には、清水安三夫妻は、のちに述べるようにアメリカ留学中だったから、この電話帳にはその名前は出ていない。しかし、二四年元日の名刺広告には、清水の名前がみえ、そこには、

「北京日本人教会牧師　清水安三　北京東城東総布胡同　電話東局三三八〇」

と印刷されている。

電話帳のほか、各種広告も掲載されている。ジャーナリズム関係では、大阪毎日新聞社北京支局、

大阪朝日新聞北京通信部、時事新報北京通信部などの他に、中国で刊行されている新聞などの広告がある。『順天時報』(日刊漢字新聞)、『華北正報』(日刊英字新聞)、『新支那』(邦文日刊新聞)、『北京新聞』『天津日報』などなど。

清水と『北京週報』

さて、清水の『北京週報』への執筆状況であるが、年ごとにその論文・記事の数を数えてみると、次のようである。

二二年　六（清水の『北京週報』登場は第二号から）
二三年　五
二四年　三〇（うち、八月までに二六本）
二五年　一（アメリカに滞在）
二六年　七（同上）
二七年　四二（最後の掲載号は七月三一日号）

この執筆状況をみると、二四年と二七年の本数が突出していることに気づく。二四年までの『北京週報』掲載論文の多くは、清水の『支那新人と黎明運動』『支那当代新人物』に収録されたが、二七年の論文は、その後に単行本に収録されることもなかったようである。

清水が上記の二冊の本に書いた論説の主題は多岐にわたる。そうなった理由は「カラハンを訪ふここを訪れた赤い日本の人々(2)」の冒頭にうかがえる。

北京週報藤原主幹の言わるるに「雑誌というものは、あなたのように支那の文学だの婦人問題を紹介してる《ママ》だけでは立って行けないんで、当面の問題を捕えん《ママ》ければ駄目です。こんだあ《ママ》カラハンの訪問記でも書いて下さい」と。自分だってジャナリズムを解せぬではないが、何しろ原稿稼ぎが本業でも何でもない。先にもいったように慣《ママ》わぬ仮のサイドウォルク、成るべく夜半のはんぱ時間を用いて書いて来たが、それでは余りに得手勝手といふもの、今回は金曜日——三月六日を丸潰《つぶ》しに投げ出してカラハン訪問にと出で立った。

つまり、清水の論説の主題が多岐にわたるのは、藤原鎌兄の要望の結果だという面もあったことになる。さすがに藤原は編集主幹であって、「当面の問題」の重要性を十分に意識していた。清水は「原稿稼ぎが本業」ではないとしつつも、この年の二月から六月にかけて、ほぼ毎週『北京週報』に

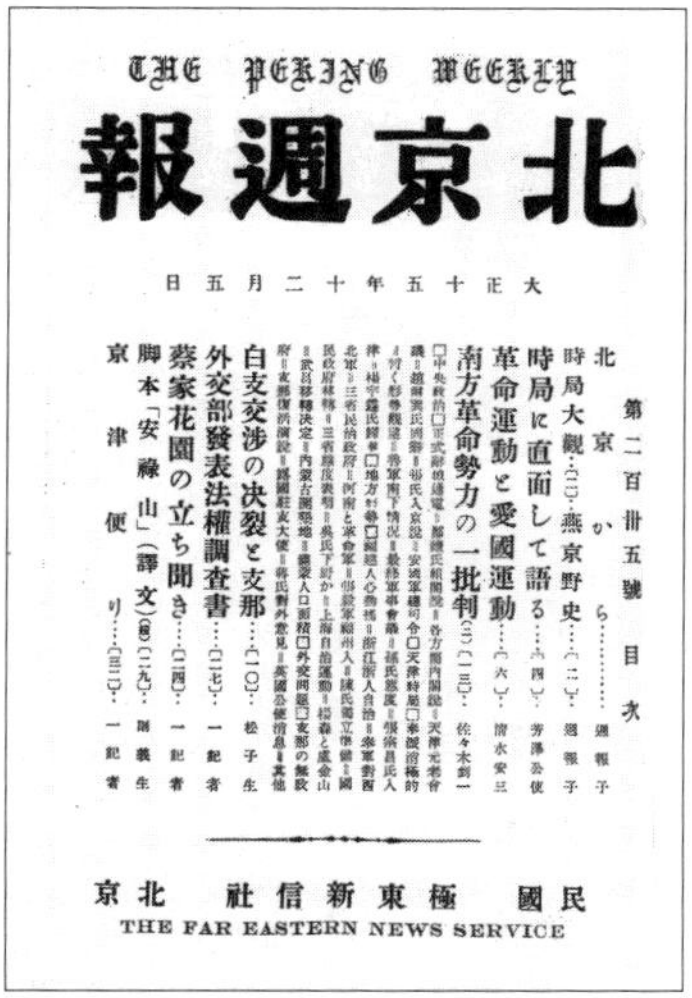

『北京週報』（1926年12月5日）表紙

「当面の問題」の寄稿を続けた。この精力的な執筆活動が、当初は清水の母親の借金返済のためでもあったことはすでにみた。『北京週報』へのその後の執筆によってその数倍の額を得て、崇貞学校の資金に回し、アメリカ留学に備えたのものと思われる。

以上の説明によって、清水が一九二四年に精力的に『北京週報』に寄稿をした理由が明らかになったと思う。では、清水の二冊の本は、どのよ

うな内容のものであったのか。

『黎明運動』の内容

まず、『支那新人と黎明運動』（以下、『黎明運動』と略記）についてだが、この本自体には書誌的なことが書かれていない。そこでまず、『黎明運動』の目次を掲げ、その下に、それぞれの初出となっている『北京週報』の号数を下段に添えてみよう。

一、緒論　「最近支那の思想変遷」（第一〇八号）
二、孔教改革と新儒教
三、思想革命と新憲法
四、文学革命と其将来　「支那文学革命」（第一〇六号）
五、漢字革命と新字母　「漢字革命」（第一〇五号）
六、学生と民衆運動
七、排日の解剖
八、婦人問題と其運動　「支那婦人運動」（第九八号）
九、支那の主義者総まくり　「支那の主義者を紹介す」（第一〇二号）
十、現支那の文学　「現支那の文学」（第一〇三号）
十一、支那思想界近状　「最近の支那思想界」（第一〇一号）
十二、現支那の教育事情　「支那教育事情」（第一〇〇号）

十三、支那基督教批判　「支那基督教史論」（第九六号）

四つの論文については、私には初出がわからなかった。多くの場合、初出のまま単行本に収録されているが、部分的に削除部分や訂正部分がある。「排日の解剖」という題名は『大正日日』の記事（一九二〇年一月）と同名だが、内容は同じではない。

『新人物』の内容

次に、『支那当代新人物』（以下、『新人物』と略記）についてだが、これは「自序」から始まり、「支那の人物」で終る。その間の部分の表題は二十三あり、主題的に取りあげられた人物は、宣統帝、黎元洪、曹錕、張作霖、呉佩孚、呉子玉、馮玉祥、顔と王と顧、王寵恵、汪栄寳、辜鴻銘、柯劭忞、康有為、梁啓超、胡適、周三人、陳独秀、李大釗、李石曾、江亢虎、孫文、蔡元培である。呉佩孚について二度論じられている。また、「顔と王と顧」（顔恵慶・王正廷・顧維鈞）と「周三人」（周樹人＝魯迅・周作人・周建人）は、それぞれ三人のことを扱っている。したがって、二十六人が主題的に取りあげられた。そのうち、『北京週報』が初出と判断されるものは、次の通りである。上に『新人物』での題名を書き、その下に『北京週報』の号数を記す。

呉子玉　「呉子玉論」第六六号

汪栄寳　「汪栄寳論」第九三号

辜鴻銘　「辜鴻銘の思想と人物」第一二三号

梁啓超　「梁啓超の思想及人物」第一一〇、一一二、一一三号

江亢虎　「江亢虎論」第一〇七号
孫文　　「孫文の思想及人物」第一一五〜一一八号

また、「周三人」が『読売新聞』に掲載されたものであることはすでにふれた。一九二四年の清水の原稿執筆ぶりはたいへんなものである。したがって、二四年に『黎明運動』『新人物』があいついで刊行されたことを考えあわせれば、そこに新たな書き下ろし部分が多く含まれていたとは考えにくい。両書とも、『北京週報』掲載論文をかなり収めていることはわかったが、同時に、『北京週報』掲載分以外のものが、ことに『新人物』の場合にはかなりある。(3)次には、清水がこの二冊においてどのような論を展開したのかをみていこう。

第二節　『支那新人と黎明運動』

黎明運動

まず、『支那新人と黎明運動』からみていこう。

この本の扉には、書名の右側に「法学博士　吉野作造序」「北京週報主筆　清水安三著」と書かれている。宣教師を前面に掲げず、「北京週報主筆」としているところは、『北京週報』所収論文を主要部分とする本だからでもあろうが、清水にジャーナリストとして生きようという思いがあったゆえだったかもしれない。

ここに「黎明運動」というのは、清朝を倒壊させた辛亥革命以降に顕在化した諸方面の運動を総括的に表現したものである。論じられている諸方面の運動は、この本の目次からうかがうことができるが、思想革命と新憲法、文学革命、漢字革命、民衆運動、排日、婦人運動、教育問題から宗教問題にまで及ぶ。

その中心になるのは広義の五四運動論だと言ってよい。「この運動は最初は排軍閥排日本の民衆運動であったが、遂にはこれが支那黎明運動、文化運動とまで育って行った。」「排日運動は愛国運動となり社会運動となり、民衆運動となった。」そして、「文学革命より反宗教運動に至るまで、ことごとく五四運動の収穫である」（三四八ページ）というのである。

この本は、この黎明運動の巨大な渦を、分光器にかけたように描き出す。中国の近代への歩みを〈西洋〉とのかかわりにおいて論じ、五四運動の時期までを概観し、特に辛亥革命以降の「新儒教、新文学、新運動」の様相を、北京という場から論じようというものである。五四運動は、当日の運動参加者の数という点だけに着目すれば大きいものとはいえないけれども、大きな波紋を周囲に及ぼしつつあったといえよう。

清水は、「現在支那思想界は、急進思想と反動思想の二潮流に、渦巻き騒いでいる」（一七ページ）と書いた。

一方で、日清戦争後の中国の改革をめざして戊戌《ぼじゅつ》変法を推進しようとした康有為は、辛亥革命後に「孔教擁護」を主張することによって「何時の間にか進歩思想を忘却して、保守思想の凝りかたまりに化石して」（四〇ページ）しまった。また、康有為と思想・行動をともにしていた梁啓超も、「孔教」の「長所」をとることは賛成だというように「変説」した。

他方、一九一七年二月一日発行の雑誌『新青年』に、陳独秀《ちんどくしゅう》の論文「文学革命論」が掲載され、この論文から「文学革命」「思想革命」という名称が生じた。陳独秀によって「孔教から解放されて、自由人に帰るの運動」(四五ページ)が起ったが、陳独秀はこの「思想革命」によって、また胡適は「文学革命」によって、「支那思想界の中心人物」となり、「この両者の根城たりし北大」つまり北京大学は、「何につけかにつけ支那思想界の中心となり、種々の啓明運動の発源地」となったとする。これらの指導者の回りに集まった青年・学生たちが五四運動を起したのである。

清水によれば、北京は政治の中心ではあっても「思想の首府」ではなかった。だから、中国の南方の青年たちは、北京に遊学するくらいなら日本に留学した。あるいは、アメリカに渡ろうと考えて、北京は「有為の青年」の眼中になかった。しかし、「思想革命」以降、北京が中国の「有為の青年」を引きつける場所となりつつあるという。「旧来の孔教中心思想、真髄は支那民衆から時代遅れ扱いをされるべき日が、刻々来りつつある」(四二ページ)と清水はいう。

この反孔教運動は、北京の日本人社会にも反響をよびおこした。北京で発行されていた『順天時報』は、清水の表現を借りれば「日本の機関新聞」であり、「社長、記者共に日本人」であって、「日本の御用紙だけにその思想は日本人を代表して」いる。つまり、『順天時報』は、「孔教擁護の必要」を説いているという(4)。

清水は、その「御用紙」に挑戦するかのごとく、持論を述べる。北京の日本人社会は大きくないから、風あたりは当然生じたであろう。

『黎明運動』の論点

この『黎明運動』は「種々の啓明運動」について論じているが、印象的と思われるところを重点的に取りあげてみよう。

第一は、中国の問題を日本との関連で論じている点である。

たとえば、日本における教育にかかわることがある。排日運動をした若者たちに取材すると、「アメリカ帰りの支那人はプロアメリカン〔親米〕になり、仏蘭西帰りの支那人は親仏主義者になるそうな。どうして亦《また》日本帰りの支那人のみが、しかく排日に傾くのであろう。」若者たちにたずねると、「日本の教育が我等を排日者に育成しました」との答えだとある。

　されば支那の排日思想を絶滅するためには、日本の教育を根本的に改革せねば駄目である。偏狭なる愛国精神を吹込むことを止め、今よりは「人間」を仕上げることを以て教育の根本方針となし、国家主義の教育を人道主義に建直し、誰に立ち聞かれても差支えぬ教育をなすがよい。

（二〇〇ページ）

このような清水の発言が、教育勅語を頂点とする日本の教育への痛烈な批判になっていたことは明瞭である。

第二は文学革命と白話運動についてである。

この時期の中国の「文学革命」の重要な側面は、白話運動である。白話とは口語ということであり、白話文学自体は明や清の時代にもあるけれども、白話に積極的な意義づけを与えようという胡適などの主張が「黎明運動」の時代に台頭する。

白話を使用する雑誌、新聞が増加すると同時に、白話を書く詩人文士評論家が輩出し、相等なる白話文学の収穫を得たのである。周作人の詩、魯迅の創作、李大釗の評論、高一涵の政治論、陳独秀の時評、胡適の文学論、すべて白話で語られ白話で論ぜられた。(二〇六ページ)

白話といっても、読みごたえのある文章がなくてはどうすることもできないが、そういう文章はある。「百の白話宣伝よりも一冊の『吶喊』。千の古文攻撃より一巻の『哲学大綱』の方が何ぼか《ママ》有力、有価値である」と清水はみる。『哲学大綱』は胡適の『中国哲学史大綱』(一九一九年)のことであるが、魯迅の第一作品集『吶喊』がここでは評価されている。

清水にとって、魯迅や周作人との交流は、単なるエピソードであったのではなく、中国で進行しつつある「黎明運動」の動向を身近に感じさせてくれるものとして、少なからぬ意義をもつものであった。あるいは、周作人や魯迅との接触のあったことによって、「支那の新人と接触して能《よ》くその腹心を披《ひら》かしむる」(吉野作造)ことができたと考えることができよう。

第三は「男女同権問題」である。

一九一〇年代の中国と日本には、婦人運動という流れについては共通性もあった。

「昔の聖人」は三従の徳という婦人の道徳をこしらえた。女は「若い時には父に従い、嫁して夫に従い、老いて子に従へ」つまり、「女は一生奴隷であれ」というのである。「一体昔の聖人賢者は女を馬鹿にしている。」

このように書く清水はまた、「こういっていると、何だか偉そうに、さも自分の意見を喋々しているようであるが案外そうではなく、ただ現支那の新しい女の口真似をさせて貰ってる《ママ》だけのことである」（二二〇ページ）とも書いている。つまり、「新しい女」の主張が、日中に並行して登場してきていることに、清水は着目しているのである。

「神の国の対支対策」

清水が五四運動に共感を寄せる記事を『基督教世界』に書いていたことについてはすでにふれた。同じような見地が『黎明運動』所収「支那伝道私見」にもうかがえる。

> 政策を離れて支那人のために尽す。これが最も純なる精神である。若《も》しか政策という言葉を用いたいならば、神の国の対支政策から割出して支那宣教をなすべきで、決して自国の対支政策に用いられてはならぬ。
>
> 〔中略〕国家の威力を笠に着て支那人をとっ《ママ》つける時代ではない。ただ神のみを後援として支那伝道をなすべきである。故に河南省で宣教師が二人や三人土匪《ママ》に殺されたからって、そう賠償だの抗議だのと威気《ママ》り立つべきでない。（三八三ページ以下）

ここで「賠償」とは、具体的には義和団事件に関連するものである。当時は、義和団事件に関する賠償支払いに対し、中国側が反発を強めていた。ここで重要なのは、もはや宣教師殺害を口実に軍事干渉をするような時代ではないと清水が考えていたという点である。

清水の決意のほど

時代の変化をながめていただけではなく、その変化のなかでの自分の位置を、清水はみつめていた。

日本人は金の方を先に集める、金さえあれば何でも出来ると考える。けれども金だけでは何も出来ない。

支那各地を見歩いて、大学病院、教会、学校の宏壮なる建築を見て帰る。一寸見て帰る。一寸見て彼奴等は金があるという。けれどもそれらの事業が出来上るまでに、粉骨砕身したる人物のことは余程の人でないと見通すことができぬ。見よ。何れの大学、病院にも目に見えぬ血みどろなる人柱が立っているではないか。〔中略〕(5)

私達は国家を超越して支那のために支那伝道をせんことを望む。それは勿論《もちろん》祖国を念頭より駆逐することはできまいけれども、いずれの国にあっても、十人や百人位、自国のことを忘れて仕舞《しも》うて、外国のために身を献げるものがあってよいと思う。

その点になると、支那から日本に行った高僧の方がよっぽど偉いと思う。

そういう風な超国的な人間が、他国のために働いているということが、民族と民族とを親善ならしむるものだと、横合からいうのであるならば、それはそうであってもよい訳である。(三八六ページ以下)

ここに、宣教師清水の決意のほどが明確に表明されている。

また、清水は「今からでもよい、宣教師達は悪魔の手から離れて、国家の権利を振り回すことなく只管《ひたすら》神の保護だけを信頼して伝道にいそしむがよい」(三七九ページ)と書いた。

このように述べたとき、清水の念頭に、組合教会に対する朝鮮総督府のバックアップのことがあったはずである。「国家の権利を振り回す」ことなく伝道するのでなければとうていみのりはない。「経済的に微力なる我が組合教会を背景とする私達」（三七二ページ）ではあるけれども、「カイザルのものはカイザルに納めて」臨むしかない。そのような境地に、清水は立った。

「北京週報主筆」と称した清水は、同時代の中国の動向を広くみすえようとした。その立場を、清水は「傍観者は忍耐を要する。八目《はちもく》見えても黙ってるより外《ママ》ない。はがゆければこそ忍耐を要するのではあるまいか」（三六二ページ）と書いた。

清朝から中華民国への変貌、世界的な「民族自決」のうねり、ロシア革命の波及、五四運動にはじまる中国の「黎明運動」、軍閥への日本の「援助」。清水安三は、これらの動きのひとつの結節点となっていた一九二〇年代初頭の北京で、魯迅やエロシェンコといった文学者たちの影響も受けつつ、「黎明運動」にしたがう人びとなどにじかに面談してその語るところに耳を傾け、記録した。清水の論は、当時の中国を紹介するものとして吉野作造の高い評価を受け、長谷川如是閑や鳥居素川のようなジャーナリストたちにも少なからぬ示唆を与えるものとなった。清水安三は「傍観者」を自称したが、その観察と証言は特有の光輝を放つものとなったのである。

第三節　『支那当代新人物』

中国研究の意義

清水の『支那当代新人物』は、いかなる内容をもつものであったか。

この本の冒頭には先に紹介した吉野作造の「序」があり、その「序」のうしろに清水の「自序」がついている。

そこで清水は、東洋史学者の桑原隲蔵《じつぞう》(京都大学教授)が一九一七年に雑誌『太陽』に載せた論文「支那学研究者の任務」から、長い引用をしている。その論文で桑原は、欧米人で中国に来たもののなかには、外交官であれ税関吏であれ宣教師であれ、「その本職の暇に種々の不便を忍び乍《なが》ら真面目に支那を研究することを怠らぬ」のに、中国の大使館や税関に勤務する日本人は、いろいろ便宜があるにもかかわらず、何ら注目すべき研究を発表していない。これは遺憾なことだとしている。

清水は、桑原のこの論文くらい、「当時支那に来たばかりの著者を、刺激し教える文章はなかったであろう。支那智識の皆無なりし著者を、孫逸仙を知れども孫文を知らざりしほどの著者を、熱烈なる支那研究者となしたるものは、実にこの一文であったのである」と書いている。そしてまた、「支那現代思潮と支那現代人物を調べて見ようと決心したのが七年前の初志であった。」その七年間の収穫が「興味中心の読み物」である『黎明運動』『新人物』の二巻だというのである。

清水は次のようにも書いている。

渾沌たる支那、混乱せる中国に何の歩みがあろう〔と〕いうものがあるならば、それはよく支那が解っておらぬものであろう。なるほど支那は渾沌としてはいるが、よく聞けばそこにたとえば氷河の動くに似たる進行がある。どことは得言《えい》わねど、耳に聞えるべく余りに大きい響きを立ててじりじりと滑り行く。(一六五ページ)

つまり、「支那を研究すること」が「氷河の動くに似たる進行」の観察に似ているというのである。

清水の出会った中国人たち

外国・他地域との交流を考える場合、その人物情報が重要であることはいうまでもないし、実際の接触・交流も不可欠である。清水は、「一体日本の支那論者は政治家の支那人のみに興味を持つ、持ち過ぎる」と書いている。それゆえにこそ清水は、政治家だけでなく文化人も日本に紹介することは意義があると考えたのであろう。

本文が約三百ページある『新人物』に主題的に取りあげられた人物の数は、先にみたように二十六人であるが、その紹介には精粗がある。最も長いのは孫文（四十六ページ）であり、その半面、数ページにとどまる紹介もある。その記述から推測して、面談をしなかった人物もあれば、謦咳《けいがい》に接した人物もいた。孫文には会わなかったが胡適とは会話をしている。ちなみに、胡適と清水はともに一八九一年生まれであった。胡適は、「団匪」すなわち義和団の事件の余波でコロンビア大学に留学し、中国にもどって、陳独秀のはじめた雑誌『新青年』にしきりと寄稿し、名をあげた。北京大学から陳独秀が去ってのち、胡適は北京大学の「一枚看板」になった。胡適は『支那哲学史大綱』上巻を出し、これが実によく売れた。中巻・下巻がなかなか出ないが、胡適はその原稿を見せてくれたと清水は書いている。

清水の『新人物』冒頭には、宣統帝の章がある。そのなかで、帝が胡適に電話をかける話が出てくる。

私は溥儀《ふぎ》です、あの宣統です。

という電話がかかってきたが、胡適には「何の何だか」訳がわからなかったという。「十七歳の少年宣統帝」とあり、溥儀は一九〇六年の生まれであるから、一九二三年あたりのことであろうか。以降、溥儀は胡適の「弟子」になったという。

このような現地取材に立脚したエピソードも織り交ぜられて、清水の『新人物』は成り立っている。

デモクラットとしての清水

『新人物』に取りあげられた人物には、文化人はもちろん、政治家や軍人もいた。たとえば、日本で比較的名前の知られていた呉佩孚《ごはいふ》については次のようにいう。

呉佩孚が日露戦役に働いてくれたからって、彼を親日だと早合点してくれては困る。（四一ページ）

そうだ彼〔呉佩孚〕は確かに排日者である。けれども排日者でいいじゃないか、彼が愛国者である限り、排日もせねばならぬだろうではないか、彼が愛国者であることに何の怨《うらみ》があろう。地を替えて考えて見よ。日本人にして非愛国者にして親米者であったら、他が何と言おう。（四三～四四ページ）

怨むべくは呉佩孚の如き真面目の人を排日者とせねばならぬ自国の政策であって、決して排日支那人の行動ではない。されば彼が愛支那者排日者であればこそ、話相手になり手答えある人物である。（四四ページ）

清水が「ラジカル三羽烏」とよばれた面目躍如たるところである。その「ラジカル」な姿勢は、対外伝道のあり方にもかかわる。

それ等の教会は対外資本主義のまがいもなき手先である。曾《かつ》ては軍人に鉄砲持たせて先回らせたる各国は、今やバイブル持つ宣教師を支那に派遣して、目に見えぬ鋤で地ならしをやっている。そこに対外的帝国主義のくさみがこびりついている。(二一七ページ)

というのだが、「対外的帝国主義のくさみ」を日本の一部の宣教師ももっているという批判がここにある。

このような調子であるから、『新人物』は単なる人物紹介に終るものではない。そこにはデモクラットとしての清水の姿が浮かびあがる。

「排日運動」礼讃だけでない観点

清水の中国人物論は、日本で行なわれている人物論への批判も含んでいた。

日本は支那の思想界に全く疎い。色んな雑誌と新聞に嘘がどっさり書かれている。〔中略〕誠にちゃんちゃら可笑《おか》しい限りである。(二二五ページ)

清水の中国在住時代に、中国の各地に「駐在」した経歴をもつ日本の軍人は多く、彼らは支那事情にある意味では詳しかったし、軍人以外にも「支那通」はいた。しかし、掃いて捨てるほどいたそれら「支那通」の「支那情報」の累積は、日中間の友好をではなく、むしろ日中戦争の拡大という結果をもたらした。単なる「通」なるものがどのような役割を果たしたかに思いを致せば、「ちゃんちゃらおかしい」どころの話ではなかった。

清水は中国における「排日運動」に「理解」を示したことはすでにみたけれども、それは「排日運動」を無条件に礼賛するものではなかった。次の言葉がそれを示している。

幸《さいわい》に最近支那青年民衆は排日運動をもって日本人を反省せしめ、憂慮せしめ改悔せしめ来《きた》った。それもよかった。それればかりで日本を反省せしめていることは危険である。我等はむしろ支那のためにとらぬ所である。非常手段として排日運動をもってすることもよい。が、余にそれのみによってると《ママ》、いつの間にか日支両国民の感情は乖離して仕舞う。それは恐ろしいことだ。故に、日本民衆をして支那を愛せしむる努力も必ず必要である。（九三ページ）

この言葉に照らせば、清水の学校経営の努力は、宣教師としての活動の一端ではあるとしても、「日支両国民の感情」が「乖離」しないようにすることでもあったと思われる。

清水のこの言葉は、むろん一九二〇年代はじめのものである。この言葉が近年またアクチュアリティをもつものとして感じられるとすれば、それは清水の観察が単に一過性のものでないところを含んでいたことを示すものであろう。

清水の『新人物』の紹介は以上にとどめておこう。

大庭柯公と佐野学

清水が『北京週報』に書いた人物論が、すべて『支那当代新人物』に収められたわけではない。たとえば、ノーベル文学賞受賞作家のタゴールについての文章や「カラハンを訪う　ここを訪れた赤い日本の人々」（北京週報、二四年三月九日）がそうである。カラハン（一八八九～一九三七）は、中国大使をしていたソ連の外交官で、彼は一九二五年一月に北京で調印された日ソ基本条約の締結にかかわった。

清水は、このカラハン訪問記のなかで、「自分はソビエットル《ママ》シアと方角違いに生きてる《ママ》から、何もかも門外漢である」と書き、社会主義・共産主義との距離を強調している。たしかに、理論的なことについての記述には欠けるところがあるが、取材に基づく人物論という趣である。カラハンは清水の二歳年長。清水はカラハンを「北京での人物」だとして親近感を隠していない。

カラハン自身のことはさておき、「カラハンを訪う」に描かれた大庭柯公と佐野学についての部分を少し紹介しておこう。

大阪朝日新聞の「白虹事件」で、長谷川如是閑らに同調して退社したひとりに大庭柯公（一八七二〜一九二四?）がいた。大庭は、海外特派員として各地を回ったジャーナリストで、その後に読売新聞の編集局長をつとめてもいた。『日本及日本人』にも寄稿する一方で、当然ながら『我等』にも寄稿をしていた人物であった。一九二〇年前後には「ロシア通」として華々しく活躍をしていた。

その大庭は、二一年に「労農ロシア」探訪のため、ロシアに入る。そして、同年秋にモスクワに入ったが、二二年春投獄されたらしく、以後に消息はとだえた。

この大庭について清水は、「自分が始めて赤い人達に接触したのは大庭さんに関してであった。それはもう彼是《かれこれ》二年余りも前のことだった。大庭さんの旅行免状を貰うために行ってあげたのである」と書いている。とともに、「大庭さんの上に懸った暗い雲」とも書いているから、大庭の死がほぼ確実だと知っていたはずである。大庭と長谷川如是閑が懇意であることも清水は知っていたにちがいなく、だからこそ「旅行免状」取得に尽力したのであろうが、その結果が投獄と死と聞けば、心穏やかならざるものがあったであろう。[6]

「佐野教授」という小見出し部分は、佐野学（一八九二〜一九五三）に関することである。佐野は当時早稲田大学で経済史を講じていたが、日本共産党の結成にかかわり、二三年にソ連に入った人物である。清水は、佐野のソ連入りのときに接触をもった。「佐野学氏のことに関しては絶対に秘密を守る筈であるが、今ではもうその秘密の期限が来とる《ママ》。もう書いても喋ってもよからろう」というのである。

> 僕はあなたの主義のために御尽力するではないが、こういうと何ですが、僕はあのビクトルユゴーのミザラブルのミリエル僧正のようにね、ジャンバルジャンであろうが赤鬼だろうが、キリストの名においてお宿もしましょう、ご案内もしましょう、アーメン。

清水は同じカラハン訪問記で、李大釗や陳独秀についても紹介しているから、時効になったような佐野学との関係は、とりたてて問題ではなかったのかもしれない。佐野学はその後に「転向」し、共産党員の大量転向のきっかけを作ったことで知られるが、それはまだ十年も先の話である。

中国滞在時代・アメリカ留学以前

以上で、『黎明運動』『新人物』という清水の中国滞在時代前半（一九一七〜二四年）の代表作についての概観をおえることにしよう。

清水が滞在していた北京は、一方に苛烈な飢饉の見舞った地を控え、街の中には巨大なスラムがあり、他方には中国の軍閥勢力と結んだ帝国主義列強の出先があったし、成立まもないロシアからの革命運動の息吹が及んでいた。世界的に著名なラッセルやデューイが、そしてタゴールが訪問したところでもあり、中国の知識人層のなかに「文学革命」が展開してもいた。

その時代の北京で、清水安三は、美穂夫人とともに旱災児童救援活動に挺身し、貧困に沈む地域の女子児童のための学校を開いた。魯迅や周作人と交わり、エロシェンコとの親交をもち、ジャーナリストとして健筆をふるった。

『周作人日記』一九二四年六月十四日の記事に、午後に清水が周のところを訪問とあり、周自身が「崇貞女校卒業式」に出かけたとある。清水夫妻はこの卒業式を区切りに、アメリカに向かうことになった。大原孫三郎からの資金援助の話があったときから一年以上の時が流れていた。

夫妻がアメリカ生活をはじめたころ、この二冊が上梓され、清水はそれを北京の周作人にも送った。それが届いたことが『周作人日記』(二四年十一月二十九日条)に書かれている。

吉野作造が清水の二著に「序」を寄せたことはすでにふれた。この二著を「信頼すべき纏《まとま》った本」であり、「座右に備えられんことを冀望《きぼう》する」とした吉野の推薦文は、それが書かれた時点ではまったくその通りであったろう。しかし、一九二〇年代以降の中国社会は、単に時の経過というにはあまりに激しく変動した。そのため、清水のこの二著のなかの、あまりに時局に密着した部分や人物情報については、「座右に備」えるというよりは、「歴史」と化したというべきかもしれない。しかし、先に『黎明運動』に関連して「清水の決意のほど」として述べたような部分は、今なお傾聴に値する言葉として生きているように思われる。

第七章　アメリカ留学

按手礼とアメリカ留学

時間が前後するが、清水安三が按手礼《あんしゅれい》を受け、牧師として正式に承認されたことにふれておこう。『基督教世界』（二三年八月九日）「個人消息」欄には、「周再賜、〔中略〕清水安三、以上〔七名の〕の諸氏は本年の総会に按手礼を志願せらるる由」とある。

一九二三年秋に組合教会が予定していた総会は、関東大震災で延期されたが、同年十一月、大阪教会で開催された。そこで行なわれた按手礼式の模様を、『基督教世界』（十一月八日）が伝えている。

按手礼を領すべく選ばれた六名即ち富森京次、大塚節治、本宮弥兵衛、の同志社大学神学科の四教授と、倉敷教会の田崎健作氏、北京日本人教会の清水安三氏の按手礼式は同日〔四日〕午後二時から午前と同じ大阪教会聖堂で執行された。司会者は西尾伝道部主任である。〔中略〕宮川経輝氏の感激に満ちた接手祈祷が捧げられた。〔中略〕海老名〔弾正〕同志社総長の勧告があった。海老名に続いて、今泉〔真幸〕理事長の祝辞があり、そのなかで、按手礼を受けた個々人に対する祝辞が述べられた。清水に対する言葉は次のようであった。

清水君に対して祝辞を述べるならば、我々漢文学を学んだ者はことさら支那との親しみを覚える。今支那教化を任じて立てる清水君が按手を領されたるは誠に慶びと感謝に堪えぬ。大いに成す処《ところ》あらんことを希望してやまぬ。

こうして清水は、正式に牧師となったのであった。清水は当初、按手礼式などという形式はどうでもいいと思っていたというが、この按手礼を受けた際の気持をのちに次のように書いた。

「わが走るべき道程《みち》と主イエスより承けし職《つとめ》、すなわち神の恵みの福音を證《あかし》することを果さんためには生命をも重んぜざるべし」(1)

牧師として認められたことが、アメリカ留学にかかわりをもつことになる。

アメリカに留学してまもなく、清水は『北京週報』に「北京よりシカゴまで」(2)という報告を寄せた。その冒頭に、次のようにアメリカ留学の動機を書いている。

曾《かつ》て玄界灘を乗り越えて支那大陸に渡来せし時、私は初めて日本を客観視することができた。支那に渡来して私の穫《ママ》たる最初のそうして最大の獲物は、祖国を客観視するの経験であった。〔中略〕

支那に渡来して、日本をじっと遥か向うに眺めて、日本を客観視し得たことは、私に取って莫大なる興味と利益を与えた。私はその経験より押《ママ》して、米国に渡り、東洋全体を遥か太平洋の彼方から、展望し観察して見たくなった。同時に米国より支那を見、米国より東洋を観ることは、今より後、凡そ支那を論ずるものの一度はなすべきことなのである。

支那は現代における世界的最大題目の一つなのである。

アメリカ行きの困難性

すでにみたように、『周作人日記』二四年六月十四日条に、周作人が崇貞女学校卒業式に行ったとあるから、この日の卒業式を終えて、清水夫妻は旅立ちの準備をしたのであろう。

清水の『朝陽門外』によれば、北京の崇貞女学校は、三菱の矢野春隆という人物に託したという。清水は東京でパスポートを入手し、米国総領事館で査証も入手したのだが、ときあたかもアメリカで排日移民法が成立した時期である。清水の「旅行免状を得るまで」[3]によれば、「米国労働省長官の許可無き限り留学生には渡航免状を付与すること絶対に難し」という電報が、日本の外務省から清水に来る状況であった。また、「留学生として渡米するものはまず独身者でなければならぬ」という制限もあった。だが、牧師として入国することは「極めて容易」だったのである。清水が按手礼を受け、正式に牧師となったのは前年十一月。「長い間耶蘇坊主の貧乏等といわれて軽蔑されたる我等も、渡米の一段となるとエヘンである」と渡米の「第一信」に、清水は書いていた。

一九三〇年代に連合通信上海支局長をつとめた松本重治（一八九九〜一九八九）は、二三年十二月に日本を旅立ち、翌一月にイェール大学に入学した[4]。半年留学が遅れれば、単身者だったから留学は可能だったとしても、手続きは煩雑になったかと思われる。

厳しい渡米制限の敷かれた時期なのに清水の留学が可能だったのは偶然といえば偶然だが、清水の愛好した言葉を使えば、「プロビデンス」が作用したというところであろうか。

ジョン・ダワーは、『容赦なき戦争　太平洋戦争における人種差別』において、この二四年の移民基本法の改正についてふれ、「移民問題は、アメリカにおける反東洋の人種憎悪が、いかに根深くまた見境いのない拡がりをもつかを明らかにした(5)」と書いている。

　パスポートを取得した清水夫妻は、東京から郷里の滋賀県に帰った。そして、清水夫妻の子ども、泰（このとき四歳）と星子（二歳）のめんどうは、郷里の清水の母と姉にみてもらうことにした。美穂夫人は、子どもと別れることを嘆き悲しみ、出発前の夜、一睡もしないで泣き明かしたと清水は書いている。

安三・美穂と泰と星子

　清水夫妻は、七月二十二日に郷里を発って横浜に向かった。
　清水の「北京よりシカゴまで」（北京週報、第一三三号）によれば、横浜を解纜《かいらん》、つまり出港したのが八月四日とある。そして、ハワイ到着が一四日、三十日までホノルルに滞在と書かれている(6)。
　立寄ったハワイで、清水が奉天に渡ったときの同志社社長の原田助に会った。彼は同志社の内紛もあって社長を辞し、まもなくハワイ大学教授となっていた。ハワイで美穂夫人が急に入院し手術を受けることになり、二週間ほどの入院となった。そこで安三は、中国情勢に関する講演を十一回行って講演料を得たという。『基督教世界』第二二二七号（二四年九月十一日）の「個人消息」欄に清水のことが記されていて、「布哇《ハワイ》着と同時に夫人は病気のため入院療養。先月末退院、同氏は本月末の船にて渡米の筈《はず》」とある。夫人の入院は予想外のことであったろう。

サンフランシスコに上陸した清水は、五日間そこに滞在した。九月十一日、オークランドから汽車に乗り、シカゴに向かった。[7]

清水は、アメリカ西海岸からオベリンに向う列車のなかで、座席が人種別になっているといった差別を経験した。アメリカでの排日感情も強かった。しかし、人種問題の程度ということになると、内村鑑三のみたところに比べれば、「改善」されてはいたであろう。その差異は、滞在した場所の違いにもよろうが、時代の違いもあるだろう。清水の留学した時期は、第一次世界大戦後。アメリカは、直接の戦場にならず、戦後の好景気時代にあたり、一九二九年に大恐慌が起ろうなどとは夢にも思われない時代だった。

オベリン大学へ

清水はシカゴに行き、そこから留学先であるオハイオ州にあるオベリン Oberlin 大学（一八三三年創設）に向かった。オベリンという名前は、第四章でも言及したが、アルザスの牧師ジョン・フレデリック・オベリンに由来する。[8]

オベリン大学は、一八三五年に黒人の入学を認め、三七年には女子学生の入学を認めるという、リベラルな伝統をもつ大学であった。そしてオハイオは、南北戦争時代には「自由州」のひとつであった。

熊本洋学校にやって来たジェーンズも、アメリカン・ボードから派遣されて初期の同志社に来たD・グリーンも、アメリカ南北戦争時代の北軍の兵士だった。同志社の人びとのイメージした「アメリカ」は、「自由州」のアメリカだった。

清水の同志社学生時代に同志社を訪問したこともあったオベリン大学総長ヘンリー・C・キングは、清水の留学時代にもその位置にあった。

当時のオベリンについて、熊本バンドに根をもち、同志社の第二代社長をつとめた小崎弘道は、その『七十年の回顧』(警醒社書店、一九二七年)において、一九二一年九月からほぼ五カ月にわたるアメリカ訪問の折、十二月十日にオベリンに立ち寄り、二泊したと回顧している。オベリン訪問はこれが三度目だったという小崎は、オベリンについてごく簡潔に記録した。

日本人の男女学生が十七名在学しているので、先ず之《これ》に逢い、また校長キング博士其他に面会した。翌日曜〔中略〕学校の教会は出席者およそ千人位、平日より少いとの事である。〔中略〕私達の宿泊した旅舎は学校の経営で使用人は皆生徒である。〔中略〕オベリンは学校町で人口約四千人、いずれも学校の需要品を販売する者のみで、学校に関係のない者は少い。(9)

清水のオベリン留学に先立つことほぼ三年であり、清水の留学時も町の様子はこれとほぼ同じようであったであろう。

オベリン大学の大学図書館文書館長と歴史学教授をつとめたローランド・M・バウマンの講演「記憶と場所の再現」[10]によれば、当時のオベリン大学には、アメリカの数多くの州の学生がいて、外国人学生（中国、インド、オーストラリア、日本など）も少なくなく、学生の属するプロテスタントの教派は多様だった。清水が在籍していたクラスは、総勢は十七名と「小規模ながら多文化的」で、そのなかに「黒人学生が五人もいた」という。

バウマンはまた、留学時代の清水の経済事情にふれている。それによれば、「清水安三はじめ神学士号をめざす学生には授業料が免除され、神学部生にはこのほか、学生雇用基金奨学金」などがあったという。バウマンは、清水が奨学金を受ける可能性のあったことにふれているが、具体的に判明しているのは、一九二六年五月十八日付七十五ドルのメリット・スカラシップを受けたことだけであって、これは清水を推薦した同志社大学がグレアム神学部長に対して、清水に日本人学生用の奨学金を与えてほしいという要請に応えたものであったという。

清水の観察

オベリン大学に落ち着いた清水は、『北京週報』にいくつかの記事を寄せた。「米国より北京へ」（一九二五年一月十一日）、「米国をこう見る」（二六年二月十四日）、「米国をこう見る（続）」（二月二十一日）である。

これらの記事のなかで清水は、「自分は幼少の頃より米人と子弟の関係を結び、支那に到るまでは、甚だ多く米人を畏敬しておったものである」が、「在支八年に亘るに及んで米人に対して、とんでもない悪感を抱くに到ったものらしい」と書いている。

中国に渡って以降、清水はアメリカ人嫌いになった。その理由は、「傲慢なる米人」に対する反感である。「米国のレデー」が「支那の苦力《クーリー》」を足蹴にしたところを見たこと、「米国の泥酔兵士」が太い革帯で車夫を打ったのを見たことが例示されている。

しかし、実際にオベリン大学での生活をはじめると、この種のアメリカ人観は反転する。清水夫妻は、見知らぬ人に自動車に乗せてもらって助かったという経験を何度もした。教員も親切である。ニューヨークのある教会に行ったところ、二千人もの会衆があって、その日には外国伝道のための献金をしていた。集まった五千ドルのうち、八百ドルが日本へ、千ドル余りが中国へ、そして、ギリシャ、アルメニア、アフリカなどへの金額が報じられた。

時間的な先後関係は定かでないが、あるとき清水は在米生活の長い日本人と議論し、中国生活以来のアメリカ人観を述べた。しかし、アメリカに来てからの経験をふり返ると、「米人は外人に親切だという心持を抱いて、もう卒倒せんばかりに心の苦しみを感じたのである。今までに抱いた概念が倒れ、自分は空虚な心持を抱くに至った。そうしてその夜を転機として自分は米国の明るい方面を事々に見るに至った」(「米国をこう見る（続）」）という。

アメリカ経験は清水にとって重要だった。明治初期にアメリカをみた日本人が概して「身分」に関する思いを強くいだいたのに対し、清水の印象は、「人種」にかかわるものであった。

その経験はたとえば次のようであった。彼はあるとき幼稚園を訪問した。すると、「四十何名かの幼稚園の児童に二十三個の言葉」があって、「外国人の多いのに驚いてしまう」状況だった。清水自身も、自分が外国人だという感じが薄らいでしまったという。

多民族の子どもたちがとも学ぶという光景は、清水夫妻の崇貞女学校にもみられたが、この光景を当然のこととして受け入れる姿勢は、アメリカ体験によって強められたといえよう。

こうした民族的な共存とは別のことだが、清水は、アメリカ留学を終えたころ、「私は米国に到って小学、中学、大学の経営やアドミニストレーションを研究して帰った」[11]と書いた。つまり、清水がアメリカ留学で目的としたことは、あるいは、目的としたことのひとつは、「学校経営」にあったのであって、幼稚園訪問もその目的と不可分であったのであろう。

バウマンは、先に引いた講演のなかで、清水が「オーバリン神学部で神学を学ぼうとした動機が定かでない」とも述べている。しかし、清水がアメリカ留学の目的を、必ずしも狭義の神学研究ではなく、一方ではここでみたような「学校経営」の調査・研究と位置づけ、他方では中国での活動期間のあとの「サバティカル」だと述べていたことを考えれば、バウマンに「動機」が「定か」でないとみえたとしてもふしぎではないかもしれない。

社会的福音

バウマンは、留学時代の清水が講義で接した教員についてふれている。そのひとりで、「安三が師と仰いでいた」[12]エドワード・I・ボスワースの新約聖書学の授業を、清水はいくつもとったという。バウマンが引用しているボスワースの言葉に、「国中、また世界中で起こっている実生活、社会生活、道徳生活における大いなる改善運動と常に緊密な接触を持ち続けること」がオベリンの伝統だ、というものがある。この発想は、社会的福音の考え方に近いだろう。

この社会的福音についてはすでに第一章でもふれたが、清水は、留学後しばらくして書いた「社会的福音」という論文を、次のように書きはじめている。

> 「社会的福音」はもはや流行すたれだよという声も、ちょいちょい耳にするようであるが、私達はまだまだ社会的福音を講ずる必要が特にわが日本においてありはせぬかと考える。〔中略〕私達は今少しく、日本人としては〔中略〕実際的な、米国の基督教をわが日本にもう少しの間普及して見たいと考える。
>
> 尤《もっと》も米国にありては、近来、基督教会内に、スピリチュアルの優越を説くものが日々に増しつつあることは事実である。薄っぺらな社会的宗教実際主義から離れて、霊的な宗教深みのある宗教へと奔《はし》り移らんとの声は、追々に大きくなっている。〔中略〕しかるに顧みて日本の教会は、まだまだ社会的に活動すべき余地を有している。まだ社会的福音が実地に行なわれない前に、速くも霊的霊的《ママ》というのは如何なるものであるかと考える。どっちかというと日本人はともするとtoo much spiritualでまるで気狂いじみている。〔中略〕バランスの取れないでtoo much spiritualになりやすい日本の基督者は、もっともっと実際的にして社会的なる宗教に進む必要がありはせぬか。[13]

ここに「流行すたれ」というのは、現代神学に深甚な影響を与えたスイスの神学者カール・バルトの『ロマ書』（一九一九年）に代表される「危機神学」が日本にも紹介されるようになっていたことによるものかと思われる。この「危機神学」は、第一次世界大戦を引き起こしてしまったというヨーロッパの精神世界の「自己省察」にかかわっているだろう。[14]

そのような「流行」のあることを知らない清水ではなかったが、右の主張をみると、清水が華北の大旱害に際して、旱災児童救援活動に尽力したのは、また、北京に中国人の女児のための学校を開いたのは、まさしく社会的福音あるいは「社会的宗教実際主義」のゆえだったのだと思い至るであろう。

「社会的福音」に関する書物

すぐ前で引用した清水の「社会的福音」論文にその関係の書物についてのやや立ち入った説明があるので、ここに引用しておこう。

　「社会的福音」なるものを、一早く提起したる人に、グラッデン〔中略〕がある。この人は組合教会の牧師であって一八九一年には *Applied Christianity* という書物を出している。〔中略〕このアプライド・クリスチャンニチィは非常に当時の注目を引いたものである。〔中略〕

　その次には何といってもラウセンブッシュを挙げねばならぬ。彼の書物には、*Christianity and the social crisis* や *Christianizing the social order* 及び *The social principles of Jesus* 等があって「社会的福音の神学」はすでに邦訳されている。彼は基督の十字架を社会悪の生んだものなりと、極めて巧みに説明している。従来にも増して、社会的ソリダリティの法則による贖罪《しょくざい》となしてイエスの死を見るところ、さすがに新時代にふさわしい解説であると思う。

　シカゴ神学校のセイラー・マシュスの「耶蘇の社会的教訓」はラウセンブッシュのものよりももそっ《ママ》と聖書的である事において確に成功したる名著である。

〔中略〕曾《かつ》て私は、社会的福音はみんな人の言うが如くに、薄っぺらなものであろうかと、しきりに考え込んでいた時に、ふとウォード教授の *Social evangelism* という本を読んだことがある。今でもその言葉を空《ママ》んじている。

We need to tie the social program up to the eternities and fill it with the power of an endless life.

とあった。人間の魂の最も深い要求と、ともすれば薄っぺらに見える社会的奉仕とは、楯の両面にあらずんば、原因結果の関係にあるものであると思う(15)。

このように清水は述べて、さらに、「その他ピィボディの『耶蘇基督と社会問題』、キングの『神学と社会的意識』、コウの『宗教教育と社会的原理』など最も有名である」と書き、他にもボストン大学のノドソン『宗教思想における近代的傾向』などをあげている。

ここで名前のあげられているマシュスは、同志社で講演をしたことのある人物。キングは、すでにみた通り、オベリン大学総長。バウマンは、キングを「進歩的な思想家でソーシャル・ゴスペル（社会的福音）運動の穏健な推進者であった」と位置づけている。

ワシントン・グラッデンの著作では、『基督教信者要性』が伊勢時雄訳で一八八九年には出ているから、当時の日本のキリスト教徒には知られた名前だったのであろう。

ラウシェンブッシュの著作は、『耶蘇の社会訓』が栗原基訳で一九一八年に、『基督教と社会の危機』が友井楨訳で一九二三年に、『社会的福音の神学』は同じく友井訳で一九二五年に、それぞれ出版されているから、当時の日本でなかなかの支持を受けていたものと思われる。

これらの著作を清水がいつ読んだのかは判然としない。しかし、一部は同志社の学生時代に読み、一部はアメリカ留学時代に読んだと推定することができる。

清水のキリスト教理解

このようにみると、「社会的福音」とは、清水のこの論文の題名だったというにとどまらず、彼のキリスト教理解の基本性格を示すものと考えるべきであろう。

であれば、清水が北京に移ってまもなく学校を設立し、旱災児童救援活動にしたがったというのは、そのような活動も行なったという程度のことなのではなく、彼の信仰の根本にかかわることだったとみなければならない。清水は、アメリカを中心とする社会的福音という視点を同志社の学生時代に獲得していたのであろう。

むろん、アメリカの社会的福音という活動は、その一面において、アメリカの東アジアへの帝国主義的な進出と結びついている面はあるだろう。米西戦争を通じてのフィリピン領有（一八九八年）以降、その動きは顕著になったとみることはできる。

しかし清水は、政治権力と結びつかない形の社会的福音に共感をおぼえたのではなかろうか。その観点は、同志社学生時代にきざし、中国での自分の活動の経験を経て、アメリカ留学のなかで強められたのではなかったか。その観点は、「too much spiritual」なキリスト者には必ずしも理解されなかったとしてもである。

ただし、この社会的基督教という立場を、清水が無条件によしとしていたわけではない。「社会的基督教の提唱」(16)のなかに、こうある。

アプライド・クリスチャンティを説くものが往々にして、無理な解釈をイエスに加えたり、またこじつけの牽強付会《けんきょうふかい》を敢《あえ》てなすことに、満腔《まんこう》の不満を抱くのである。社会主義的な主張をイエス自身が説いていたかのような解釈に対する不満であった。

ちなみに、留学中の清水は、『基督教世界』に時折記事を寄せていた。そのなかに、「ビリーサンデーを聞く」(第二二〇八~一〇号、一九二六年四~五月)の三回連載があった。ビリー・サンデーは元大リーガーにして牧師に転じて禁酒法推進を説いていた人物であるが、当時話題になっていたこの人物の演説を聞きに行ったという、禁酒についてのエピソードである。

清水美穂のアメリカ経験

美穂夫人が一九二四年に横浜からハワイに立寄ったとき、病気で入院したことについては、すでにふれた。その後について、「故清水美穂子の生涯」(17)という文章には、次のように書かれている。

桑港《サンフランシスコ》に至り自ら労役に従いて夫君の留学費を減ぜしむることなからしめ、しかも猶《なお》よく「マクドウェル、テラーリング、アンド、ミリナリ、コレッジ」を卒業するを得たり。其他紐育《ニューヨーク》、ワシントン、デイシー、フィラデルフィア各地を漫遊してロスアンゼルスに至り、孤児院に労役せるは、帰朝の旅費を作りながら社会事業の実地にきわめ、後日北平〔北京〕に何物かを設けんと考案せしがためなり。

この記述にしたがえば、アメリカ到着直後には、美穂夫人はオベリンには向かわず、アルバイトをしながら「テラーリング、アンド、ミリナリ、コレッジ」に通ったことがわかる。これはつまり、裁縫・製帽専門学校ということであろう。ロサンゼルスの孤児院ともども、収入も得ながら北京にもどった際に崇貞女学校の事業に役立てようという思いからであったのだろう。

清水美穂自身が自らのアメリカ経験をふり返った記録に私は接していないが、このアメリカの孤児院という部分をみると、私は、内村鑑三と有島武郎のアメリカ経験を連想する。

内村の『余は如何にして基督信徒となりし乎《か》』第七章に、一八八五年のことだから清水夫妻のアメリカ留学の四十年ほど前のことだが、内村が「養護院」で半年ほど「看護人」として働いた話が記されている。また、内村の経験と美穂の経験の時期のちょうど中間にあたる一九〇四年五月、ハヴァフォード大学大学院で修士号をとったばかりの有島武郎は、その直後に二ヶ月ほど精神病院で看護士として働いている。

むろん、孤児院と養護院と精神病院はそれぞれまったく別物ではあるが、社会事業的な点では共通している。内村は、その養育院の宣教師ジェームス・リチャーズの口から、彼の経験を聞いた。

余の受けた印象は電撃的であった、そしてその影響は永久的であった。それいらい慈善と教育とは単なる憐愍と効用の事業たることを止めた。両者にはともに高い宗教的目的――唯一の「善」なる神の執行者という――があると思われた。余が白痴院において看護人たることはいまや神聖侵すべからざる職務に栄化せられ、義務はそれが帯びていたすべての奴隷的要素を振り落した。

(岩波文庫、一四六ページ)

内村鑑三が美穂の同志社学生時代に、美穂の恩師デントンのところを訪れたことがあったことについてはすでにふれた。美穂が内村と面識があったかどうかは、私にはわからないけれども、美穂の敬愛するデントンのところを訪れた内村に、美穂は敬意をもっていたにちがいなく、美穂が内村のこの著作を読んでいたと考えるのは自然であろう。とすれば、美穂にとって、飢饉に苦しむ農民の子どもたちをあずかるという事業、スラム街の女子児童に教育を授けるという仕事、そしてロサンゼルスの孤児院での仕事は、「単なる憐愍と効用の事業」などではないという確信があったはずである。

安三の『朝陽門外』によれば、美穂がサンフランシスコの裁縫学校の洋裁科を半年で卒業してまもなく、安三は美穂にオベリンに来るようにと伝えたという。美穂はすぐにオベリンにやってきた。安三は寄宿舎を出て、夫婦でアパートに移った。

アパート住いではあったが、亡妻美穂の最も幸福であった月日は多分かのオベリンの一年半であったろう。オベリンにおける最初の日本人ホームだというので大いにもてて毎土曜日にどこかの家庭に招待されたものである。時にはオベリン大学の人々ではなく、オベリン村の人達からも、お茶やデナーに招かれ、わたくし共はオベリン生活を十分に楽しむことが出来た。（三一一ページ）

この住いを小泉郁子も訪問したというが、安三はもとより、美穂も社交的なひとだったのであろう。バウマンは、「清水美穂も一九二五－二六年度のオーバリン神学部名簿 Junior〔一年次〕欄に名前が載っているが、卒業はしていない」と述べているが、それは、『朝陽門外』の記述と符合する。

卒業・帰国

バウマンの調査結果によれば、清水は、一九二六年五月十九日（水）に、オベリンのファースト・チャーチで挙行されたオベリン大学神学部第九十三回卒業式で、十六人の仲間と共に神学士号を授与されたという。

清水夫妻は、安三がオベリン大学を卒業した翌日、オベリンを離れ、ナイアガラに向かった。瀑布を眺めながら、安三は、「あなたのお嫁さんになって、今日初めて幸福を感じたわ」という「涙にうるめる」美穂の声を聞いたという。幸福な日々だった。

そのあと、ふたりはワシントンなどを回ってロサンゼルスにもどり、ハワイに向かった。『基督教世界』掲載の清水「布哇《ハワイ》から」という記事に、「オベリン神学校を五月十九日に卒業した」とある。組合教会の多くの人びとに世話になった清水としては、組合教会の『基督教世界』に近況報告をしておこうということであったろう。そして、

布哇まで帰って旅費を作るために、この夏ある新聞の記者をして働いています。九月から再び支那に行きます。(18)

と書いている。「日布時事社長〔相賀安太郎〕の邸に留って新聞のお手伝」(『朝陽門外』三一八ページ)をしたのだった。清水は九月十六日、大洋丸で横浜に着き、十九日神戸港に上陸した。美穂は一船先に六日帰朝、十八日には、夫の出迎えをひかえ、組合教会本部を訪れた。(19)

ここに、ほぼ二年間にわたった清水夫妻の留学生活は終わった。清水安三の満三十三歳から三十五歳の時期にあたる。

小泉郁子との出会い

清水がオベリン大学留学中に知りあった日本人のひとりに、小泉郁子(一八九二~一九六四)とい

う女性がいた。彼女は松江の出身で、東京女子高等師範学校（お茶の水女子大学の前身）に入学し、キリスト教に関心をもち、東京の「教会の有名説教の聞き渉り」をし、海老名弾正や植村正久などの説教に耳を傾けた。そして、女高師卒業を控えた一九一五年一月、友人たちとともに、植村から集団洗礼を受けたという[20]。

小泉は女高師卒業式では、卒業生代表で卒業証書を受領し、卒業後に長崎県立高等女学校の教員となり、国語を担当した。長崎の教会にも行ったが、それは組合教会で、若い人たちの集いが盛んであったという。その後、母校の東京女高師から、兵庫県の明石女子師範学校への異動の打診があり、一九一八年四月にそこに移り、歴史を担当するようになった。明石女子師範には付属小学校があり、「初等教育のメッカの如き観を呈して[21]」いた。活発な教育活動に刺激され、大正デモクラシーの期の「男女平等」「恋愛至上」の時代風潮のなか、職を辞して、教育学の研究をこころざした。

彼女は、その晩年に次のように回想した。

私は「一学校に於て、一教師として、一学科を担当する」よりか、むしろ「日本全女性のために、新しい指針を創案することが直下の急務である」と同時に、「私の本務である」との自覚に達し、これが研究のため教職を辞し、再び笈を負うて上京、数年間をその研鑽に没頭しようと決心するに到ったのである。

即ち大正十一年（一九二二年）四月上京直ちに母校お茶の水女高師研究科に席をおき、下田次郎博士指導の下に、先ず「女性心理の研究」と取り組むこととなり、同時に当時開放された東大にも聴講生として入学、心理学的、社会学的アプローチによって、目的物を射止めようとかかった

のである。(22)

他方、親に無断で職を辞した娘のことを心配した小泉の父は、友人に郁子の様子をみてほしいと頼み、その男性は彼女を救世軍の山室軍平の説教の座に連れて行った。

山室の説教に耳を傾けた郁子の眼から、「悔恨と慚愧の涙がとめどなく流れた」という。そして、東京市内の救世軍の施設(診療所や母子ホーム)に案内された。彼女は回想する――

これらの場所で私が見たものは、キリスト愛の実践であった。相当の学歴あり、職歴ある人々が、信仰の故に黙々として、気の毒な人々の足を洗う―捨身の献身をされている姿であった。私はまたもや深い感動の虜となって涙を禁ずることが出来なかった。

これが大きな転換になった。山室の援助のもと、郁子は二二年十月末、横浜からアメリカに向かった。目的は「キリスト教の研究」で、予定は二年間だった。

最初はサンフランシスコの救世軍日本人部に籍をおいて、米国救世軍士官学校入学、実践的キリスト教を身につけ、半年間は大尉としてカリフォルニャ各地の伝道に参加した。そのため約一年を費やしたが、これによって、私は自分の信仰に筋金を入れられた。

小泉郁子は、二四年二月、オベリン大学神学部に入学した。清水安三がオベリンにやって来るのに先立つこと約半年であった。

清水が帰国した後、小泉はオベリン大学を二七年に卒業し、翌年にミシガン大学大学院教育学部に入学、教育学を修めて修士課程を修了し、帰国して青山学院女子専門部教授となった。

第八章　南方からの報告

蘇峰のことば

アメリカ留学から日本にもどった清水を、思わぬ事態がまちうけていた。「私を過去十年間維持してくれた我党のお金持が貧乏してしまったり、不景気のためにもうお金を出してくれなく」なった場合もあれば、「今なお栄えている人も心が変ってか、もうお金を出さぬから一人立で行けとのことである」という場合もあった。（清水「一支那人教育者の述懐[1]」）

学校の収入をどのようにして確保するのか。清水の友人たちが、就職口を探してくれた。清水は、次のように書いている。

私が支那を棄てれば私には仕事があることもわかった。私は欲すれば今の私の経営してる《ママ》学校よりもずっと大きい学校にも行けそうである。桧舞台《ひのき》に躍り出ずるはこの秋《とき》かも知れぬ。

私は何も天下の大牧師にならうとは欲せぬ。私は何も大学の教授になりたいこともない。私はあの朝陽門外の小さい学校の経営者で以て足るのである。このやりたい支那人教育をするために僅かのお金も出ないで、やりたくも何もないより世間的に幸福な地位ならば幾分でもあるとは何という皮肉であろう。私はかかる皮肉なる人生を悲しむ。私は多分右述べたような成行《なりゆき》で北京を去り、支那人教育者として生涯を終り、学びし支那語を忘れ、研《きわ》めし支那事情を台なしにして、そうして私は北京を離去すべきであろう。

有島武郎は秋を見てから死にたいと遺言した。私は北京の秋を見てから北京を去りたく思うてやって来た。秋の北京の自然は格別である。(2)

有島が軽井沢で「情死」したのは、関東大震災前の一九二三年六月のこと。有島は一九年に同志社の客員教授になっていたこともあり、清水は有島に親近感をいだいたのであろう。

かえりみれば、清水が一九一七年に満洲に渡ろうとしたとき、日本にとどまるよう忠告したひともいたが、清水は日本にとどまらなかった。一九二六年に清水はふたたび中国での生活を続けるのかどうかの大きな岐路にたった。

清水は、前に引いた「一支那人教育者の述懐—北京をしばし去るに臨んで」の冒頭に、彼の中国行きを決意させたという徳富蘇峰の『支那漫遊記』の一節を引いている。

「白人にして宣教師となりて支那に来たり、その生涯を支那のために供するもの幾千。……日本青年宗教家に果して一身を支那に提供して惜しまざるものありや…」

この引用のあと、清水は次のように書いた。

私はたまたまこれを読んで、我こそ支那に到って支那のために生くべしと決心したものである。

〔中略〕

ああ! 思えばこのちょっとした心のひらめきが、自分を捕え、自分を苦しめ、自分を大きくし、すでにこの十年間奮闘せしめたのである。

ここに清水の歩みの根幹、つまり「支那人のために身を捧ぐ」ということが表明されている。旱災児童救済に尽力し、貧困の淵に沈む女児たちのための学校を作り、学校の資金調達という目的もあってジャーナリストとして健筆をふるった。それが「十年間奮闘」ということである。蘇峰のいう「一身を支那に提供して惜しまざるもの」であったというべきであろう。

清水は秋の北京を見た。すぐに日本にもどる予定だったが、(3)『北京週報』主筆になった。

ふたたび『北京週報』へ

かえりみれば、清水はアメリカ留学前の一九二三年から二四年にかけて、精力的に『北京週報』に寄稿をした。その多くの部分が『支那新人と黎明運動』『当代支那新人物』に収められたことはすでにみたところである。量的にはそれをしのぐ勢いで、アメリカから北京にもどった清水は原稿を書きに書いた。

清水が一九二六年十一月から二七年七月にかけて『北京週報』に発表した論文・エッセイは、四十篇を超える。まことに精力的であった。その「量産」の大きな理由は、清水の学校の経営に資金づくりが必要だったということであろう。

そのテーマも多様であるが、やはり中国の「当面の問題」が中心であった。

四十篇余りの論文・エッセイの題名を通覧すると、すぐに目につくことは、「南支に行く」という題名のルポルタージュの十一回にわたる連載である。この場合の「南支」とは、長江中流域が中心であった。この連載を含むエッセイ群を便宜的に「南方からの報告」とよんでおこう。

清水が二六年秋以降に『北京週報』に発表した論文を例示すれば次のようになる。

「一支那人教育者の述懐」（一九二六年十一月七日）、「現代米国の当面せる諸問題」（十一月十四日）、「北京の変化をこう見る」（十一月二十一日）、「南方に対する日本人の態度」（十一月二十八日）、「革命運動と愛国運動」（十二月五日）、「南支に行く」（三月十三日）、「北伐軍進出の跡を辿《たど》りて」（四月十日）、「蔣介石の思想及び人物」（四月十七日）、「国民党が共産党と軋轢《あつれき》するに至れる真相」（四月二十四日、五月一日）、「南支国民革命批判」（五月八日）、不見死生「李大釗の思想及人物」（五月八日。不見死生は清水のペンネームである。「不見死」を逆に読むと、「しみず」となる。）、「日本人の支那論を批判す」（五月十五日）、「支那外交総長陳顧伍論」（五月二十二日）、「日本の出兵可否論」（六月五日）、不見死生「宣教師は何故に帰国せるか」（六月二十六日）、「国際精神と社会精神」（七月三十一日）[4]

外務省記録から

『北京週報』の連載「南支に行く」の前提となった清水の旅行に関する史料が、外務省記録のなかに残っていて、ウェブサイトで閲覧することができる。[5]

その史料の冒頭には、「昭和二年二月　一、支那視察申請　崇貞女学校長　清水安三」と墨書されている。そして次が、公使の芳沢謙吉から外務省文化事業部の岡部長景部長あての文書で、「在北京日本公使館」の用箋にタイプ打ちされている。（原文はカタカナ表記だが、ここではひらがなに改める。）

この史料は、「当地組合教会牧師にして、支那人教育に従事する崇貞女学校長清水安三氏」が、三月に武漢で開催の国民党大会をはじめ、上海などで開催されるキリスト教諸教派の会合の情況視察、そして、「長沙、九江方面における反基督教運動の情況及び広東事情調査のため」、その方面への旅行を希望しているとし、次のように続けている。

同人〔清水〕が、〔中略〕右旅行に文化事業部より約一千円の補助を得たしとして尽力方《かた》願出たるにつき、本使は一応問い合わせ置くべき旨回答致し置き候。

同人は昨秋当館の依頼に応じ、大臣よりの訓令による反基督教運動及び「ミッション・スクール」の現況調査の任に当たり、別信大臣宛機密往信第一九一号の報告書を提出したる関係もあり、五、六年にわたり支那人教育に従事せる実情に顧み、今回の旅行に対し報告書を提出せしむべき条件の下に、貴事業部より相当額の補助支給を得ば好都合と思考致し候。

そして、清水が「現在東京国民新聞社及び北京週報社記者を兼ね」ているため、「旅行中見聞に関し、両者に通信する」こともあるので、その点を含みおいたうえで、電報にて返信をお願いしたいと書かれている。文末に、昭和二年〔一九二七〕二月二十三日とある。

これをみると、清水は二六年秋に、北京の公使館の依頼を受けて「大臣よりの訓令による反基督教運動及びミッション・スクールの現況調査の任」にあたっていたことが判明する。そしてその延長線上に、二七年春の「南方」行きが企画されたことがわかる。

また、蘇峰の『国民新聞』とのかかわりも、ここには書かれている。(6)

しかし、『北京週報』への執筆が多かったから国民新聞との関係は強いものではなかったと思われる。

在北京芳沢公使からの連絡に対する外務省から返電案文（手書き）が残されている。日付は昭和二年四月五日で、「受信人名」は「在北京芳沢公使」、「発信人名」は「岡部文化事業部長」、「件名」は「崇貞女学校長清水安三　南支那視察費補給に関する件」である。

その返電の案文をウェブサイトで読むと、おそらく年度末で予算が乏しかったのであろうが、要請が部分的に受け入れられたことがわかる。

「南方ビイキ」

当時の中国には、北京政府があるとはいえ、軍閥の勢力も存続していて、そのひとつが日本とのかかわりの深い張作霖の勢力であった。他方、南方に国民党の政権もあった。その南方政権には、革命ソ連と結ぼうとした孫文の意向を受けて、ソ連からの顧問が入り込んでいた。国民党内部では、ソ連と結ぶことを是とする左派と非とする右派の間の対立も顕在化しつつあった。

一九二六年秋、武漢で進行した国民党を中心とする革命運動は、武漢の漢口租界を実力で奪回するという結果をもたらした。これは中国近代史が大きく転換しつつあることを示す出来事であった。二七年はじめ、「武漢国民政府」が正式に発足した。清水安三が北京を出発して南方に向かった時期は、まさにそのような時期であった。

清水は二七年三月七日、北京を出発して「南支」に向かうのだが、清水の南方行きに先立って書かれた「南方に対する日本人の態度」(7)には、中国情勢に対する清水の姿勢が表明されている。

清朝に抗争する革命の折には、日本人にしてその革命運動に参加するものが少なくなかった。

けれどもこん度の稍々《しょうしょう》赤色を帯びた蒋介石の率いる南方軍中にはほとんど日本人が混じっておらぬようである。聞く所によると今回は露西亜《ロシア》人がおるそうだ。〔中略〕日本の共産主義者の仲間から新支那浪人が現われそうもない。

じゃ仕方ない。白色も白色、国粋主義のこりかたまりの我々の中から一つやっぱり南方ビイキを出すことにするか。

「清朝に抗争する革命」に参加した日本人として知られているのは、まずは宮崎滔天であり、孫文の支援者としては梅屋庄吉の名前を忘れることはできない。滔天のひそみにならって、清水は「南方ビイキ」たらんとした。

これは、ある意味では驚くべきことである。というのは、当時の日本の中国政策は満洲あるいは「北方」に重点を置くものであって、南方政権の進める北伐は、その「北方」の制圧をめざすものであったからである。(8)

ただ、その「南方ビイキ」は、北方を軍事的に制圧するという方向性に必ずしも同調するものではなかった。清水の「支那関税制と支那の採るべき態度」(北京週報、二七年一月二十三日)には、中国の輸入税つまり関税は「世界の最劣等国」に等しいものだとある。そして、幕末以来の日本の関税自主権問題を引き、日本は「攘夷排外の過激な行動」をつつしむなど、「挙国一致奮闘して」問題の解決をはかったとしているからである。

清水のこの歴史認識が妥当であるかどうかは問わないとして、清水は次のような提言をする。「支那国民たるもの」は、「よい加減な所で南北も折合い、すべての頭目覇雄は浮雲の如き利己的名誉心を棄てて、自助的漸進に依る国権回収への一歩を的確に踏み出さんことを望んで止まない」というのである。つまり、南方政権と北方政権の「和合」を説くものだったといってよい。

また、清水の「日支通商条約改訂の機会に際して」(9)は、日本の対応についての提言をしている。「日支通商条約」とは、日清戦争後の一八九六年に締結されたものであるが、その締結から三十年、改訂問題が起こっていた。清水によるその論評のなかに、租界放棄の主張があった。

その租界放棄論の根拠となる例として清水があげているのは、天津の租界である。

戦前期日本には、満鉄（南満洲鉄道）と並ぶ国策会社の東拓（東洋拓殖会社）があったが、この東拓も、天津の租界の目抜き通りの土地の一部を中国人に売ってしまったのに、その租界を日本軍が警護している。そんな状態で租界を持っている必要も義務もないではないか、と清水は主張する。「在支日本人が日の丸の威光を背負って対支発展をしてる《ママ》ようでは、日本人ももう駄目である。日露戦争以後の国威が在支日本人をスポイルしてしもうた」というのである。

この租界放棄論は、経済合理性を基準にした租界維持否定論である。しかし、この見解は当時の日本では受け入れられるような主張ではなかった。

蒋介石に会う

清水は二七年三月七日に北京を発ち、天津で有田総領事に会い、済南に向かった。そこから青島に向かったのだが、八日夜、椿事に遭遇した。清水が乗った汽車が、先行列車に衝突し、多数の死傷者を出したのである。清水は、彼自身の症状を、次のように書いている。

私は数瞬間の後に正気付けば顔面に負傷しておる。鼻骨が折れておる。後頭がひしゃげておる。ひどく打ったものと見える。顔が黒く血染んでいる。〔中略〕横臥してあった《ママ》がしきりに嘔吐を催す。〔中略〕脳震盪《のうしんとう》である。（「南支に行く（三）」四月十日）

という状況であった。九日の青島の新聞には、清水が人事不省に陥ったと報道されたという。しかし、実際には「人事不省」ということもなく、青島では谷田部総領事などに会見をしたという。（「南支に行く（四）」）外務省筋との連絡を取っておこうということであろう。

十日の夜に、榊丸という船で上海に向かったが、スチームの温度が高く、「遭難後ではあるし、へとへとに」船酔いし、十四日に上海到着。「焦熱地獄」から解放された。上海では、イギリスのダンカン将軍に面会したとあるが、上海に来て豊陽館に泊まった。

たまたま同じ豊陽館に宿泊していたのが、松岡洋右だった。松岡は、アメリカに留学してキリスト教（メソジスト派）の洗礼を受けた人物であるが、一般には日本が国際連盟を脱退したとき（一九三三年）の全権代表として知られている。清水が出会ったときの松岡は、満鉄理事の役職にあった。

「蒋介石か、明るい人物だったよ。印象か、蒋の印象は悪くなかったね。」

といった調子で、縦横自在に国民革命を批判して、一座の耳目を引着けた。〔中略〕松岡洋右氏の弁論を四時間ばかり拝聴したが、脳震盪後の私は、相槌《あいづち》を打ちつつ聞くのが、非常なる努力であった。〔中略〕

「誰が一番目立ったる人物でしたか。〔中略〕」

「いや、蒋介石も凡物ではなかったが、ずっと勝れて偉大だったのはボロデンだよ」

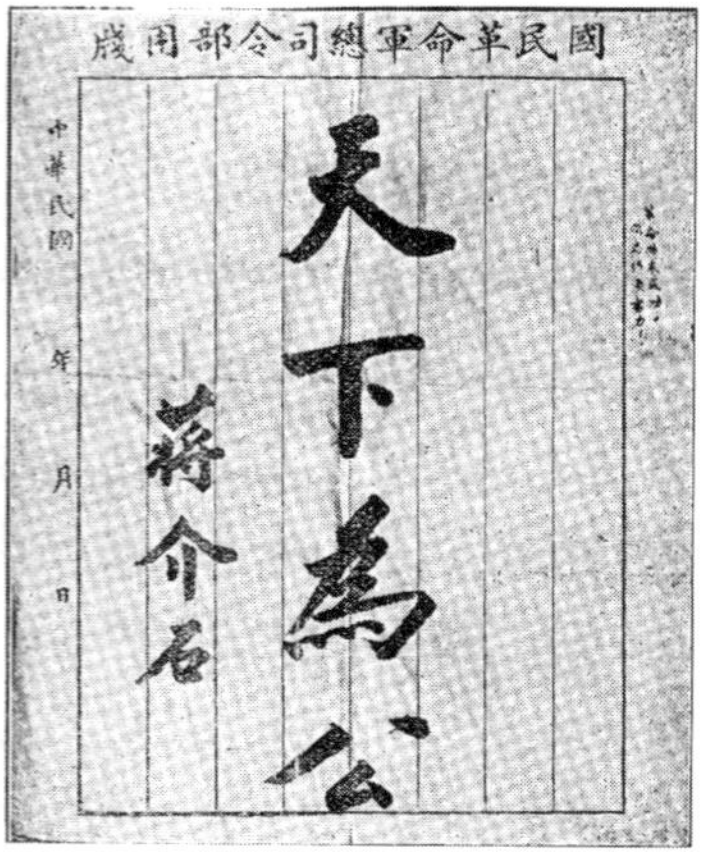

清水「蔣介石の思想及人物」（『北京週報』）所収の蔣の写真と筆蹟

というようなやりとりがあった。（「南支那に行く（五）四月十七日」）「ボロデン」は、ソ連から中国国民党に派遣されてきていた政治顧問である。

清水の「南支に行く（六）」によれば、三月十六日、上海から日清汽船（一九〇七年創業）の鳳陽丸に乗船し、長江を遡り、南京に向かった。

清水の南支行きで最も注目すべき出来事は、三月十九日、清水が国民革命軍総司令の蔣介石を九江（江西省）に訪問したことである。そのことは、「南支に行く（八）[10]」に、詳しくは「蔣介石の思想及び人物[11]」に述べられている。

> 国民革命軍を今日の如く成功せしめるためには、蔣介石その人の功績も大いにありと見て差支ない。

と、蔣介石を評価する文言が並ぶ。この論文の内容は、蔣介石の孫文との関係、孫文の指示による革命ロシアへの留学、孫文の思想の継承など、主として伝記的事実を紹介するものである。そして、蔣介石は「軍人としてまれに見る弁舌の人」であり、武漢政府からの非難に対しても、「公開演説会」を開いて「自己の信ずる所を開陳した」のであって、この点、「従来の支那軍閥と甚だ趣を異にする」と評価している。清水は筆蹟を乞い、蔣はそれに応じた。(写真)清水の「国民党が共産党と軋轢するに至れる真相」[12]によれば、清水は武漢の国民政府要人を訪問した。清水が武漢政府(国民党左派)にも取材したのは、ジャーナリスト的感覚からすれば当然のことであったろう。

当時の長江は、いささか異様な事態にあったというべきであろう。清水は、三月十二日に、蔣介石の南京政府の外交部長の発表したステートメントを紹介して、次のように書いた。

現在外国軍艦の長江にあるもの百余隻を数え、単に上海にある英国兵のみにても、その数三万を超えている。[13]

南京とモッブ

清水が蔣介石に会った数日後、上海に入った蔣介石は、三月二十四日に南京を占領した。このとき、イギリスやアメリカなどの領事館や外国人居留民が襲撃された。それに対し、米英軍艦が南京市内を砲撃するという、いわゆる南京事件が起こった。

さらに、四月に入るや、蔣介石は上海で反共クーデタを起こす。いわゆる四・一二クーデタである。これによって、蔣介石は共産党との対立を決定的なものとし、また、国民党左派の武漢政府と蔣介石の南京政府との間の対立も決定的となったが、武漢の国民党左派と共産党との対立も生じた。[14]

清水が蔣介石に会った十九日以前、清水の乗船していた鳳陽丸は南軍の銃撃にさらされた。大きな被害を受けたわけではなかったが、「南方ビイキ」と考えていた清水にとっては衝撃的なことであったであろう。清水は、この銃撃は、国民党指導部の意向を受けたものではなく、「兵卒や暴民」のしわざとみなしたようであるが、こうした「兵卒や暴民」は、「『帝国主義打倒』と『外国人排斥』とを、同一意味に思ってるから区別して考えることが出来ない」と書いている。三月二十四日に起こった南京事件の予兆のようなことが、すでに起こっていたのであろうか。十八日には九江に着いた。そこで清水が見たのは、「モッブを以て外人を駆逐する」南方政府の対外政策であった。

「モッブ」とは群衆のことであり、政治的に組織はされていないが特定の政治的方向をもって活動する集合体である。モッブというカテゴリーを使って歴史的事象を説明しようとした例に、ハンナ・アーレントの『全体主義の起原』(一九五一年)がある。アーレントは、この本で中国について論じているわけではないが、モッブは「喝采するか投石することしかできないのだ」と書いていた。

二七年三月の南京事件を引きおこした勢力がどのような連中であったのか、今ひとつ定かでないのだが、いずれにせよ、北伐をめざす「南方勢力」の一角に、モッブのうごめきを清水はみたのである。

北京への帰還と南方行きの総括

「南支に行く(十一)」(北京週報、二七年六月十二日)によれば、清水は身の危険を感じ、漢口から九江を通って、長江を上海まで下った。「上海に来て見れば、南京事件直後のことでもあり、人心は殺気立っていた」と書かれている。この記事の掲載は六月であるが、記述されていること自体は、四・一二クーデタ以前のことであろう。

清水の「南支に行く」の最終回（十一）は、「支那の黎明を見に行ってかえって黄昏《たそがれ》をぶらついて来たような気がしてならぬ」と結ばれている。

つまり、清水は一方で蒋介石を評価しながらも、その政策、あるいは「国民革命」にしたがう人びとが余りにも「愛国主義的」であることに希望をつなげなかった。そのことを清水は、「南支国民革命批判」（北京週報、五月八日）に書いた。「今次支那国民革命は、余に偏狭で、余に国家的であると考える。」それは、右派も左派も同じ。「排外を以て国民的人気を得んと欲するが如きは、この国民指導のリーダーシップを失いたるものである」と論じたのだった。

清水のこの「南支国民革命」に対する批判的論調は、日本の対中政策にも及ぶ。

日本と支那との間には、真先にインターナショナリズムが行われて然るべきであると思う。〔中略〕十九世紀でいがみ合った古傷などほじくらないで、インターナショナリズムで行けばかなり平和的なつきあいが出来ると思う。〔中略〕日本としては深入りしもせねば離れもせず、民族的でも行かず侵略主義ではなお行けず、国際主義でもって行くより外に方法があるまい。[15]

この場合、「国際主義」は、日本の「対支出兵」への反対論になる。それは、「幣原外交の方が、田中外交よりも居留民の生命を安全にする」（清水安三「支那時局に直面して」基督教世界、一八年五月十日）という清水の判断に立脚していた。幣原喜重郎は、一九二〇年代後半から三〇年代はじめにかけて、しばしば外相を務めた。幣原外交の名前で知られるその路線は、経済面でも「協調主義的」であったかどうかはともかく、むやみに「出兵」をふりかざさないという点で清水もこれを支持していたのだった。[16]

ただ、清水の「日本人の支那論を批判す」という論文にも、「国際主義」が貫かれているとは言いがたい文言も含まれていた。それは、「支那国民」の「満洲旅大の回収、朝鮮の独立、台湾の還付」という主張に対するものであって、これらの主張は「明治大帝の偉業」を傷つけるものだという位置づけである。日清戦争勝利の興奮のなかにあった幼年時代の記憶が、清水のなかに根深く存在していたのであろうか。

清水による「南方からの報告」群の掲載は、二七年七月末の号で終了する。

しかし、蒋介石との面会記事は、あまり注目されなかったらしい。というのは、この会見記の具体性ということとは別に、清水の会見の三月十九日の五日後、二十四日に南京事件が起こり、さらに四月十二日には蒋介石によるクーデタが起こって、国民党と共産党との協力体制の崩壊という事態に立ち至り、それ以前の話は時事的にはほとんど注目に値しないものと化してしまったからであろう。

『北京週報』の終焉

極東新信社＝『北京週報』の経営者にして主幹だった藤原鎌兄の夫人つたが書いた『記者五十年のうらばなし』によれば、一九二五年に鎌兄の母の葬儀のために日本に一時帰国した藤原鎌兄は、日本への帰国を真剣に考えはじめた。というのは、「日本の対中政策の非を痛感し、中国内の混乱危険中に於て公平自由正義正確の執筆は困難に向って来た」（二二七ページ）と判断したからだという。

藤原一家の日本への帰還は、二七年四月末となった。引き金になったことのひとつは、ちょうどその直前に、陸軍中佐佐々木到一の著作『南方革命勢力の実相と其の批判』（極東新信社）を、「新刊書は日本警察署を経て納本すべき」という規則を知らぬまま発売してしまったためにトラブルとなった事件であった。佐々木到一は、一般には一九三七年の南京事件に旅団長として参加した軍人として知られるが、当時の軍人には珍しく国民党の南方革命軍に将来性をみていて、『北京週報』に頻繁に寄稿していた。

もうひとつの考慮要因として、「社の清水安三氏が南方へ革命視察して記事を『北京週報』へ連載したりで、我社は日本軍部方面の反感を買っていた」[17]と書かれている。

いずれにせよ、社主・藤原鎌兄が日本に引き上げることを決断し、四月末に北京を離れ、日本に向かった。『北京週報』がすぐに廃刊になったわけではないが、清水にとっては、大きな転機が訪れたというべきである。[18]

「白鳥の歌」

清水安三の中国生活は、一九一七年から二七年まで、二年間ほどのアメリカ留学を挟みはしたが、十年に及んだ。清水の中国滞在の前半期である。清水の「国際精神と社会精神」[19]は、清水が『北京週報』に掲載した最後の論文であり、北京生活前半の「白鳥の歌」である。その冒頭に、こうある。

> 私は過去十年の間、北京に於て何時も、身を左端に置き、常に叫び続け来ったのである。ある時は国賊視され、ある時は過激派と罵られもし、馬鹿といわれ狂人と扱われた。しかも私はかつてかく言わるることを悔いたことがないのである。
>
> 私が国賊視されたる理由は那辺《なへん》にあるか。非国民として罵られたる理由は何処にあるか。そは《ママ》

いうまでもない。私に一つの国際精神があるからである。

このような清水への非難は、五四運動のときからあり、「国賊」といわれ、「脅迫状が来た、ぶんなぐるぞといふ手紙」だったという。清水は、この国際的精神の含意をさらに述べる。

内地に在る同胞と逢《ママ》〔違か〕って、外国におるものは、国家的精神だけではどうしてもいけない。愛国心だけではその愛国心をすら満たすことができぬ。実に真に日本民族の発展を願うものは、国際的精神を所有せねばならぬ時代が来てる《ママ》のである。〔中略〕

実に日支親善は国際的精神の上に立脚せしめねば駄目である。英米を向う側に置きて、支那人をこちらに引着けることはやがて日本に対抗して英米が支那人を煽動する危険を齎《もた》らす。されば日支親善は国際的精神を基調とするものであらねばならぬ。

ここに、「英米を向う側に置きて、支那人をこちらに引着ける」立場について述べられているが、これは一種の「アジア主義」であって、この立場をも清水は批判したのである。

「社会的精神」

では、清水のいう「社会的精神」とは何か。それは、貧富の差に対する取り組みである。自分はクリスチャンであって共産主義者ではないが、「貧しき者にも友人を見出す」と清水はいい、次のように書く。

さて私が社会的精神を所有し、西洋人にまで忘れられたる支那の貧民階級に貢献せんと斯《かく》するに何の差支《さしつかえ》があろう。大層高楼の校舎を用いて、ブルジョア階級の学生を招く西洋人のまねは出来ないから、忘れられたる貧しき群に入り込んで、その子弟を教へるに興味を抱く。実に結構ではないか。

しかも私は大通りの街道から入り込み、特に目立たぬ片隅に小さい家屋を用いて、貧民子弟を教養《ママ》せるのである。私は大なる宴会に列して、支那のブルジョア階級に触れる機会よりも、かの一日銅銭一文で室を借り、銅三十文で腹を充《みた》し行く人達を友として生きているのである。社会的精神なくしてこれが出来ようか。

これは、ルカ福音書における「貧しい人々は、幸いである」という言葉を想起させるし、北京における宣教師・清水安三の活動の原点であった貧民救済あるいは貧民の児童たちの救済の活動に連なる言葉である。そして清水は、次のように続ける。

> 私の如き国際精神と社会精神とを持って、北京村の左端に生きておるものが、一人位おっても差支ないであらう。それが時折矯傲な議論をなし、出兵に反対し祖国を攻撃しても、それは幾分支那人の排日感情を緩和するとも、決して悪い結果を齎《もたら》すものであるまい。
>
> 私は暫《しばら》く北京を去るが、病気がよくなったらまたやって来る。私は北京が好き、支那人を愛するから。しかして馬鹿者と罵られながら、自分の使命を果すであろう。賢い人々は沢山ある、私の考えでは馬鹿者も一人や二人はおってもよいと思う。

ここに「病気」というのは、「南方」に向かったときの汽車の事故の後遺症であって、予後がよくなかったらしい。そのため、日本にもどって「転地療養」をしようというのである。

北京における清水の言論活動は、吉野作造に評価された五四運動論から、一九二七年の国民党の動向視察に及んだ。それは、当時の日本政府や軍部が結びつこうとした買弁的な勢力を、中国を代表する勢力だとは考えなかったがゆえに生れた見解であった。

なぜこのような見解が可能になったのか。キリスト教の信仰に裏付けられていたからではあろう。しかし、キリスト者であっても日本の対外侵略に協力した人びとはいたことを考えれば、単純にキリスト教信仰のゆえと考えることは難しい。

美穂夫人ともども、経済的に恵まれない学生時代を送り、中国に拠点を移して貧しい人びとに囲まれ、彼らの苦悩に共感をおぼえ、そこから思索の糸を汲み上げ続けたことが重要な背景のひとつになっていたのであろう。

日本へ

一九二六年末から二七年七月まで、清水は『北京週報』に「原稿を買って貰《もら》って、漸く北京に踏止り、自己が使命の教育を続け得た」（清水「国際精神と社会精神」）

しかし、北京で収入を得る場が失われるに至り、日本に帰国せざるを得なくなった。

そのときのことについて、清水は次のように書いている。[20]

　基督教世界の編集をやれという手紙を受取った時には、一晩まんじりともせず、身は未だ支那にありながら、考えこんだものである。

考えた末、清水は『基督教世界』の編集長になった。「清水安三氏　八月十二日二名の支那人女学生を同伴して帰朝。来週より本誌《ママ》編集に着手せらる。[21]」とある。こうして、一年弱の期間、『基督教世界』編集にしたがうことになった。実際、二七年九月から二八年六月までは、毎月少なくとも二回は、清水のエッセイが『基督教世界』に登場しており、この時期に清水が『基督教世界』編集の仕事に力を傾注していたことを物語る。

第九章　一時帰国と妻美穂の死

第一節　同志社講師

同志社講師となる

清水は、一二七年八月中旬に日本に帰国し、「初め一年間は基督教世界社の編集主任をやらせて貰《もら》って百二十円頂いた。それを一文も残さず北京に送って崇貞学園を支えねばならなかった」(『朝陽門外』一六九ページ)という。

『基督教世界』(一九二八年七月十九日)に、「清水編集主任送別会」という記事があり、十六日に送別会があった。出席者に、西尾幸太郎や牧野虎次もいた。

『基督教世界』(二八年八月十六日)の「個人消息」欄に、こうある。

清水安三氏　前本誌《ママ》編集主任たりし同氏は今後同志社大学及同予科並に神学部にて支那学を講じ、西陣教会の講壇を受持たれる由なるが、去る十五日大阪より京都市上京区出雲松ノ下町八番地に転宅せられた。

同志社の講師の仕事は「一時間教えて幾らという制度」なので、「何時間でも教えさせて貰えるだけ受持った」し、西陣教会の教壇も担当し、「馬車馬の如くに働い」た（『朝陽門外』一七〇ページ）という。これまた、その収入のほとんどを北京に送ったのであろう。

清水は同志社の講師を、二八年秋から一九三三年三月までつとめた。(1)

清水の同志社講師時代に書かれた論文として目につくのは、『湖畔の声』での「東洋的基督教の提唱」の連載で、これが一九二九年三月号から十二月号まで、十回連続である。

この「東洋的基督教の提唱」十回連載の冒頭に、次のように書かれている。(2)

今日でもまだまだ頑固な人々があって、「耶蘇《やそ》教は西洋のものだ、日本には日本の宗教があるのに、何を好んで外国のものを信仰する！」等と、慨嘆したり憤慨したりする。特に田舎、農村などにそういう人々が生き残っている。されば私達はまずかかる頑迷なる片意地からぶちこわしてかからねばならぬ。（三月号）

このころの清水は、同志社の講師をするとともに、関西一円を中心に伝道活動を行なっていた。その布教活動のなかで感じている困難性にどう立ち向かうかという問題意識がここに表明されている。

このような問題意識自体は、理解できないことではない。しかし、ここに書かれたような「慨嘆」や「憤慨」は、当時においては現実性があったとしても、アジア・太平洋戦争の時代、そして何よりも戦後の「高度成長」の時代を通じての日本社会の激変の前に、その基盤を大きく変化させてしまったといえる。キリスト教の受けとめられ方も変化したであろうが、日本の伝統的な仏教のあり方も変容した。葬式のあり方をめぐる昨今の議論を思い浮かべれば、その変貌はすさまじい。

『湖畔の声』1929年4月号表紙

また、日本、韓国、中国のキリスト教を、「東洋的」と概括できるのかどうかも問題であろう。それに、清水の考える「東洋的基督教」の内実についての展開は、この論文でもほとんどなされていないので、その内容にはこれ以上立ち入る必要はなかろう。

「社会的基督教の提唱」

『湖畔の声』の「東洋的基督教」連載に続いて、清水の「社会的基督教の提唱」が三〇年一・三・五・七・八月号に、五回にわたって連載された。その各号に副題あるいは小見出しが付けられている。それによれば、一月号は「個人的福音ベルサス〔対〕社会的福音」、三月号は「マルクスの話」、五月号は「クロポトキンの話」、七月号は「ラッセルの話」、八月号は「アプライド基督教を論ず」である(3)。

社会的キリスト教については、第一章で手短にみたし、清水のアメリカ留学の章でもふれた。ここでは、それらと重ならない点を述べよう。

清水は、社会的キリスト教を「現代の問題に触れたる基督教」だとして肯定的に受けとめているところもある。

しかし、清水「社会的基督教の提唱」(湖畔の声、三〇年一月号)では、ラウシェンブッシュの『社会的福音のための神学』[4]からの引用をして、「罪悪」は「社会の習慣《カストム》や機関《インスチチューション》に」宿っていると「極論」されていると書いている。「極論」としているということは、その発想に百パーセント共感していたとはいえないかもしれない。

社会的キリスト教に関しては、中島重（一八八八〜一九四六）について一言しておく必要があろう。岡山県出身の中島は東大に学んだが、影響を受けたのは、キリスト教に関しては海老名弾正と賀川豊彦、政治思想に関しては吉野作造や美濃部達吉であった。[5]一九一七年に、中島は同志社の講師になって、国家論などを講じた。

中島は『社会的基督教と新しき神の体験』[6]（一九三一年）を出したが、この本は題名通り「社会的基督教」について多面的に論じている。中島は日本における社会的基督教の提唱者のように考えられることもある。それは、「社会的基督教関西連盟」が一九三〇年に成立し、中島がその委員長になったことと関連しているのであろう。中島と清水安三との間に接点があったのかどうかは詳らかにしないが、清水が『湖畔の声』で「社会的基督教」を論じた時期とさほどの隔たりはない。

清水の言論活動

清水の場合は、社会的キリスト教に関する論文は書いたけれども、その理論化あるいは体系化には関心が薄かったように思われる。

この点は、清水の論文全体を通じても言える。『支那新人と黎明運動』という著作には、五四運動時代の中国の「文学革命」を全体として描くという視点がなくはないけれども、やはり、その運動のそれぞれの側面の「状況」を描くという点に関心が向かっている。いいかえれば、ジャーナリスト的な関心が優勢だとみることができよう。

私は「理論家」と「ジャーナリスト」に序列をつけようと考えているわけではまったくない。関心のありかが異なるというだけのことである。やや別の観点だが、藤田省三が別の文脈で使った言葉だけを拝借すれば、清水は「考察の人」というより「行動の人」であり、「構成の人」というより「気概の人」だったとみることができよう。(7)

「ジャーナリスト」とはいっても、むろん「問題意識」というものはある。清水の論文「社会的基督教の提唱」は、現代の問題にキリスト教がどう答えるか、という問題意識で書かれているといってよい。では、「現代の問題」つまり、一九三〇年という時点での問題とは何か。一九二九年十月二十四日の「暗黒の木曜日」に始まる世界大恐慌が日本にも波及していた。それは、一方で日本の満洲侵略の前提となるものであったが、左翼運動を高揚させる前提ともなっていた。清水がこの連載で、マルクスやクロポトキンを取りあげたのは、その影響力が無視できない時代だったからであろう。

清水によるマルクスやクロポトキンの紹介と批判は簡略なものであるから、それがどのようなものであったかは省き、マルクスについて述べた部分の末尾を引用しておこう。

見よ、闘争を指導原理とせる社会改造の急先鋒の人達を。彼等は闘争に熱せるが故に、その闘争の原理は内輪喧嘩の原理となって、敵と闘わざる前に、同志撃ちに熱狂している。何という態《ざま》であるか。剰余価値を搾取したり、奪還しようと相争う前に、なぜに剰余価値を神に返さんとは為《な》さざる。彼《か》のロックフェラー財団の社会事業、カナギー〔カーネギー〕家の図書館、イーストマ

ンの写真機屋の大学建設、メンソレータムのハイド氏が近江ミッション援助、凡てこの剰余価値の神への返上である。(8)

これは、労資双方の問題点を指摘しようということであろう。革命運動の側の「熱狂」への言及は、左翼運動の問題点の指摘というべきであろう。英米と日本の間の「寄附」に対する考え方の相違という点でも思いあたるところはある。また、寄付の拡大を通じて労資対立を緩和できるのかどうかはともかく、崇貞女学校の財政を篤志家にあおいでいた清水からすれば、アメリカで見聞した寄付の規模に比して、日本の寄付の状況ははるかに及ばないとみえたのであろう。

なお、同志社講師時代の清水は、京都での布教活動にもしたがっていた。『同志社教会 1901～1945』によれば、「上賀茂集会」という集まりが多角的に行なわれていたことがわかるが、二九年十一月十日、小学校を会場に、清水が「基督教と社会問題」という講演をしたという。(9)

この本の、「紫野集会」の項にも清水安三の名前が散見される。紫野集会では、三二年に五十一回の集会をしたが、うち清水が説教をしたのは二十七回。紫野集会は大いに前進したと記されている。

呉芝蘭の物語

「当面の問題」を論じた文章とは別だが、ここで、清水の経営していた崇貞女学校の女子学生のことで、「社会的福音」と関連する話を一瞥しておこう。

清水の『姑娘の父母』(改造社、一九三九年)のなかの「今も猶《なお》物言えり」という章に、呉芝蘭と孫琴生(両者とも仮名)の物語がある。このふたりは、崇貞女学校の卒業生で、同志社女学校に留学した。その時期は清水の同志社講師時代と重なるという。

清水は、この女学生たちが一年生のころから、生徒たちに向かって、「二名を選んで、日本へ留学させてやる」と言っていたというが、約束通りふたりの成績優秀者を選んで日本に留学させた。

しかし、呉の選抜にあたっては、ある教員が異論を唱えたという。その理由は、呉が売春をしていたからだというものであった。清水が調べてみると、芝蘭の父親は茶館を経営していたが、支払に困難があったとき、まだ十一歳だったという芝蘭を、裕福な年配の男にいっときゆだねてしまったというのだった。以後、彼女は多くの男性に身を任せるという過去を背負うことになった。芝蘭のそういう過去を知った清水だったが、だからといって日本への留学を取り消すことはせずに、留学させ、北京にもどったあとは、芝蘭を崇貞学園の教員にしたのだった。しかし、芝蘭の過去についての噂が広がり、崇貞学園には、そのような教員のいる学校に子どもを通わせることはできないと考える親たちが少なくなく、生徒数の減少が顕著となった。

清水もさすがに芝蘭を教員として留めておくことができず、知り合いの中国人の王明道牧師に事情を説明して芝蘭を預かってもらったという。清水が同志社の講師を辞めて北京にもどったとき、芝蘭はまだ王牧師のもとにいた。そして、彼女は、自分の過去をふり返り、「自分の犯せる罪が、どのように怖るべきものであるか」を悟って苦しんだという。

その後、朱という若い男が現われ、芝蘭の過去をすべて知ったうえで、芝蘭と結婚したいと父親代わりともいうべき清水に申し出た。

そのあとに、清水と朱の対話が書かれているが、そこに「社会的福音」という言葉が出てくる。朱の言葉として、こうある。

人間は環境が悪いと、どうしても、罪に陥るというのが社会的福音の主張である。（八五ページ）

あるとき、朱がキリスト教の集会に出かけた。集会が終わり、散会者が次第に帰途についたが、ひとりだけ残って祈り続けている女性がいた。それが芝蘭だった。朱が彼女に声をかけると、芝蘭は朱に、自らの境遇や清水のことを語った。そして、自分としては「境遇の罪」ということを主張せずにはいられないと語ったという。その「深刻なる告白」を聞いた朱は、それまでは「境遇の罪」などということは否定していたのだったが、こういう罪も世にはあるのかと考えるようになった。

朱から芝蘭と結婚したいと告げられた清水だったが、ちょうど美穂夫人が病に倒れ、清水は京都にかけつけた。その間に朱と芝蘭は結ばれ、さらに「満洲」の一角にある「辺僻の地」の伝道者になる。

この『姑娘の父母』では、朱と芝蘭の物語が描かれているだけで、「社会的福音」自体の考察はなされていないし、この考え方が正しいとも誤っているとも明言はされていない。

しかし、少なくとも芝蘭の「罪」について考えれば、彼女の売春の発端は、彼女の父親がまだ幼く事情のわからない彼女を男にゆだねたことに由来することは明らかで、やはり、「境遇の罪」があり得るということを、そして、罪を自覚した本人の苦しみとその救いを、清水は考えていたのであろう。

『支那革命史論』のころ

一九二〇年代終わりの清水の仕事としては、『支那革命史論』（南満洲教育会、一九二九年）の刊行があった。この本は、その「自序」によれば、二七年に「大連で開かれましたる夏季講習会において、三日間九回に亙りて講じましたる講演の草稿」だという。概観的な第一章のあと、太平天国、孫文、康有為、陳独秀、胡適と一章ずつ論じられ、第八章に「国民党を中心としての民国史略」が来る。内容的には、清水が『北京週報』で論じていたところに重なる。最後の第九章は「蒋介石の思想及人物」に当てられているが、その蒋介石論は、清水が蒋介石に会って数ヶ月後になされたもので、その数ヶ月間の動きをある程度反映している。

それは、当時にあっては人びとの関心を引きつける話題であったとは思われるが、その内容紹介は省略しよう。

清水が同志社の講師をしていた時期にあたる一九三一年九月、「満洲」で関東軍が柳条湖事件を引き起こした。清水は、満洲事変について、「満洲問題について　日支両国の基督者へ（一）」という文章を書いている。肩書きは、「元組合教会支那遣派《ママ》宣教師」とある。

清水は、今度の事変が起こってから、まったく沈黙していたが、あちこちから意見を求められるので、少し意見を述べることにすると書き始める。そして、自身が「私程の支那ビイキの男」であると書く。清水が「支那ビイキ」であることは、これまでの記述から明らかであろう。しかし、清水は支那が「満洲における日本」を「理解」しなければならぬという。清水はいくつかのことを書いているが、日露戦争に際し、日本はロシア勢力を満洲から駆逐すべく戦ったけれども、「支那」は何をしたか。むしろロシア側とつながろうとしていたではないか、と述べる。

かかる日本がどうして満洲を、ロハで〔只で〕還すであろうか。その血の一滴一滴が贖《あがな》われ、その国祭《こくど》の十分が回収されるまでは決して日本は、黙っておらぬであろう。〔中略〕支那人は〔中略〕よく日本が満洲にて流したる血潮を理解せねばならぬ。張作霖であろうと張学良であろうと何人《なにびと》であろうと、この理解なくしては決して、円満なる満洲政治を保持できぬ。[10]

たしかに、漢や明などの王朝の版図を考えれば、「満洲」全体が漢族の支配下にあったということはできないし、清の時代はもともと「異民族支配」の時代であったから、「満洲」は清の版図に含まれていたとはいえ、漢族は「満洲」にこんにちほど入りこんでいなかったとはいえるだろう。しかし、だからといって、日露戦争でロシア勢力を「駆逐」したことが、満洲支配に対する日本の「権利」発生の理由になると考えることはできない。それが現代的な常識であろうが、日露戦争後の日本の「世論」では「日本が満洲で流した血」という感情論が「常識」だったのであろう。

日本の敗戦時、満洲には民間人だけで百五十万人の日本人がいたという。それだけの数の日本人が満洲に渡ったについては、むろんいろいろな理由はあろう。しかし、「満洲で流した血」という非合理主義的な感情論の瀰漫も、みのがせない理由であったろうし、自ら「支那ビイキ」と称した清水安三でさえ、その感情論にとらえられていたというべきであろうか。

ちなみに、小峰和夫『満洲』は、山中峰央の研究を引用して、「満洲国に住む日本人の数は、一九四二年の時点で約一一五万人であった」が、「満洲人」の方は「その三八倍、四三七〇万人に達した」としている。これを受けて小峰は、「だれの土地かは明らかであろう。日本人の多くが思い違いにおちいっていたのである[11]」と断じている。

第二節　美穂夫人の死

美穂の苦辛と同志社辞職

清水安三が『基督教世界』の編集にしたがい、そして同志社の講師として働いていた二七年、北京の崇貞女学校はどうなっていたか。先に引用した「故清水美穂子の生涯」には、

安三氏は〔中略〕暫《しばら》く北平〔北京〕の事業を顧みるの暇なかりしを以て、これを甚だ遺憾となし、美穂子はしばしば渡支して崇貞女学校の経営を一身以て自ら当れり。昭和五〔一九三〇〕年、彼女が米国にてきわめしフランス刺繍を応用して各種のエンブロイドリー・リネン〔刺繍の織物〕を製作し、これを我国に輸出したるが、甚《はなは》だしく在日本西洋人及び上流婦人の嗜好《しこう》に投じたるを以て、北平に神路女子中学を開設し、午前中は学業午後は手工に従わしめ、製作品を販売し、その利金を以て支那式校舎五棟を新築するを得たり。これがために、〔安三は〕毎夏軽井沢に出張し、昼は近江セールズ出張所を借り、夜は露店を開き、毎夏千数百円の商売を自ら行えり。また毎年クリスマスの頃には京阪神の同級生、教会関係者、宣教師を訪問し、敢てペドラー〔販売人〕の業を採れり(12)。

とある。夫妻を一単位として考えれば、美穂夫人が崇貞女学校の経営に当たり、その「外回り」を安三が担っていたといえよう。また、すでにふれたように、一九二九年の経済恐慌もあり、組合教会の篤志家からの寄付を仰ぐことが至難になったということもあった。だから、安三はあえて刺繍の販売

人の仕事をした、というのである。

安三が同志社の講師を務めて得た収入もあったにしても、美穂夫人の尽力は大きかった。

安三の同志社講師時代にあたる一九三〇年五月、崇貞女学校は「十周年記念館」を建設することができた。このときのことが、三二年十一月に清水安三が外務省の文化事業部に提出した助成金要請書類の記録に残っている。そこには、この「建設出現に至るまでに粉骨砕身せし清水夫人美穂子」が、京都にいる夫の安三に宛てた手紙の一節が紹介されている。それを次に引く。（国立公文書館・アジア歴史資料センターのウェブサイトによる。レファレンスコードB05015856100）

あなた〔安三〕が曾て西洋人の建てているミッション・スクールを参観して、『せめてこの学校の便所程の建物が与えられたらなら』といわれたが、私達はようやくそのあなたの希望を実現することを得ました。しかし、この校舎を建て得るまでにはどのくらい苦辛《ママ》したかしれませぬ

寄付金が相対的に少なかったと思われるこの時期、安三の講師の稼ぎはあったにしても、この校舎の建設には、美穂夫人の尽力には絶大なものがあったとしなければならないであろう。その「苦辛」たるや思うべしである。

この記念館建設のあと、清水が「四十二の厄年」（これは満年齢でなく「数え年」だろう）の夏、というから、一九三二年夏ということであろうが、いわば夏の年中行事として長野県の野尻湖畔で刺繍製品などを販売していた。ときの同志社大学総長は大工原銀太郎[13]。大工原は長野県出身ということもあってか、野尻湖畔で刺繍製品販売をしていた清水と「遭遇」したという。

清水が「亡き妻を恋ふ」[14]に書いているところによれば、三三年の「三月二十二日、私は、同志社総

長大工原銀太郎氏に呼び出された。」総長は、「君は教育家、宗教家として立つよりも商売人になられたがよかろう」と言ったので、清水は辞表を提出したという。

しかし、同志社をクビになった理由について、清水の『朝陽門外』では清水がかかわっていた野球部の金銭トラブルのことや、学生の試験での不正行為の処理問題などが原因だったかもしれないようなことを書いている。その理由が実際のところ何であったかはともかく、清水は同志社を去らなければならなかった。

「亡き妻を恋う」の回想によれば、重い足取りで帰宅し、美穂夫人に、

「おい、明日は東京へ行くよ。そして就職運動だ。明日からルンペンだ」

と告げたという。妻から非難めいたことを言われるかもしれないと思っていたというが、案に相違して、彼女は賛美歌を歌いはじめた。

一、わがゆくみち　いつくいかに
なるべきかは　つゆしらねど
主はみこころ　なしたまはん
そなへたまふ　主のみちを
ふみてゆかん　ひとすぢに

二、こころたけく　たゆまざれ
ひとはかはり　世はうつれど

主はみこころ　なしたまはん
三、あら海をも　うちひらき
すなはらにも　マナをふらせ
主はみこころ　なしたまはん（旧賛美歌五十四番）

この歌にはげまされ、清水は東京に向おうとして近江八幡に立寄った。

近江ミッション

清水は膳所中学の生徒だったときヴォーリズに出会っていたが、同じくヴォーリズに出会ったことが機縁で洗礼を受けた人に、吉田悦蔵がいた。吉田は、清水のようには近江の地を離れず、近江ミッションで活動し、近江兄弟社（一九二〇年設立）の仕事をしていたが、清水はこのとき吉田に会い、近江兄弟社から中国駐在員としての仕事を提供された。こうして清水は、北京での収入が確保されることとなり、北京・崇貞女学校に戻ることになった。ここでは、近江ミッションのネットワークが清水を支えたのである。

しかし、清水はこのとき、久々に吉田に会ったというわけではない。というのは、『湖畔の声[15]』に、次のような記事が出ているからである。

◎吉田悦蔵氏、同大〔同志社大学〕教授清水安三氏、ハワイ日布時事新報社相賀重雄氏、三人同伴、〔三一年〕三月十一日より朝鮮、満洲、天津、北平〔北京〕より津浦線で南下、南京、蘇州、上海へと商用の旅に行かれました。

ヴォーリズ氏と弟君ジョン氏は、二十八日神戸発にて北平へ直行、吉田氏と落合って上海に行かれます。

今度、北満洲より蒙古への入口、ロシヤへの門を研究、メンソレータムや輸入雑貨の販路調査に行かるるのです。北平ではメンソレータムの店を出します。

吉田と清水には、このようなかかわりがあったのである。『湖畔の声』同号には、吉田悦蔵の「支那日記」が掲載されているが、その三月十三日条に、「夜は京城組合キリ《ママ》スト教会の特別伝道祈祷会に出席。清水君は『伝道の心構え』を話され、私は『現代クリスチャン生活戦術』を話す」とある。彼らの朝鮮・中国行きは、伝道旅行的な面もあるけれども、基本的にはここに書かれているように「商用の旅」だったとみるべきであろう。もっとも、当人たちの意識のなかでは、両面はひとつに重なるものであったのかもしれない。『湖畔の声』六月号の吉田の「支那日記」三月二十五日条には、大連の組合教会堂で「大講演会」を開催し、吉田や清水が話をしたと書かれている。

時間が前後するが、『湖畔の声』一九二九年十月号の「近況録」に、朝鮮や満洲でのメンソレータム販売について、順調に進行しているという報告が出ている。そして、「支那四億の人等に、よき薬とキリストの福音が伝わるよう」とか、「メンソレータムの仕事は、近江ミッションの善き財源です」とかいった文言がみえる。

『湖畔の声』一九二九年十一月号巻末「近況録」には、

◎二百号になつた本誌は、いよいよ部数が増えて、殆んど五千部刷りました。六十ページに近いものを作り上げて、全日本と、朝鮮満洲から台湾樺太のはて迄、「よき種をまき、美しき声を響かせよ」と祈りつつ、送り出しました。

とある。このような状況を考えれば、清水が北京のメンソレータム販売の仕事を引き受けるというのは、近江セールズにとっても望ましいことであったにちがいない。

メンソレータム略称メンソレという薬は、現代の若い人びとには「リップスティック」として知られているのかもしれないが、かつては家庭用傷薬としてかなり一般的な薬であった。

ふたたび北京へ

清水は三三年の春、ふたたび北京に拠点を移すことが可能になった。そして、これ以降、日本の敗戦後の一九四六年に北京から日本に引き上げるまで、一時的に日本にもどることはあっても、ほぼ北京を中心として活動することになる。清水の北京時代後半の幕開けであった。

『湖畔の声』一九三三年六・七・八月号に、清水の「一支那伝道者手記」が連載された。その六・七月号のこの手記の冒頭には、「北平　清水安三」と書かれていて、読者に北京への転居を告知している。また、その八月号の末尾に、

不肖たりとも清水安三敢て肉弾三勇士たりえずとも霊弾一勇士として生涯を一貫して支那のために生きたい(16)

と書き、その決意のほどを披瀝している。

三三年春から北京に拠を移した清水は、当然ながら崇貞学園のために働き、メンソレータムの販

路拡張につとめたのであろう。『姑娘の父母』によれば、メンソレータムは最初の月には十二円売れた。それがいつの間にか、「三百円、一千円、今では、月に一万円をわたくしの手を通して売るようになった」（一二八ページ）という。

外務省の助成

崇貞女学校の経営資金確保にとって、メンソレータムが大きな役割を演じたことは事実であるが、外務省からの助成金も受けるようになっていた。

それを裏付けるのは、外務省外交資料館の外務省史料である。（H門「東方文化事業」、5類「学費補給、諸補給」、「諸補給関係雑件第三巻」の「崇貞女学寮（崇貞女学校卒業者補給）」）[17]

この史料は、直接的には「昭和十三（一九三八）年四月十九日起案」「北京崇貞女学校卒業支那留学生に対する学費補給の件」について書かれたものであるが、そのなかに、つぎのような箇所がある。（原文はカタカナ表記）

　北京崇貞女学校は大正十（一九二一）年以来支那貧民子女の教育に従事し来たり、文化事業部においては同校の事業を助成するため、昭和八（一九三三）年以降、毎年相当の助成金を交付しおるところ、

そして、このうしろに、崇貞女学校はその卒業生のうちから優秀な生徒を選抜し、「日支親善」のため日本国内の専門学校などに入学させようとしている。そのための学費補給の要請が、清水校長から出ているとある。

一九三八年四月十九日起案のこの史料自体は「崇貞女学寮」に関するものではあるが、そのなかで注目すべきは、外務省の文化事業部が北京崇貞女学校の「事業を助成するため、昭和八年〔一九三三年〕以降毎年相当の助成金を交付」してきたとある点である。

三三年といえば、清水が同志社の教員を辞職して北京に移ってまもない時期にあたる。その金額、崇貞女学校の経理に占めるその比率などが考慮されなければならないにしても、組合教会関係者からの寄付に主として依存してきた経過を考えれば、学費補助や講演なども含めいろいろな事業に関連して助成金が受けられるということは、経営の安定に貢献するものであったことはたしかであろう。

美穂夫人の死

メンソレータム販売も軌道にのり、外務省文化事業部の助成も得て、安三・美穂が、協力して北京で働く条件が整いつつあったのに、同じ年の十二月十九日、病を得て京都にいた美穂夫人が危篤状態に陥った。安三はただちに北京から京都にかけつけた。『朝陽門外』によれば、腹膜炎を患って衰弱したところに結核性肋膜にかかったということである。

同志社女学校時代に、美穂がデントンの世話になったことについてはすでにふれた。美穂は、臨終の際にデントンに会いたいと願った。しかし、病にふせっていたデントンは、美穂のもとを訪れることはできなかった。

京都府立病院に入院している美穂のもとを訪れたデントンの代理人に対し、美穂は、

同志社女学生の五ケ年間月に五円をミス・デントンより頂きしを厚く感謝し、「私はその御恩

を感じて十倍も二十倍にもして支那人女学生に返しました」と述べ、同志社卒業後今日まで、ミス・デントンの真似するを以て終始せることを報じ、更らに一女星子の教育を依頼したり。（「故清水美穂子の生涯」）

という。[18] デントンからの影響がいかに大きかったかを物語ってあまりある。

『朝陽門外』によれば、「死期の近いことを悟った美穂が、賀川豊彦が京都に来ていると聞いて、「賀川先生に是非祈って貰ってほしい」と言い、賀川に祈ってもらったという。（二八〇ページ以下）

長男の泰と娘の星を近くに呼んだ。

「泰坊はよく勉強しなさい。偉い人にならなくてもよいから、正しい人になって支那の人々のために尽しなさい」

「星ちゃんは、ママに代って、支那のためによく尽して頂戴」

「わたくしの骨は、どうか、高島の田舎に埋めないでね、支那に持って帰って下さい。そして学校の土にして下さい」

と語った。清水が同志社に辞表を出したあとに歌ったのと同じ賛美歌を歌い、歌い終ると、筆と紙がほしいというので、ノートと鉛筆を渡した。すると、

ミナサマ　オサキヘ

ヨロシク　タノミマス

パパ　シッカリ　オヤリヨ

と書いて、亡くなった。

美穂夫人の永眠に立ちあったという竹中勝男（同志社大学教授）によれば、永眠の二時間前、美穂夫人は、「神の召命をきく、後事に対して思い煩わず、万事神に信頼して安心、万歳！」と言って手をたたいたという。[19]

「亡き妻を恋ふ」

死に臨んだ美穂を記録した安三は、『朝陽門外』に書いた。

まだ死なねばならぬような年齢でない三十八歳の女盛り。崇貞学園はこれからというときに彼女はこの世を去ったのである。

何一つうまいものをも食べず、何一つ美しいものをもまとわず、そして、崇貞学園の庭の木々が、まだ花も咲かせず、実も結ばない中に、彼女はこの世を去ったのであった。（二八七ページ）

それは、十二月十九日のことだった。まもなく清水は、「亡き妻を恋う」という文章を書いた。（湖畔の声、三四年二月号）人麻呂の挽歌に「妻死にし後に泣血哀慟して作る歌」というのがあるが、清水のこの文章の冒頭に、「泣血哀慟」の歌三首がおかれている。そのうちの二首。

真夜中にふと目醒むれば明くるまでまんじりともせで亡き妻を恋ふ

わが妻は瞼の中に住へるか瞼とづればありありと見ゆ

十二月二十一日、京都西陣教会で葬儀が行なわれた。

安三は、美穂夫人の遺骨を北京に運び、美穂の遺志にしたがって崇貞学園の土に埋めた。

安三は、「崇貞学園一覧」（一九三六年）という小冊子のなかで、先年故清水美穂の追悼会を開いた時に校友達が三百何十名集って来て祭文を読んだり、色々して悲しみと同情とを表わしたのであるが、この会に出席して下さった当時の公使館の原田通訳官が、「未だ抗日会すら解消せざる際に、かくもうるはしき集会が開かれようとは」と称し全く感激したと評して下さったのである。

と書いているが、日本の満洲侵略から「満洲国」の成立後という情勢であったにもかかわらず、多数の中国人が清水美穂を偲んだのであった。

加藤嘉雄「北平に輝く崇貞女学校」[20]（一九三六年、発行者・清水安三）には、「崇貞女学校の門をくぐると校庭に小さな石碑が美しい草花に囲まれて建っている」とある。その石碑には、次のような碑文がきざまれていた。

清水美穂一生不求自己之安逸　供其全身三分之一於学校　三分之一為丈夫　三分之一為児女　其一生未着珍貴衣履　所用之物皆係友朋贈送之旧者　不幸早没　臨終時嘱曰将我白骨帯往中国葬埋　此為我対於中国最後之供献

〔清水美穂の一生は自己の安逸を求めず、その全身の三分の一は学校に、三分の一は夫に、残る三分の一は子どもに供し、その一生においては美服を着けることなく、用いるところのものはどれをとっても友人たちが贈ってくれたものである。不幸にして早くに没し、死に臨んで、「私の遺骨は中国に持って行って埋葬してください。そのことが私が中国に対しての最後の献げものです」と委嘱した。〕

第三節　再婚のころ

再婚

美穂夫人逝去から一年以上が経過した三五年に、安三はオベリン大学時代から知り合いであった小泉郁子と再婚することになった。

この結婚は、三五年六月の『読売新聞』に、「四十三の花嫁　小泉女史が〝青春よサラバ〟」という見出しで報じられた。この記事には、小泉郁子の写真が出ている。[21]

人はやっぱし一生に一度結婚といふ花をかざさねばいけないものか。独身で有名な青山学院専門部教授「女子新教育運動」のマスターオブアーツ小泉郁子女史の四十三年の独身生活がポロリ砕けて支那は北平にいる清水安三（四五）という人と結婚するのである。井上秀子、吉岡弥生、守屋東、金子しげり、山田わか、ガントレット恒子、安井哲といったわが女性界の「無敵群」はそれを祝うために四日午後白木屋の食堂に女史を招じて青春よさらばの集いを催した。

ここに名前の出ている女性たちは、日本の女性史上に著名な人びとである。守屋東、ガントレット恒は、日本基督教婦人矯風会の有力な活動家であった。金子しげりは戦後に地婦連会長などをつとめた山高しげり。

この記事では、清水安三のことが短く書かれている。「女史のオレゴン大学時代のクラスメートで北平郊外に崇貞女学校を経営している隠れたる国際的教育者、一昨年夫人に亡くなられてベターハーフの必要を感じていた」というのである。オレゴン大学というのは誤記であり、オベリン大学のクラスメートであるが、この記事の「清水安三という人」とか「隠れたる」とかいった表現からは、この時点では、安三よりも郁子の方が有名であったことがうかがえる。

それはともかくとして、崇貞女学校に女子教育の専門家である小泉郁子が加わることで、学校はあらたな展開を示すことになる。

秋守常太郎

『朝陽門外』のなかに、秋守常太郎という名前が二度出てくる。まずは、この本の冒頭に近く、「支那内地を一巡」という見出しの部分に、こうある。

昭和十一〔一九三六〕年わたくしは、大阪の実業家秋守常太郎氏の鞄を持って支那内地を一巡した。秋守氏は京阪神における木炭需要の六割を一手で供給する炭屋さんであって、単税常太郎といわるるほどに寝ても覚めても土地国有論を唱えて〔い〕る方である。（五ページ）

その秋守が清水をともなって「支那漫遊を試みたい」と希望した。清水も一度「支那」を歩き回ってみたいと思っていたので、「東道の役」つまり案内役を買って出た。その旅行が終わったとき、清水は「金四百円の謝礼」を贈られたと、この本のなかほどに書かれている。

崇貞学園にとつてそのお金はまことに貴いお金であった。わたくしはその四百円を旅費として内地に向ったのである。

「この四百円の金で二万円を集め、それにて校舎を建てる」

これがわたくしの希望であつた。（一七七〜八ページ）

秋守は、同志社の草創期に学んだ人物であった。

この「昭和十一年」の旅行について清水は、北京を「霞と共にといいたいのであるが、黄塵と共に打出して」、ふたたび北京に着いたときは「秋風」が吹いていたと書いている。

しかし、時期に関するこの記述もまたいささか疑わしい。秋守に『中支管見』[22]という小冊子があり、副題に「鮮満支旅行（第五信）」とある。これを読むと、旅日記のようになっていて、十一月七日の記事から始まっているが、「第四信」がこの前にあるのだろう。清水が同行したことが明らかな記述もある。記載されている最後の日付は十二月八日、「秋風」の季節ではない。

この『中支管見』奥付の「昭和十一年一月」というのが「誤植」でない限り、秋守と清水の旅行は三五年十二月まで続いていたことになる。つまり、この旅行は、一九三五年になされたのである。この時間的ズレが大きな意味をもつということではないが、郁子との結婚後まもなく、数ヶ月北京を離れたことになる。

漫遊だったか

この旅行は単なる「支那漫遊」であったのだろうか。ここには引用しなかったが、この旅行に関して清水は、「折よく」と書いているので、崇貞学園の資金集めという含みがあったと読みとれる。

それだけでなく、メンソレータム販売のためのネットワーク作りという目的もあっただろうし、秋守から日本の政治状況、関西実業界の様子や人脈、世界各地への旅行談など、種々の情報を仕入れておきたいということもあったのかもしれない。

実際、秋守との「漫遊」のあと、日本にもどった清水は二万円という目標に近い一万九千円を集めたと『朝陽門外』に書いている。残る千円の「あて」は、満鉄の松岡洋右だったというが、ここで目標を超過達成、北京にもどって、さっそく校舎の建築にかかって、完成させた。（一八二ページ）

清水郁子夫人は、『姑娘の父母』の「付録」として書かれた「清水安三論」に、「私が嫁して来て間もない頃、清水は支那各地巡遊の旅にのぼった」と書いているが、ここにいう「支那巡遊の旅」と清水の秋守常太郎との「支那漫遊」は、同じ旅行であったと思われる。そうだとすると、それは「漫遊」ではない。というのは、郁子夫人もこの旅行を「巡遊」と書いてはいるけれども、安三が重慶から「遺言状」を送ってきたとも書いているからである。その「遺言状」には、清水亡きあとの学校の土地の処理についてふれたあと、

> 万一自分が匪賊に殺されるような事があっても、泣くな。そして決して支那から賠償金を貰う様な事をしてはならぬ。何となれば自分の体はすでに十七年前、支那のために捧げられたものであるから。（三五二ページ）

とあったという。つまり、資金集めと中国各地の政情の把握を不可欠の仕事とみていたがゆえの旅行であった。郁子夫人はこの「遺言状」をみて、清水は「平生、あまり多くそうした事は口にせぬが、愈々《いよいよ》となると案外魂がすわっている」と感じたという。身近に清水をみていたひとの感慨として受けとめるべきであろうが、そうした人物論とは別に推察すれば、清水は仮に自分が殺された場合、賠償金を要求することは日中間に対立の増幅させる結果にしかならず、そのような要求はすべきでないと

判断していたのであろう。

「崇貞学園一覧」

安三は秋守との旅行のあと、「内地」で寄付金集めをし、その資金で校舎を増設した。まもなく「崇貞学園一覧」という小冊子が発行された。奥付には一九三六年十月一日発行とある。目次はないので、目次風のものを作成してみれば、次のようである。

一、グラビア　二ページ（写真八葉）
二、崇貞学園小史　一～六ページ
三、我等が来りしは何の為　七～八ページ
四、校名と校歌　九～十一ページ
五、崇貞学園の精神　十二～十五ページ
六、OUR WORK IN PEIPING〔北平〕　一～五ページ

二の「小史」部分には、日本語による記述とともに、中国文による記述（文末に「清水誌」とある）が併記されている。また、「崇貞女校簡章」も含まれている。「簡章」とは「簡単な規約」という意味。六は英文による学校紹介である。

小冊子ではあるが、崇貞学園に関する基本情報を提供する貴重なものである。

まず、グラビア部分であるが、次のような説明がある。

旧校舎は今より十年前、田村新吉氏、森村豊明会の寄贈。新校舎は大原孫三郎氏の独捐。清水

美穂はその遺言によりて校庭に埋骨。吾々の学校は自治組織で殆ど何もかも生徒自らがやっている。手芸品の管理も皆生徒自身によって為されている。意匠の考案、製作品の管理等皆彼等の手中にある。一年二千円乃至《ないし》三千円の金銭の出納もほとんど全部彼等に委《まか》せてある。

八葉の写真については、「校鐘「愛的教育」の銘を刻す」「旧校舎全景」「故清水美穂之墓」などがあり、「建築中の科学館、建築費は中山龍次氏の寄贈」もある。

大原孫三郎は、清水夫妻のアメリカ留学に際して経済的支援をしたにとどまらず、この時期の新校舎、つまりひとつの建物の建設費用を「独捐」、つまり全額負担したことになる。中山龍次が一九二一年の旱災児童救援運動に清水とともに尽力したことは、すでにみた。その中山が、この時期には、崇貞学園の科学館の建築費を負担したのだった。

学校紹介

「崇貞女校簡章」には、「本校地址：北平朝陽門外大街芳草地」とあり、「修業年限：小学六年初級中学三年畢業」とある。そして、「学課科目」が次のように列挙されている。

1. 公民
2. 国文（国文、四書）
3. 数学（代数、幾何、算術、珠算等）
4. 地理（中国、世界）
5. 歴史（国史、西洋史、日本史）

6．理科（植物、動物、物理、化学）
7．家政（裁縫、烹飪）　8．衛生　9．英文　10．日文
11．手工　図画　12．体操　13．音楽　14．聖書

ここにみえる「国史」「国文」の「国」が日本ではなく中国を意味していることは、中国語を知らなくてもわかる。「国史」が日本史を意味するとしたら、「国史、西洋史、日本史」と並んでいる理由がわからないであろう。

この「課目」の次に、

1．学費　免費
2．雑費　小学部毎学期収両毛中学部毎学期一元
3．宿費膳費一年六十元

とある。崇貞学校当初の学費無料が、ここでも貫かれている。そして、「優待」という項目があり、「畢業〔卒業〕後品学兼優経校長允許者得送日本留学」と記されている。学業品行優良な者には卒業後に日本留学の道があるという紹介である。

最後に教員名が列挙されている。筆頭に「経営者　清水安三（日本同志社大学、美国Oberlin大学畢業）」とあり、教員六名、講師三名が出ている。美国はアメリカ。教員六名中五人は中国人、残る一名が「清水郁子　東京女子高等師範学校、美国Oberlin大学、Michigan大学畢業」である。中国人五名中、羅俊英を除く四名は崇貞女学校を出ているので、清水のいう「子飼い」の教員が多数を占めている。講師三名中二名は中国人。

郁子に関しては、昭和十年（一九三五年）七月に「多年の女子教育経験を有せる小泉郁子氏を、本校の教務長として迎え」たとある。

清水夫妻が北京に腰をすえ、崇貞学園の仕事に打ち込みはじめたことが、この冊子からもうかがえる。それにしても、学費免除を貫こうとすれば、そしてそのうえに日本留学まで実行しようとすれば、そのための費用をどうするかという問題が重要となることは明白である。

集まった寄付

清水が寄付金集めに奔走する姿に違和感をもつ方もおられよう。しかし、官立学校ではなく、学費も徴収しないとすれば、寄付金以外にどういう手法がありえたかということになろう。三六年、清水夫妻は日本にもどり、「中等部校舎、科学館、講堂の建築費及び敷地拡張費」が与えられるよう諸方面に訴えたという。秋守からもらったという「四百円」が旅費となったのであろうが、その成果が、この小冊子「一覧」に記載されている。

大原孫三郎氏は率先金一万円、続いて殷汝耕《いんじょこう》氏は銀四千円、南満鉄道株式会社は二千円、北平日本人基督教徒は一千七百六十円、中山龍次氏は一千五百円、東京N・S・女史、石川武美氏、服部報公会は各一千円、住友吉左衛門氏は九百円、高木貞衛氏、吉田勝雄氏、三井合資会社、近江兄弟社、松岡洋右氏等は各五百円、北平基督教婦人会は四百円其他七百余名の人々の同情に依て今日ここに校舎、講堂、門と門房及墻を建築しその落成式を挙げるに至ったのである。

殷汝耕（一八八五〜一九四七）は、日本留学の経験をもち、辛亥革命以降、国民党の政治家として活動した。その後、早稲田大学を卒業し、孫文政権の駐日委員にもなっている。吉野作造とも接点があり、たとえば、吉野の日記一九一七年七月三日条に「夜殷汝耕戴天仇《たいてんきゅう》二君ノ招待ニテ香雪軒ニテ会食ス」とあって、両者は相当に親しい関係になっていると思われるが、両者の経歴からみて何らふしぎではない。戴天仇も孫文の秘書を長くつとめ、その死後には国民党右派の論客であった(23)。

時は流れ、殷汝耕は三五年末には、冀東《きとう》防共自治委員会の政務長官になっているから、崇貞学園に寄付をしたのは彼の政務長官時代ということになる。冀東防共自治委員会なるものは、「満洲国」のような傀儡《かいらい》政権であるから、この政務長官に就任したことは、蒋介石政権の認めるところではなく、戦争終結後の四五年、「漢奸」つまり漢民族の裏切り者として逮捕され処刑される運命をたどったが、それは後の物語である(24)。

三〇年代の清水の評論活動

ところで、北京における二〇年代の清水の活動をふりかえれば、旱災児童救援活動、学校の設立とともに、ジャーナリストとしての活動があった。そこで、一九三〇年代半ばの清水のジャーナリストとしての面を一瞥しておこう。彼は、当時も雑誌論文をしばしば発表していた。

『中央公論』一九三七年二月号には、「『非常時支那』読本」という特集が組まれているが、そこに清水安三の「支那政界軍閥巨頭論」が出ている。これは盧溝橋事件から半年あまり前の論文だが、そこでは、中国は十年前とは軍備の点からみてまるで違っているということが述べられている。

同誌四月号には清水の「その後の蒋介石」という論文が掲載されている。題名と時期からして、張学良による蒋介石監禁事件、つまり西安事件（三六年十二月）を扱った論文である。そして、この号の「編集後記」には、こうある。

西安事件の真相は未だ伝えられず蒋介石安否のほども模糊の裡にある。が、シンプソン夫人事件と共に世界最大の社会記事であり前者よりは更に複雑深刻多彩な本事件の真相は、清水氏の努力によって今や脚光を浴びた。

事件の動向という点でいえば、蒋介石はすでに十二月末には監禁を解かれて南京に戻っていた。清水の論文は、西安事件後に発表された蒋介石の「西安事変経過報告」やさまざまな新聞情報をもとに、西安事件の経過と今後の展望をさぐるもので、北京にでもいるのでなければ入手しがたいと思われるような情報も盛り込まれていて、興味深いものがある。そして、国民党と共産党という両党が「内争を止め、妥協することに話が進んだ」と書いている。また、同誌三七年十一月号には、「支那事変の見透し　在北平　清水安三」という論説が載っている。

『中央公論』にこれだけ記事を寄せているということは、清水が中国情勢を論ずるジャーナリストとして評価されていたということを示している。

二〇年代と三〇年代

しかし、清水が精力的に中国の政治家・文学者・思想家を紹介し、それが吉野作造に評価されたという一九二〇年代前半とは、事情が異なる面もあった。異なる面というのは次のようなことである。『中央公論』に即してみていくと、三七年六月号に、「蒋介石生還記」として、宋美齢「夫・蒋を救い出すまで」と蔣介石「西安監禁半月記」がならんでいる。また、九月号には、尾崎秀実「南京政府論」、堀江邑一「北支事変の経済的背景」が掲載されている。尾崎はこの時点では東京朝日新聞社を退社していたが、一九二七年から三二年はじめまで大阪朝日新聞社上海支局で仕事をしていた。つまり新聞社の特派員が評論家として中国問題に一定の役割を演じるようになっていたといえる。

十一月号には毛沢東「自叙伝」、十二月号に蔣介石「抗日全軍将兵に告ぐ」とならぶ。

さらに、十二月臨増号は「北支開発」号と銘打たれ、十人ほどの論説が並んだうえに「『北支問題』大座談会」が十五人の参加者（企業人、軍人、外交官、研究者などを含む）を得て掲載されている。E・スノー「中国共産政府の基地を衝《つ》く」も載っている。

つまり、中国情勢に関連する記事・論説が多彩になり、その陣容が増加していて、当事者の発言まで掲載されている。これは二〇年代とは異なる現象だったといえよう。

清水にはまた、中国共産党に密着したスノーやスメドレー、あるいは蔣介石に密着したドナルドのように、特定の政治勢力に密着して取材を重ねるという条件はなかった。

少し時期がうしろにずれるが、『中央公論』四〇年五月号には、「民族主義の問題」という周仏海《しゅうふつかい》と三木清との対談と、「文化運動の基調」という林柏生《りんはくせい》と三木清との対談が掲載されている。周と林は、いずれも汪兆銘《おうちょうめい》政権の有力政治家であった。哲学者として人気のあった三木清がこのように中国問題にかかわる時代になっていた。

なお、ここでは『中央公論』に即してみたのだが、同時期の雑誌『改造』にしても、蔣介石の演説や毛沢東の論文が掲載されていた。(25)

清水の評論活動

清水の書くものの本領が、現地情報を得て、それをデモクラットの立場から論評するという点にあったとすれば、「現地情報」自体が北京在住というだけでは必ずしも日本の読者の要求を満足させるものではなくなっていたといえよう。

また、一九二〇年代前半における清水の論の深化には、おそらくは丸山昏迷や魯迅、周作人、李大釗、そしてエロシェンコなどとの交わりが作用したと思われるのに対し、三〇年代半ばの清水の周囲では、同種の「交わり」が私にはみえてこない。

いずれにせよ、清水が雑誌に登場して中国の現状について語る場面は、盧溝橋事件後になると次第に減少したように思われる。実際、『中央公論』三七年十二月臨増号にも清水安三は寄稿しているが、その題名は「北京夫人物語」なのである。また、『中央公論』と並ぶ有力雑誌だった『改造』にも清水は寄稿しているが、それは「支那国民性の地方的特色」(一九三八年一月号)というものであり、必ずしも時事的なものではなかった。

清水が一九二六年末から二七年春にかけて、『北京週報』に「南方からの報告」を集中的に連載したとき、それが彼の学校経営の資金調達という意味ももっていたことはすでにみた。しかし、三三年以降、再び北京に腰を据え、学校の規模を拡大する方向に乗り出したときには、そのための資金調達は原稿料では追いつかない状況になっていて、主にメンソレータムの販売によってなされたものと思われる。清水自身にも、論説執筆への動機の切迫性が減少していたのかもしれない。

さらには、北京という場所にも関連があるかもしれない。松本重治は、上海が「一九三〇年代を通じて、極東におけるニューズの一大中心地[26]」だったと回想した。この指摘は北京が「一大中心地」のひとつでなかったということを必ずしも意味しないとしても、五四運動時代に比べれば、清水のいた北京の位置に相対的な低下があったと思われる。松本は、一九三六年十二月の西安事件（蒋介石監禁事件）の翌年春に、エドガー・スノーが松本の勤務する上海の「同盟」支社を訪ねてきて、スノーと松本の「意見は全く一致して、お互いに大いに語り合った」と書いている。スノーは『中国の赤い星』で知られる記者であったが、これは上海だから起こりえた側面があろう。

中江丑吉

先に、清水の「回憶魯迅」の一節をみたが、そのなかに中江丑吉という名前が出ていた。清水安三・郁子が結婚して住むようになったところは、中江の住まいのすぐそばだった。中江丑吉の残した手紙が、伊藤武雄他編『中江丑吉書簡集[27]』として刊行されている。中江丑吉については、一部に根強い人気があるだろうが、一般にはやや「忘れられた思想家」に近いかもしれない。そこで、ごく手短にその経歴を記そう。

丑吉は一八八九年に大阪で生れた。清水安三より二年年長である。父兆民が、憲法の発布を控え、「保安条例」によって東京から追放されていた時期だった。憲法発布後に兆民は衆議院議員となったが、まもなく辞職し、以後、中江家は経済的には恵まれない状況になり、兆民は一九〇一年に死去。生活の資を得るため、丑吉の母は自宅に中国人留学生を下宿させた。そのときに下宿させたのが曹汝霖《そうじょりん》で、彼は中江家に二年間下宿した。曹は帰国して段祺瑞《だんきずい》内閣の交通・外交・外務の各総長（大臣）などを歴任した。それ以前に、日本がつきつけた「対華二十一箇条」を中国側が受け入れた際の責任者が曹であった。そのため、五四運動の際には、学生たちから親日派だとして自宅を襲撃されたが、その際に、曹を救出したのが中江丑吉であった。旧知のひとだからというのが、中江の考えだった。

時間が前後するが、清水が同志社に入学した一九一〇年、丑吉は東京帝国大学法科大学に入学。同期に南原繁や森戸辰男がいて、佐々木忠（北京で出ていた日本の漢字新聞『順天時報』主筆となる）や阪谷希一（満洲国国務院次長。希一の父芳郎は西園寺公望内閣大蔵大臣）もいた。一九一四年七月に東大を卒業し、満鉄入社のために大連に行き、まもなく北京に移った。四二年五月に肺結核の治療のために九州大学病院に入院し、同年八月に死去。三十年近い間、ほぼ北京にとどまる生活だった。

中江は『支那古代政治思想史』の原稿を書き、京都大学支那学の小島祐馬(28)にみせ、小島がこれを評価したことから学究の道に進むことにしたという人物であり、ヘーゲルの『精神現象学』やマルクスの『資本論』をドイツ語で精読して、学問上の基礎としようとした。

「オベリン」

四分の一世紀に近い期間を北京ですごした点は、中江と清水安三に共通する。しかも、ふたりの間には、いささかの接点があった。

この『中江丑吉書簡集』所収の中江丑吉の鈴江言一あての手紙のなかに、清水安三を暗示する手紙が二通含まれているが、ここではその一通（一九三五年十一月四日付）だけを紹介することにする。その手紙は、いくつかの事柄をならべて近況報告をしている趣だが、そのなかに、

オベリン小生方前に移転し来れるも全〔く〕音信不通、往来ですら一度も遇った事がありません。もっとも一度来ましたが勿論《もちろん》「没在家」〔留守〕で撃退しました。

という箇所があり、「オベリン」の箇所に、次のような編注がある。（編者のひとり伊藤武雄は満鉄社員だった人物で、中江丑吉とは懇意だった。）

クリスチャン実業家の清水安三。米国オベリン大学出身というので呼び名とした。大正末期潜行中の佐野学を七高先輩の中江に託したことがある。

この手紙の一節もその注も短いものではあるが、じつにいろいろな情報がつまっている。

第一に、「オベリン」が清水の呼び名だったとわかる。そして、この時期に清水は中江の住まい近くに転居したこと、その連絡を清水は中江にしたらしいこと、しかし中江は清水に会うつもりもなかったことがわかる。この手紙だけでは清水の転居の時期は必ずしも明瞭ではないが、三五年のことではあろう。とすると、清水は郁子との結婚のころに転居したことになる。中江の住所は東観音寺胡同東口九号であるが、清水夫妻も同じ胡同に住んだのであろう。となると、アメリカから北京にもどった清水がオベリン大学出身ということをしばしば述べたので、中江や鈴江言一は清水を「オベリン」と呼んだということだろう。

第二に、「クリスチャン実業家」という「肩書」についてだが、おそらくメンソレータムの事業がかなり目立つ形で行われていたのであろう。

この編注の後半部分に佐野学のことが出てくる。編注に注釈すれば、七高は旧制第七高等学校（鹿児島）で、中江も佐野もここから東大法科に進んだ。清水が佐野学のことはついて『基督教世界』で言及したことはすでにふれた。また、すでに引用した清水の「回憶魯迅」のなかに、「佐野学、中江丑吉等言う人を案内しては李大釗を訪れたものだ」とあった。

中江と交流のあった伊藤武雄は、その『黄龍と東風』のなかで、佐野学が（おそらく一九二三年に）清水安三のところに行ったときのことに言及している。

佐野は最初、北京で小さな学校を経営していたクリスチャン清水安三を訪ねた。（中略）佐野に訪ねられた清水は、後難を慮って、奇人と思われ日本人社会にあまり交渉のない、中江に佐野を紹介したのであった。[29]

清水の回想では、清水は佐野の世話をしたように書いている。しかし、おそらくは中江から情報を得ていた伊藤の回想では、清水は「後難を慮って」佐野の世話を中江に「紹介した」ことになっていて、ふたりの回想はいささかニュアンスが異なる。

その真相はともかくとして、伊藤の話は中江の話にもとづいているわけで、清水が近所に転居してきても、中江が積極的に会おうとしなかったのもふしぎではないかもしれない。

阪谷芳直

中江丑吉の東大時代の同期生阪谷希一の息子・芳直は、一九二〇年生まれで、一九四一年に東大に入学した。その縁があって、芳直は休暇のおりには北京に中江を訪問していた。その阪谷芳直の『中江丑吉の肖像』[30]（一九九一年）に、清水安三についてふれたところがある。

先日、〔中略〕一通の手紙が目にとまった。現桜美林学園長で旧制一高の私の後輩でもある清水畏三氏から十二年ほど前に頂いた手紙がそれである。

畏三氏の父君である清水安三氏は、戦前北京の朝陽門外に「崇貞学園」を経営していたクリスチャンの事業家で、一時洛陽の紙価を高からしめたその著書『朝陽門外』によってジャーナリズムの脚光を浴び、「北京の聖者」ともてはやされたこともある「老北京」の一人であるが、〔中略〕戦前北京で「崇貞学園」の見学に出かけたこともある私は、戦後も中国関係の会合で何度かこの清水安三老と会い、言葉を交わしたことがあるが、かつての時代に、中江さんと清水安三氏が必ずしもソリが合ったとはいいがたい仲であったことを何となく聞き知っていただけに、畏三氏の中江さんに対する追慕の情に溢れた手紙に感動した。それには、「犬を仲介にした哲人と少年の友情」とでも題をつけたくなる情景が描き出されているからである。中江さんの愛犬「黄《ホワン》」が出てくるこの手紙の一部を以下に掲げることを、清水畏三氏に許して頂こうと思う。（一八五ページ以下）

ここにもクリスチャンの「事業家」という表現がみえる。「ジャーナリスト」というより「学校経営者」という位置づけであろうが、それはともかくとして、ここでは、中江と清水が「必ずしもソリが合ったとはいいがたい仲」だったということを確認し、阪谷の引用する清水畏三の手紙を、少し長くなるが、阪谷の本から写しておこう。

清水の息子の手紙

……ご本〔『中江丑吉の人間像』のこと〕を通じて思い出しましたことは――

私は母〔美穂〕が病死したため、昭和九年〔一九三四〕二月、大阪商船の長城丸で神戸出帆、塘沽《タンクー》に上陸しました。〔中略〕

この年の四月に北京の日本人小学校二年に編入し、私にとっての北京生活がはじまったわけですが、中江先生について思い出すのは、恐らく昭和十年から十一年にかけての一時期でした。

私の家が先生にとって最近隣の日本人であったためか、それとも私がものすごい愛犬少年（中学生ごろは犬の訓練士になろうとしていたほど）であったためか、よく散歩に誘って下さいました。先生はあのホワン〔黄〕をつれ、私も私の犬をつれ、きまりのコースは東観音寺―西観音寺―東単―長安街―交民巷に接する城壁の上、帰りはいつも東単の慈心園（下がケーキ、パンの店、二階が喫茶店）でアイスクリームやケーキをおごって下さいました。〔中略〕

先生はいつも洋服姿、鋭い目つき、無口、意識して子供相手の話をされるような方ではありませんでした。一方、私は母亡し、兄弟は同居せず、父は多忙、旅行がち、同年配の日本人の子供は近所に皆無――といった環境下で、だれともあまり口をきかない、いわば犬だけ友人の孤独な少年でしたから、いつもお互いほとんどしゃべらない無言の散歩でした。〔中略〕

それだからこそ私が散歩のお相手になれたのであろう、とこれまで思っていましたが、ご本を拝見して、先生が基本的に人なつこい、会話のおすきなお人柄と知り、ひょっとしたら先生が私の状況に同情して下さっていたのかもしれないと感じた次第です。もしそうであったとするなら、誠におやさしい方であったわけです。

先生のお宅には、そのころ一度だけ〝入門〟したことがあります。

以上のような思い出をつづらせて頂きましたが、ともあれ昔の北京は、城壁も取り払われ、はるかな彼方に過ぎ去ってしまいました。中江先生の面影を偲び得る人間も、恐らく私の年代で最後でしょう。……

昭和五十二年〔一九七七〕十月二十日　清水畏三

この時期の安三が「多忙、旅行がち」だったとあるが、これは、先にみた秋守との旅行や、その後の日本への寄付金集めの旅と符合する。中江丑吉については、今少し述べるべきことがあるのだが、それは時期的にみて、一九三〇年代末のことなので、のちにまたふれることにしよう。

第十章　盧溝橋事件

盧溝橋事件後の清水

一九三七年七月七日夜、北京郊外の盧溝橋《ろこうきょう》で日本軍（支那駐屯軍）の軍事演習が行なわれていたとき、「十八発」の銃声が鳴り響いた。いうまでもなく盧溝橋事件であり、日中戦争の発端となったものである。この事件については、本書の「はじめに」で短くふれたところである。この事件が清水とどう関連するのかをみていこう。

『朝陽門外』第一部に、「北京を戦禍から救う」という項がある。その記述によれば、この事件の数日後、郁子夫人と子ども（美穂夫人との間の子ども）は旅順に避難することになったが、安三はふだんとあまり変わらぬ生活をしていた。戊辰戦争のさなかに授業をしていたという福沢諭吉を想起しつつ、清水も崇貞学園の生徒たちへの教育を続けていた。

この支那駐屯軍の兵力は、五四運動のころは約千名、三六年で約五千名だった(1)。

引用が長くなるが、事件後の清水の動きが次のように書かれている。

北平におりながら事変に没交渉に生きていると、ある日〇〇〇〇〇通訳官である畏友武田氏が私の宅を訪れられた。

「やあ、あなたは体が二つあっても足らないでしょう、それなのに僕のところへ来て下さったのは呼吸《いき》抜きというところですか」

「いや、実は折入ってお頼みに来たのですよ」

一通り挨拶がすむと武田氏は○○○○長の○○大佐が、どうしても北平の旧都を戦場にしたくないとの考えを持っておられる。このためには北平におる支那兵が、北平から自発的に退去するより外に方法がない。彼等が永定河より南方の戦場に去り、一戦交えたいなら其処《そこ》で戦おうではないかというのである。宋哲元《そうてつげん》をして兵を退去せしめるには支那の学者、要路の人々の間に与論を起し、旧都を戦禍から免れしめたいと宋哲元氏に勧告せしめたいとのことである。

そこでわたくしは快諾して、その運動にとりかかることにした。昔ナポレオンがモスクワを攻めた時、クレムリン宮殿を壊すまいとて露軍に協力を申込んだということもある。また大西郷は日光に立て籠《こも》った幕府軍に、一寺の僧を使いとして遣し、名蹟を戦火より救わんとて賊軍の山門より出で来らんことを望んだ。私はこの故事を持ち出して大学教授、老政治家、宗教家、西洋人間を説き回った。中には支那が滅びるというのに北平の宮殿や万寿山があって何になるかと啖呵《たんか》を切るものもあったが、わたくしが百五十万の生霊を戦災より救うべきを語り、今後の時代には壮麗なる大学や公会堂は建つかも知れないが、かくも雄大なる宮殿は決して建ちはせぬ。だから旧都北平は啻《ただ》に支那の所有であるのみならず、世界の所有である。何とかしてこれに爆弾を浴びせたくないと涙を流して極言すると、流石の支那人もそれでは一つ宋さんにいって見ましょうというのであった。何しろ阿房宮も玉帯橋も何もかも保存せぬこの国民であるから、それらに旧都保存を説くことは難中の難であった。〔中略〕

しまいには自動車を貸して貰って駆け回った。〔中略〕

いよいよ二十八日の朝となった。未明から砲声が殷々として高い。爆弾がボンムボンムと落ちて窓の硝子をゆるがせる。〔中略〕

ところへ知合いの米人の友が電話で「君は宋哲元氏に洗礼を授けたことのある劉という牧師を訪ねたか」ときいて来た。街には機関銃の音がバリバリしている。私は思い切って劉牧師を訪れた。そして宋哲元氏に電話をかけて貰った。百五十万の生霊と歴史ある旧都北平を戦場たらしめるなと口説いて貰った。〔中略〕

明くれば七月二十九日、一天コバルト色の日本晴れであった。朝起きて驚いたことには、街には兵も巡捕も誰もいない。昨日に変る今日の姿である。かくて宋哲元はすべての兵士七千を率いて引き上げたのであった。私はすぐ北海公園に到り白塔を攀《よ》じ北平を瞰下したが、紫に黄に甍《いらか》を輝しつつ依然として緑の森の中に北平の都が雄大そのものの如き光景を呈していた。私は○○○○長○○大佐の優しい心根と、そのまごころに動いた宋哲元氏とに、北平市民に代って感謝することを得た。その後天津の市街戦のことを知るに及んで、北平は瓦一枚失わずして、彼の天壇のドームを保存し、煉瓦一つこわさず、この紫禁城を後世に伝え得ることを喜んだ。そして旧都北平は今も昔の如く平和である。（『朝陽門外』二七〜三四ページ）

これが、盧溝橋事件直後の清水の動きである。

長い引用になったが、まず、伏せ字を起こしておけば、「○○○○長○○大佐」というのは、特務機関長松井大佐である。松井太久郎《たくろう》（一八八七〜一九六九）は、一九一〇年に陸軍士官学校卒。一九三六年十二月から支那駐屯軍司（北平特務機関長）となり、三七年八月から北支那方面軍司付に転じている。四〇年に中将、四三年に北支那派遣軍参謀長となっている。(2) また、「○○○○○通訳官である畏友武田氏」とある武田は、北京特務機関嘱託であった武田熙を指す。伏せ字部分五字は「特務機関の」であろう。

さて、『朝陽門外』のこの部分だけ読めば、清水が北京を戦火から守るために多大な尽力をし、宋哲元の北京退去に際して効果的な働きをしたという話になる。北京を戦火から守るために活動した清水の姿はたしかに感動的であるし、清水自身、『朝陽門外』の最初にその話を置いたのだった。それだけに、この話だけを単独に抜きだすと、ある種の「神話化」が起きないとも限らない。

そこで、清水安三伝の記述としては必要不可欠とはいえないかもしれないが、戦後に明らかになった史料とつきあわせて『朝陽門外』のこの記述を検討しておきたい。

「北平陸軍機関業務日誌」

盧溝橋事件が起こった七月、北京の「特務機関」は「北平陸軍機関業務日誌(3)」を残していて、その八日から三十一日分をみることができる。清水の話との関連を考慮し、まず、事件の発端である八日の記事を少し摘記してみよう。（その際、のちに説明する人物がここに登場するので、その名前を含む部分も抜き出しておく。〔　〕内は一部を除き太田による補足）

七月八日（晴・曇・雨）

前　〇、一〇　小野口旅団副官より電話

豊台部隊第八中隊は、蘆《マ》溝《マ》橋竜王廟附近に於て夜間演習中、午後十一時頃突然支那側より十八発の射撃を受けたり。

中隊長清水節郎大尉は直に中隊を召集応戦の態勢を執りし処《ところ》、兵一名行方不明なることを発見せり。目下相対峙《たいじ》中。

前　〇、二〇　牟田口〔廉也〕聯隊《れんたい》長より機関長に蘆溝橋事件に関し、電話ありたり。〔中略〕

前　一、一〇　林耕宇より〔松井太久郎〕機関長に電話。秦〔徳純〕市長より現地部隊に拡大せざる様、下命せり。

前　一、四五　林耕宇より連絡ありたるを以て、機関長は支那側及日本側の代表者を現地に派遣し、事件拡大防止に努力するよう慫慂《しょうよう》せり。〔中略〕

前　二、二〇〔中略〕行方不明の兵は無事なること判明せり。従って我軍は何等の損害もなし。〔中略〕

前　四、〇〇　鄭文軒より電話。

現地の状況不明なるも、原因は些細なる誤解に基くこと明なるを以て、張璧氏等事件の拡大に懸念あり。宋哲元氏に電話にて状況を連絡し、支那側部隊に対し軽挙せざる様、厳命の電話をさせるに付、機関長に於ても可然《しかるべ》く日本側を指導せられ度《たき》希望なり。〔中略〕

前　五、三〇　寺平〔忠輔〕補佐官よりの報告。
一行は城内にて交渉中の所、城外の日本軍と支那軍隊の間にて射撃を開始せり。
一行は城内に在りて、極力事態拡大防止に任す。〔中略〕
前　六、二〇　今井〔武夫〕武官来訪せられしも、機関長不在の為め、其侭《そのまま》聯隊に向わる。〔中略〕
後　一〇、一〇〔寺平〕補佐官は武田〔熈〕嘱託、西田顧問は秦市長よりの迎の自動車にて市長宅に赴き撤退に関し協議す。〔以下略〕

七月七日の深夜から翌八日にかけての様子がなまなましく伝わってくるが、この「日誌」をみて印象的なのは、日中双方に戦闘拡大への明確な意思がうかがえない点である。

その時期までの華北

盧溝橋事件の詳しい経過についてはいろいろな研究があるのでここでは省略するが、十一日午後一時五〇分の項に、「支那側は我方の要求を入れ調印することとなれり」とあるところまでこぎつけた。ところが、「業務日誌」によれば、同日午後二時三〇分、「中央よりの方針現地に下達せらる。協定成立と中央方針にヂレンマ」という事態に立ち至った。つまり、北京の日本軍としては戦闘「不拡大」という方針で中国側と協定を結んだのに、朝令暮改どころか一時間もたたないうちに、日本政府は満洲・朝鮮からの派兵を決定したというのである。(4) このような派兵は、北京周辺の軍事バランスを大きく変えるものであり、中国側の反発を招くことは必定で、これが「協定成立と中央方針にヂレンマ」ということの意味である。

その後の北京での展開について述べる前に、当時の華北の状況に関連する出来事を、『近代日本総合年表』（岩波書店）から摘記しておこう。

三一年九月十八日　柳条湖事件（満州事変）
三二年三月一日　満洲国、建国宣言
三五年十一月　日本軍の指導で、長城以南の非武装地帯に冀東防共自治委員会成立。委員長殷汝耕、国民政府よりの離脱独立を宣言
　十二月　日本軍の圧力で、北平に河北・チャハル二省を管轄する、冀察政務委員会成立（委員長宋哲元）
三六年十二月　蔣介石、張学良らに監禁される（西安事件）
三七年六月　第一次近衛文麿内閣成立

宋哲元

宋哲元が委員長となったのは冀察《きさつ》政務委員会であるが、冀察の察はチャハル省を、冀は河北省を意味する。冀東《きとう》防共自治委員会について、塚本誠は次のように説明している。

昭和十一年十一月、日本の工作により河北に殷《いん》汝耕を首班とする冀東政権が樹立された。これは殷汝耕という留日学生出身の〔中略〕男に、通州を中心とした停戦地域内に地方政権をたてさせ、そこを通じて日本の商品を合法的に中国に「密輸出」しようとしたものである。日本の商品

は大連に陸上げされると、鉄道で満州を通ってこの政府の「領土」にはいる。その時、その商品はごく安い税がかけられる。冀東政権は中国のなかにある地方政権ということになっているから、ここで一度税をかけられた商品はそこから中国のどこに運ばれようと、中国では二度と税はかけられない。(5)

塚本の説明に出てくる冀東「政権」は「日本軍の指導」によってつくられたものであった。この「政権」がいかに日本側に都合よくできていたかは、塚本の説明から明瞭であろう。端的にいえば、「満洲国」と同類の傀儡政権である。(殷汝耕が崇貞学園に多額の寄付をしていたことはすでにみた。)

これに対し、冀察政務委員会は、冀東「政権」とは事情が異なり、中国の国民政府(蔣介石)によって設置された機関であったが、同時に軍閥的、体良くいえば地方自治的政権でもあった。そして、軍事的には国民政府第二十九軍をもち、宋哲元が軍長であった。第二十九軍指導部には親日的な態度も存在していた半面、一般兵士のなかには、反日の機運が強かったようである。(6)

宋哲元はこのような政治的位置にある人物であったから、日本側とも人的パイプはあった。『朝陽門外』には、三五年十月十七日に崇貞学園の校舎(「貧民街の王宮」と呼ばれたそうだが)の落成式があったとき、宋哲元は「緋緞《どんす》子の幕」を贈ったとある。(一八三ページ)

他方、蔣介石は、前年の西安事件以降、共産党掃討方針を転換して抗日方針を鮮明にしつつあった。そして、宋哲元に対し抗日を強くうながしたが、三七年五月、宋はこの圧力を避けるべく、故郷の山東省に退避した。したがって、七月七日深夜に盧溝橋で運命の銃声が鳴り響いたとき、宋哲元は北京にはおらず、秦徳純市長がその代理をつとめていて、宋は十九日朝に天津を発って北京に向かったのだった。
スタンフォード大学フーバー研究所所蔵の「蒋介石日記」も利用している石川禎浩の『革命とナショナリズム』によれば、盧溝橋での日中両軍の衝突の報に接した蒋介石は、翌八日、盧溝橋付近の日本軍演習地に隣接する中国軍の「宛平県城を固守せよ。退いてはならない。総員を動員し、事態拡大に備えよ」と指示したという。また、「停戦を具申してきた秦徳純（北平市長）にたいしては、犠牲をいとわぬ抵抗と主権を堅持した交渉を命じている。蒋の態度は、安易な妥協を排し、断固応戦の構えを崩さないというものだった[7]」という。
以上が盧溝橋事件のころの北京をとりまく情勢である。

七月十三日以降

先の「北平陸軍機関業務日誌」によれば、このあとの北京では、一方で停戦が模索されつつ、他方で軍事衝突が起こるということがくり返されるが、その経過を追うことは省略し、清水の回想と関連すると思われる事項を摘記してみよう。

七月十三日（晴）〔中略〕
当機関は北平城内を兵乱の巷より救ふ為の宣伝工作を実施中にして、商務会及各国外交団を利用し、暗に二十九軍の場外撤去を仄めかしつつあり。〔中略〕
七月十八日（晴）〔中略〕

〈二十九軍撤退促進に関する件〉
北平市を兵火の巷より救わん事を標榜し、其の先決事項として第二十九軍の自発的場外撤退を促すべく、極力輿論の喚起に努めつつあるが、在北平華文学校長を始め「ユニオン」協会長青年会総幹事等外人側は結束して之が実現を念願しあり。
又支那側も商務総会を始め、江朝宗の如き古株連が大いに賛成し、蔭に陽に運動を開始せり。唯大学教授連は頑迷にして「国辱めらるるに北平のみを擁護して何の意義あらん」と毒舌を弄しつつあり。〔中略〕
七月二十日（曇・晴）〔中略〕
後　三、〇〇〔中略〕
〔松井〕機関長、和知参謀、今井武官、宋哲元を訪問、折衝を重ぬ〔中略〕
七月二十四日（晴）〔中略〕
後　三、〇〇　機関長は池田参謀、今井武官、武田帯同、進徳社に宋哲元を訪問す。〔以下略〕

十三日条にも十八日条にも、北平（北京）を兵乱・兵火から救うための工作という言葉がみえる点に注目したい。また、武田は七月二十日に宋哲元に直接会って「折衝」しているが、二十六日午後には、松井機関長は「大木参謀、寺平補佐官、武田帯同、進徳社へ宋哲元を訪問す」とある。「第二十九軍への通告書」を手渡すためだったという。そして、二十七日午前五時、「居留民引上」の命令が発せられ、「最後通牒を手交し、明二十八日正午までに其の実行を要求せり」という事態になった。

駄目押しのように、二十八日午前〇時、軍参謀から松井機関長宛てに、日本軍司令官香月〔清司〕中将の名で「宋哲元に伝達すべき報告文」が通告され、松井はそれにしたがった。

これを受けて、宋哲元は二十八日夜十時半に、「二十八日夜中に自発的に武装を解除し二十九日午前中に」北京から撤退する旨の連絡を日本側に行ない、第二十九軍の撤退が実行されたのであった。

今井武夫と森島守人の回想

盧溝橋事件の起こった直後の七月八日の「北平陸軍機関業務日誌」の一部を先に引用したが、そのなかに、今井武官という名前があった。この今井武夫（一八九八〜一九八二）は、戦後に『支那事変の回想』という記録を残した。(8)

それによれば、今井は、盧溝橋事件当時は陸軍少佐であり、北平大使館附陸軍武官補佐官であった。今井の本の改訂版の題名「日中和平工作」が示すように、今井は北京現地にあって、戦火の拡大を防ぐべく尽力しており、宋哲元にも会っていた。清水の話との関連で、今井の回想からひとつだけ引けば、七月二十九日午前四時、宋哲元は北京にあった第二十九軍の全部隊を撤去したとし、それに続けて、「文化の古都は辛うじて戦火から救われた」（三六ページ）とある。「文化の古都」を守ろうという発想が、今井のなかにもあったのであろうか。(9)

ただし、「戦争反対論者」といっても、それは今井が反戦主義者・平和主義者だったということではむろんない。また、「和平工作」に従事した人びと、たとえば影佐禎昭《かげささだあき》（一九三七年当時は参謀本部支那課長）などについても同様である。「戦争反対」というのも、彼らの場合は、この時期に日本軍が北京を制圧するような挙に出れば、それがイギリスなどの強い反発をまねくのは当然とみて、北京での日中両軍の戦闘は回避すべきだと考え、一定の努力をしたということである。

今井も影佐も軍人だが、外交官にも北京での日中両軍の戦闘が避けられないかを模索した人物がいた。森島守人である。

一九二八年に奉天領事、三二年にハルピン総領事を務めた外交官の森島守人は、盧溝橋事件の年には東亜局長を務めていた。森島は戦後に『陰謀・暗殺・軍刀――外交官の回想――』[10]を出したが、それによれば、森島は七月十一日に東京を出発し、十四日に北京に着いたという。森島は、次のように書いている。

なににもまして私の脳裏を支配したのは、北京の市街戦を何とかして回避したいということであった。というのは、過早に北京城内の居留民に引揚を命ずることは、いたずらに軍の手に乗るのみだ、居留民の生命に対する心配がなくなると、かえって軍を駆って市街戦に乗り出す可能性が増加する、市街戦の結果、世界における唯一、無二の歴史的都市を廃虚に帰することは、未来永劫、世界歴史に汚点を残す、〔中略〕北京市街戦の回避こそ、世界歴史のため、また東洋文化のため、私に課せられた使命であると痛感された。

私は進行中の現地協定の成立に期待し、軽軽しく引揚命令を出すことに、同意を与えることを拒否してきたが、七月二十五日には北京と天津との間の廊坊で、翌日には北京の広安門で中日軍の衝突が起った。そして二十六日には出先の日本軍は、二十四時間の期限をきって、北京から中国軍の撤退を要求していたので、やむなく二十七日の午前五時に至り、北京居留民に対して公使

館区域内への引揚命令を出し、午前中に全居留民を公使館区域に収容した。〔中略〕
二十七日早暁、秦徳純市長を訪問、居留民引揚中の残留財産の保護方について申入れをした。
（二二五～七ページ）

戦後の森島のこの回想が事実の通りであったとすれば、二十七日の北京居留民に対する日本の公使館への引揚命令は、宋哲元の軍隊への事実上の宣戦布告と解釈できるものであろうし、日本側のこの対応をみたことが、宋の北京退去の重要な要因になったとも考えられる。

また、ここで注目したいのは、ここに引用した森島の回想のなかにも、北京を「歴史的都市」として、戦場になることを回避したいという思いが語られている点である。

特務機関と外務省は別の筋であるが、そのどちらにも北京を「歴史的都市」だとし、そのことと戦闘回避とつなげようとした人物が、少数にせよあるいは単に戦術的な判断から出た話だったにせよ、相互に独立に存在していたということになる。

となれば、特定の人物の発想を歴史上の流れから局部的に抜き出して「顕彰」してみても、特定の人物の発想がどこまで現実的な「結果」あるいは「効果」につながったといえるのか、判断は困難というべきであろう。

盧溝橋事件後の清水

話を盧溝橋事件直後に関する清水の回想にもどそう。

清水のもとを特務機関の武田熙が訪問し、「旧都を戦禍から免れしめたい」という考えから清水の協力を求めたというが、清水の回想にはその時期は明記されていない。その回想のなかに、「支那が滅びるというのに北平の宮殿や万寿山があって何になるかと啖呵を切るものもあった」という部分は、先に引いた「北平陸軍機関業務日誌」七月十八日条の記述と通いあうところがあるので、武田の清水訪問は、十八日ころであったろうか。

また、清水が、宋哲元に洗礼を授けたという劉牧師への説得を依頼したのが二十八日だったという回想が正確だとすれば、そのときには、日本軍から宋哲元への最後通牒がすでに伝達されていたことになる。となると、このときの清水の行動の意味あるいは意義については、どう考えるべきか。

それを考える前提として、ここに言及した何冊かの本が三七年七月の清水の行動について言及しているかどうか、確認しておこう。

私がここで言及した著作のなかで記述の詳しいのは、「北平陸軍機関業務日誌」と今井武夫『日中和平工作　回想と証言 1937-1947』であるが、いずれにも清水の名前は登場しないし、ここにあげた他の著作にも出てこない。[11]

寺平忠輔の回想

文字通り管見の限りでの話であるが、清水の名前が登場するのは、寺平忠輔《てらだいらただすけ》『蘆《ママ》溝橋事件』である。寺平の名前が、「北平陸軍機関業務日誌」七月八日のところに登場していることはすでにみた。彼の経歴をこの本の表紙カバーから抜きだすと、一九〇一年生まれ、陸士（三十五期）卒業後、東京外大に入学、三年間中国語を修め、三六年に北京特務機関補佐官となった。そして、盧溝橋事件に際会し、

「事件の不拡大、世界の古都北京を戦火から守るために尽力した」とある。復員後はこの本の執筆につとめ、完成後の六八年に死去という。(12)

清水安三の名前は寺平の『蘆溝橋事件』「第一三章　王城北京を兵火から護る」に登場する。それによれば、松井特務機関長は、七月十二日朝、機関の主だった職員を一堂に集めて、次のように語ったという。

純作戦に関する事項は、我々特務機関が容喙《ようかい》すべき性質のものではない。しかし、万一北京周辺で戦争発生し、個々の兵団が一番乗りを争って、無統制に城内攻撃を始めたら、北京一千年の文化はたちまちにして破壊し尽され、城内百五十万の民衆、就中《なかんずく》我が四千の居留民は、悉《ことごと》く兵火にさらされなければならぬ。

我々はこのさい、断じて北京城を兵火の巷《ちまた》に陥れないよう措置することが肝要であり、これには特務機関自らが主体となって計画し、また工作を進めなければならんと思う。(二四二ページ)

すると、各機関員からも「北京を守ろう」という意見が次々に出た。武田嘱託は西郷隆盛と勝海舟による江戸城明け渡しの故智にならって努力しようと述べ、「文化方面を通じて行なう工作」について立案したいと語った。「我が四千の居留民」保護が最重要ということであろうが、この火急の時期に「北京一千年の文化」という言葉が、特務機関長の口から語られたことになっている。

その武田が立案した計画の概要が「趣旨」「中国側に対する工作手段」「外人筋に対する工作手段」の三つに分けてまとめられていて、この最後の「外人筋」五項目の一項として、

三、外人宣教師筋に対しては

崇貞学園の清水安三氏を通じてこれを行なう。

と書かれている。

この記述は、『朝陽門外』の清水の記述、「或る日〔特務機関の〕通訳官である畏友武田氏」が清水の家を訪問し、特務機関長の松井が、「どうしても北平の旧都を戦場にしたくない」という考えをもっていると話して、清水に尽力を依頼したという記述と符合する。また、清水が、「大学教授、老政治家、宗教家、西洋人間を説き回った」というのも、大筋としては特務機関の要請にこたえる動きとみることができる。

これが、寺平の本からうかがえる盧溝橋事件直後の清水の動きである。

宋哲元の北京撤退

以上のようにみると、三七年七月の清水の行動は、特務機関の行動計画の一部を振り当てられて動いたにすぎなかったようにもみえる。

だが、いくつか留保しなければならないことがある。

その第一は、私がここで用いた「北平陸軍機関業務日誌」は盧溝橋事件当時の記録ではあるが、明らかになったのは戦後になってからだという点である。（今井武夫や森島守人の回想などは戦後に書かれたものである。）つまり、この「業務日誌」に書かれたような内容は、ごく一部の軍人にしか把握できていなかった。まして当時の清水には、軍の動きを幅広く認識することはできていなかったであろうし、できる条件もなかったとみなければならない。

第二は、宋哲元が北京からの撤退を決断した時期の問題である。秦郁彦『盧溝橋事件の研究』は、盧溝橋事件を日本側史料だけでなく中国側史料も勘案して成った書物である。この本によれば、一九八〇年代半ばから中国で公式、非公式の史料の公開が進んだことが、それが盧溝橋事件とその拡大過程の事実経過の復元をかなりの程度で可能にさせたという。そうした中国側史料を含む膨大な文献を渉猟して秦が書いている結論的部分によれば、「宋哲元が最終的に決意を固めた」のは、「七月二十三日だったかと推定される」という(13)。

私にはこの「推定」を否定する理由は何もないが、仮に宋哲元の撤退への決断が、二十三日の四日後、二十七日の北京居留民に対する日本の公使館への引揚命令を受けてのものだったとしても、清水が劉牧師を介して宋哲元に北京からの撤退を呼びかけたのが、清水の『朝陽門外』の回想にある通り二十八日だったとすれば、その時点は、宋の決意のあとだったことになる。

いうまでもないが、宋哲元の撤退の決断の時期については、当時の清水はもとより、北京にいた日本の軍人たちにも察知できないところであった。中国側の史料の公開が進んだのが一九八〇年代後半だとのことであるから、それは清水の最晩年に当たる。

後知恵はいろいろにいえよう。しかし、盧溝橋事件直後の激動のなかで、特務機関から受けた依頼であったとしても、戦術的判断などとはかかわりなく、清水が北京を戦火から守るべく尽力したということ自体は確かだというべきである。

事変一年後の回顧

しかし、清水伝という観点から問題になるのは、盧溝橋事件の際の「真相」もさることながら、このときの清水の行動が周辺にどのように受けとめられたのかということであろう。

この当時は、日本の主要新聞に「外地版」があった。『朝日新聞』外地版を復刻版[14]でみると、一九三八年七月七日付に、「聖戦一周年記念日を迎ふ」というやや大きい記事がある。その記事のなかに、「平和な歴史と美観とを昔のままによく保存している」とある。しかし、「美観」保持に尽力した人のことが書かれているわけではない。

翌八日付に「感慨無量だが回顧はよさう　北京を兵火から救った恩人　松井少将（当時の特務機関長）語る」という記事があるけれども、ここでは清水のことは何も言及されていない。松井が清水の行為をどこまで認識していたかはともかくとして、「外地」の朝日記者も、松井の行為を重視していたということであろう。

また『東京朝日新聞』（一九三八年七月九日付）には、「北京籠城座談会」という記事が下段の広告部分を除く八段全体にわたって出ている。大きな見出しに、「江戸城明渡しの故智　兵火の惨禍を脱す」とある。出席者七名のうちのひとりが、「軍特務部　武田熙（当時特務機関員）」である。清水の説得に出向いてきた人物である。

武田の発言のなかに、武田が「侠客的な支那人」を集めて「北京の文化をまもることは支那の文化をまもることだ」と呼びかけ、賛成してもらったとある。そこで、「宗教家方面にも呼びかけ、之には清水安三氏、大学方面には橋本源次郎氏がお骨折になった」などと、前記の寺平『盧溝橋事件』にみられるような多方面への働きかけについて語っている。また、武田は宋哲元に直接会って、日本側の動きを説明し、北京からの撤収を迫ったとも述べられている。さらに、宋哲元が北京を去った一因に、彼らが「北京という故都に愛着を感じ」ていたことをあげている。

この『東京朝日新聞』の記事からは、北京が戦場にならないように尽力した人がいたこと、清水安三もそのひとりとして動いていたが、その「主役」ではなかったということがうかがえる。

中国軍撤退後の北京

日本軍が南京を占領した直後の三七年十二月十四日、「中華民国臨時政府」が「北支那方面軍の指導」で北平（北京）に成立した。この後の中国の動きの一端を、当時の新聞にみてみよう。

先にみた「朝日新聞外地版「北支版」」は、大阪朝日新聞社が出していたもので、一日一ページ、最下段に広告が配されている。その三八年版から、少し見出しをひろってみると、

二月二十三日付「押寄せる観光客に天津の旅館業者悲鳴　室がない、女中がない」

三月四日付「邦人客ばかりで外人はパッタリ〝観光北京〟の新異変」

三月十九日「北京、天津だけで既に五万人に迫る　物凄い北支邦人進出」

六月三十日「古き都に新しき装い　美観地域など指定し近代化　北京の新都市計画腹案」

という具合である。「都市計画」とか「美観地域」という言葉がここに出ている点に着目したい。これは、ハルピンなどで「都市計画」が進展し、それが地域の「振興」や観光にも結びついていたから、これが進展すれば利益になると考える層が形成されていたことを示すものかもしれない。(15)

同紙十月七日付には、「北京観光案内」が一面のほぼ三分の一を使って出ていて、これが十日付まで四日間連載された。北京秋天、「北京観光業者の最大の書き入れ時」だからというのである。ただし、十月四日付には「事変の支那難民　一億人を突破す　蒋の抗日政策を呪詛《じゅそ》」とある。「事変の支那難民」が「呪詛」したのが主として蒋介石の抗日政策であったのかはともかくとして、日本の新聞にさえ報道された難民の海に囲まれた北京に、日本からの観光客が押寄せていたのである。

盧溝橋事件後の中江丑吉

先に、清水安三と中江丑吉についてふれた。ふたりが「ソリが合わなかった」らしいという点に私がこだわるのは、次のような理由による。

清水安三が、盧溝橋事件に際して、北京が戦場にならないように尽力したことはすでにみた。他方、中江は戦争に関してどのような考え方をもっていたか。

阪谷芳直によれば、「中江丑吉のみごとな歴史的洞察力を物語るエピソードは枚挙にいとまがないくらい」だという。具体的には、「満洲国」建国のすぐ後で「この偽国の永続しないことを説いて満州国に参加した中国人高官の友人に身を引くよう勧告」し、盧溝橋事件が起こったときには、これを「世界戦争の序曲と断定」し、「一九三九年秋には早くもヒットラーの没落を予言」した。[16]

時間的に少しさかのぼるが、『中江丑吉書簡集』には、今田新太郎（参謀本部の中佐）宛の書簡が数通収録されている。そこに、盧溝橋事件後の八月十一日、中江が東京の参謀本部にいた今田に宛てた手紙が含まれている。中江は盧溝橋事件に際しては事変の拡大に反対していて、戦火の拡大に反対する立場から一部軍人への働きかけをした。この点だけ考えれば、清水の行動と共通性があったといえなくはないだろう[17]。

共通性はほかにもあった。清水の戦後の回想だが、先に、三七年七月二十七日に、北京在留日本人は北京の日本大使館構内に終結するよう命じられたことに言及した。

その終結に参加しなかったつむじ曲りの日本人は、かの中江丑吉氏、京津日日新聞の風間卓氏、それから私、三人だけだった[18]。

人的ネットワーク

中江丑吉との関連でここで私が述べたいところは二点である。

第一に、盧溝橋事件直後のことを清水が書いた『朝陽門外』の一節を読むと、清水が北京を戦場にしないように尽力しようと考えたということはわかるのだが、どのような人びとにそれを説いて回るのがよいかなどについて、ごく近所に住んでいた中江とも相談しなかったのであろうか。

第二は、清水の交流した人びとにかかわる。一九二二年から二三年にかけて、清水が『北京週報』に多くの論説文を書いたことはすでにみた。『北京週報』論文のいくつかがまとめられて、清水の単行本になったこと、その本に吉野作造が「序」を寄せたこともすでにみたところである。その時期、清水はエロシェンコや周作人、李大釗などと交流していた。清水の諸論文は、そうした交流圏から生れた側面ももっていたであろう。

中江丑吉は、北京の日本人社会とのかかわりは薄かったし、北京の多くの日本人居留民は中江を

「変人視」していたというが、少なからぬ人びとにはじつに魅力あるひととみなされていたらしく、中江の住まいを訪問する人びとはなかなかに多様であった。日本人に限ると、伊藤武雄の紹介もあって、満鉄関係者。小島祐馬の紹介もあって、倉石武四郎とか吉川幸次郎のような学者。嘉治隆一や長谷川如是閑、尾崎秀実などのジャーナリスト。また、一方で、佐野学などの共産党幹部から、他方で、北京の内務公館駐在の役人たちまで。[19]

私の夢想だが、少なくとも清水と中江がごく近くに住んでいた時代に、中江を訪れた人たちと清水の間にもう少し交流があったなら、清水の交流圏がいささか異なっていたのではないか。

しかし、実際には、そういう交流はほとんどなかったらしい。中江が清水をどうみていたのかはともかく、先に引いた安三の息子の手紙に、「父は多忙、旅行がち」とあったように、清水自身が非常に忙しかったことも作用したと思われる。

竹内好の北京日記

中国文学者の竹内好（一九一〇～七七）に「北京日記[20]」が残されていて、その日記のなかに清水安三の名前が出てくる。その内容は、これまでにみた盧溝橋事件直後の動きと直接の関連はないことなのだが、時期的には近いことなので、ここでふれておこう。

竹内は、東大の支那文学科在学中に「中国文学研究会」を結成、卒業後もその活動を継続していた。彼は、一九三七年十月から三九年十月までのほぼ二年間、外務省の補助金を受けて北京に留学したが、その時期の日記がこの「北京日記」である。

その日記によれば、三七年十月二十二日に下関を出港。二十七日午後に北京に到着するが、同日の記事に、「夜、神谷氏を訪う。共に清水安三氏を訪う。おそく辞す。」とある。

その後の日記から、清水に関連する部分だけを抜き出してみよう。

十月二十九日（金）　清水氏へ架電、訪問打消す。

十一月三日（水）　夜、清水安三氏訪問。はじめ多忙の理由にて門前払を食わさる。後やや機嫌直る。

十一月四日（木）　朝岩村氏来り、帯同して砂田氏訪問。十二時、崇貞学園に到る。朝陽門外の風光珍し。中村実氏に案内さる。新校舎堂々たり。女学部は約四十人。一、二、三年の三班。小学部は一～六年を三班に分つ。約百人。すべて女生なり。中村氏は青山学院中学部卒業の由。それより羅〔俊英〕先生に案内さる。

印象的なのは、竹内好が二年間の北京留学に際し、北京到着の日に清水安三を訪問していることである。竹内が北京到着の初日に清水を訪問したとなれば、清水は北京に行ったらまず面会すべき人物だと、若き日の竹内好にみなされていたということであろう。

十一月四日の崇貞学園訪問の記事も興味深い。

竹内は、このあとなお二年間北京に滞在し、「日記」は割合にたんねんに書かれているけれども、竹内の「北京日記」に清水の名前が出てくるのはこれだけのようである。

『基督教世界』（三七年十一月十八日）によれば、清水は十一月五日、つまり竹内好が清水と崇貞学園を訪れた日の翌日、北京を発ち、天津から奉天、旅順を経て十三日に神戸に到着。そのあと、二週間、近江八幡の兄弟社に滞在、東京や大阪に出張、「崇貞女学校の教務をはたし、月末までには帰支」とある。竹内の訪問は、その旅行直前のあわただしい時期にあたっていた。

第十一章「北京の聖者」と崇貞学園の発展

卒業生を日本へ

盧溝橋事件以後、北京は一応の「安定」期に入り、崇貞学園は発展をとげた。『東京朝日新聞』（一九三八年一月十六日付）に、「黎明の四女性　北京から事変後初の留学生」という次のような記事が出ている。本文は一段のみだが、写真が二段分である。

　北京朝陽門外に在る崇貞女《ママ》学園（清水安三氏夫妻経営）では、本年卒業の女学生四十名の内優等生胡鳳椿さん（一九）、徐静宜さん（一八）、白玉琴さん（一八）、簫淑英さん（一七）の四名を、来る三月中旬に東京に新設される崇貞寮に送り、胡さんと徐さんを女子大、白さんを女子医専、簫さんを大妻高女にそれぞれ入学させる事となった。

　事変勃発以来最初の女子留学生で四人共新興中国を代表する溌剌たる女性達。「文化の発達した日本から私達の手で少しでも文化を移入することが出来たら幸いです」と流暢な日本語で語りながら渡日に日をまちわびている。

この記事にある「崇貞寮」は現在の中野区鷺宮に設置されたものであろうが、日中戦争が進行する

なか、北京の崇貞学園は、卒業生を日本国内の学校に送り込んでいたのである。(1)

愛隣館の建設

こういう報道がなされたためか、いろいろな方面からの支援もなされた。竹内好は、岩波書店創業者の岩波茂雄（一八八一～一九四六）や相馬愛蔵・黒光夫妻を「心情としての非侵略的なアジア主義者」だと位置づけている。(2)その岩波の伝記である小林勇『惜櫟荘主人　一つの岩波茂雄伝』の「一九三八年」の項に、こうある。

　岩波は日本人が中国人のためによい仕事をしているときけば、その人々を激励せずにはいられなかった。北京で崇貞学園を経営していた清水安三、内山完造にもいわゆる岩波賞を贈ったのはこの頃であった。岩波が激烈に日本の中国に対するやり方を憤っている時、支那事変はいよいよ泥沼の様相を呈して来ていた。そして四月には「国家総動員法」が発布された。(3)

竹内による規定の「アジア主義者」という部分はともかく、「非侵略的な」という部分は、清水にもあてはまるだろう。それが「心情としての」にとどまらなかったところが清水の仕事であったというべきだが、そこを岩波は評価したのであろう。

一九三八年夏以降、『朝日新聞』北支版に清水にかかわりのある記事が載った。

まず、八月二十六日付に「北京にセツルメント愛隣館　林歌子女史が提唱建設」とある。その場所は北京の天橋で、ここは「北京市内でも有名な貧民窟」であった。林歌子（一八六四～一九四六）は、矢島楫子や久布白《くぶしろ》落実とも交流のあった社会事業家で、矯風会の運動などに打ちこんでいた。この愛隣館は、林が「提唱建設」したもので、この記事には、清水の名前は出ていない。だが、九月二日の同紙に、「北京大衆に伸びる　日本婦人の〝愛の手〟愛隣館の建設をいそぐ」という記事には、清水安三がこの建設に「委員長となって尽力した」とある。資金集めは林を中心とする女性たちが行ない、現地にいる清水がそれに協力した、ということだったと思われる。また、この記事には、鳥海道子が日本キリスト教連合婦人部から「建設委員としてただひとり派遣され」、「清水氏の片腕となって」活動したとある。そして、十一月のはじめに竣工、開設の予定と書かれている。

「対支文化事業」

愛隣館の竣工後まもない三八年十二月、「興亜院官制」が勅令として交付された。阿部洋の大著『「対支文化事業」の研究』によれば、興亜院成立以前においては、中国の「文化事業部関係事務」は外務省の所管するところであったが、外務省と興亜院の間に「事務分界」をめぐる議論があり、学校の所管は興亜院に移管されることになった。「対支文化事業関係主要機関」のうち、「興亜院に移管さるべきもの」が五項目にわたって列挙されている。その第一は「諸学校」であるが、そこには含まれる八校のうち、北京にあるものが四校で、その一つが「北京崇貞女学校」であった[4]。

『朝陽門外』に出ている清水の「自序」（三九年四月）には、次のように書かれている。

目下崇貞学園は図書館、体育館、教室を建築中である。図書館はこの国の実業家王雨生君の寄付、体育館は対支文化事業部の助成、教室は一千二百二十余名の同情者によって建つのである。

この「対支文化事業部の助成」とは、外務省からの資金であり、この外務省による支援が、この時期に興亜院に切り替わったものとみるべきであろう。（清水の戦後の回想『のぞみを失わず』によれば、王雨声は、その財産を日本軍に接収されそうになったとき、清水に相談した。清水が膳所中学の先輩で軍の有力者だった喜多誠一に助力を求めたところ、喜多の尽力で王は資産の接収を免れたという経緯があったという。喜多については次章でまたふれる。）

外務省史料によって、崇貞学園が一九三三年以降、外務省・対支文化事業部の助成金を得ていたことはすでにみた。清水のこの「自序」にもあるように、崇貞学園は、一方に多数の人びとからの寄付によって、他方に外務省や興亜院の支援によって、さらにはメンソレータムの販売によって、支えられるようになっていたのである。

「北京の聖者」

一九三九年のはじめ頃には、清水安三は「北京の聖者」とよばれるようになった。ここで、そうよばれるようになった経緯を考えてみたい。

小説『冬の宿』（一九三六年）などで知られた阿部知二（一九〇三〜七三）に、「燕京」[5]という小説がある。燕京はむろん北京の別名。この作品の冒頭に、「東京のある大学から来ていた歴史の教師」の大門が登場する。そして、大門は「北京村の聖者」というあだ名をつけられたと描かれている。阿部は英文学専攻であったが、一九三五年九月、北京・満洲を旅行した。ある程度は北京になじみのあった阿部であるから、もし清水安三が当時「北京の聖者」とよばれていると知っていたなら、自分の小説の登場人物に「北京村の聖者」などというあだ名をつけることはなかったのではなかろうか。

芹澤光治良（一八九六〜一九九三）の自伝的な長篇小説『人間の運命』（一九六二〜六八）のなかに、清水安三のことが登場する。芹澤は改造社の特派員として三八年四月二十九日に東京を発ったというから、その体験がこの小説ではふまえられているのであろう。[6] この小説の主人公の森次郎は、一九三八年五月に中国に渡る。その部分に、大塚という人物にあてた次のような手紙が出てくる。

大塚君よ、ぼくは北京で幾人かの日本人に会って、いろいろ話を聞いたよ。そのうち、同盟の総局長のM君（二年後輩で山岳部のM君だが、君も知っているはずだ）と九州大学の教授の中江氏（中江兆民の息子で、北京に留学したまま九大に帰らない経済学者）とC牧師（北京の貧民街に十年以上も住んで、教えを説くと同時に、貧民の女児のための手芸学校をつくり、貧民に職を与えて、貧民街の聖者と支那人からあがめられている日本人）の三人から、忌憚のない話を聞き、最も多くのことを教えられた。[7]

ここに出ているC牧師が清水安三のことであるのは明らかであろう。ここに「貧民街の聖者」という言葉が出てくる。これが同時代の記録であれば、一九三八年には清水が「支那人」から「貧民街の聖者」とあがめられていたことになるが、これは戦後に書かれた小説であるから、三八年当時「貧民街の聖者」という言葉が実際に使われていたことを示す史料だとみなすには難がある。

なお、中江氏は中江丑吉、[8] 同盟の総局長のM君は同盟通信の松方三郎であろう。

芹澤光治良は、「中国取材日記」（一九三八年）を残している。そのなかに、清水のことが二度出てくる。二度目にあたる五月二十八日条に、こうある。

○大急ぎで西城門外（窓外《ママ》芳草地）の清水氏の崇貞学園を訪ねることにする。同盟から自動車を借りる。

十九年祭とかで記念会を催していた。恰度《ちょうど》終ったところ。講堂に通された。子供等の目に一斉に向けられると、たじたじとした。話をせよという。〔中略〕

校内を一巡してから先生方のコンパに出席した。いちごの御馳走になる。

清水氏は合った感じはよからず。パンフレットなどをもらって帰る。その折、天橋にセツルメントを作るという、若い日本の娘あり。(9)

五月二十八日は「創立記念日」当日であったのだろうが、「十九年祭」だったとすると、創立が一九一九年ということになってしまい、不審である。ここにいうセツルメントとは、愛隣館を意味しているのであろう。「感じはよからず」とあり、『人間の運命』の記述と微妙に異なる印象である。

「北京の聖者」伝

芹澤の崇貞学園訪問から九ヶ月あまり後の新聞を検するに、東京朝日新聞と読売新聞の二紙(一九三九年二月二十二日付)に、「北京の聖者」という名前がみえる。ともに写真入りの記事である。読売新聞の方は四段ヌキ。「北京の聖者」という横書きの見出しの他に、縦書きの見出しが、

清水安三氏の伝記
英訳、世界に紹介
支那難民を救って二十年
正義日本の好典型

とある。そして、その本文に、こうある。

北京を中心とする支那民衆特に若い人たちから〝北京の聖者〟〝東洋のキリスト〟と呼ばれて感謝と尊敬を一身にあつめている北京朝陽門外芳草地崇貞学園々長清水安三（四八）氏の難民救済と日支親善に献げた数奇な半生の伝記が、外務省の肝煎りで近く日英両国語で出版され、支那及び支那民衆を心から愛する日本人の正義の模範として全世界に紹介するとともに、新派の井上正夫一座によって帝都で上演されることになり、情報部嘱託上泉秀信氏は材料収集のためわざわざ渡支、目下同学園に滞在中である。

この記事によって、「北京の聖者」という呼称がうまれていたことがうかがえる。[10]

同日の東京朝日新聞の記事も同工異曲である。三段ヌキで写真入り。見出しは縦に二行、

「北京の聖者伝」成る

海外へ清水氏を宣揚

となっていて、その伝記が「外務省情報部の斡旋で完成」、また、「外務省情報部の嘱託で著述家上泉秀信の半歳の苦心と実地調査によりその伝記が完成した」とある。同日に少なくとも二つの新聞にほぼ同じ内容の記事が出たということは、「北京の聖者」という名称が、清水についての本を「海外へ宣揚」すべく、「外務省情報部」が案出した可能性がきわめて高いことを推測させる。

ふしぎなことに、読売新聞にも東京朝日新聞にもその伝記の書名がないが、著者名は出ているから、上泉秀信の著作『愛の建設者』（羽田書店、一九三九年四月）がそれに当たると考えられる。そのオビに、「『北京の聖者』清水安三氏の半生記」とあり、「劇作家であり現文芸論壇の第一人者上泉秀信氏」

の「鏤骨《るこつ》の作」とも書かれている。

上泉の本の出版以前の三月七日、『読売新聞』「学芸特集」に、「東亜共同体と日支文化検討」「清水安三氏に訊《き》く」という見出しの記事が掲載された。進行役の新聞社側の人物の他に、上泉秀信と芹澤光治良が登場している。一面が十四段のところ八段を占めるから、なかなか大きな記事である。四月には清水の『朝陽門外』も出版された。このようにみると、「北京の聖者」という呼称は、少なくとも日本国内では、この二冊の本の相乗効果、さらにはその劇化によって広がったものと思われる。また、四〇年二月刊の松本惠子『大陸の聖女』も、「北京の聖者」清水の名を有名にすることに貢献したのであろう。

その背景

では、なぜ「北京の聖者」という呼称が誕生したのだろうか。むろん清水がキリスト者であるからではあるが、彼には旱災児童救援の活動があった。また、北京最大のスラム街といわれた朝陽門外を拠点に、身を売る以外に生きる途のないかに思われた満洲族を含む中国人少女たちを、刺繍などの技術を与えることで救済するという活動があった。それに、その活動に安三とともに献身する美穂夫人の姿がまたすばらしい。死に臨んで、子どもたちに中国のために尽くすようにと伝え、自分の骨は中国の土に埋めてほしいと遺言して昇天した美穂夫人。まさしく、「大陸の聖女」のごとくである。「北京の聖者」という呼称が生れ、流布したのも不思議ではないと思わせるものがある。

だが、「北京の聖者」という呼称が「外務省の肝煎り」であるとしても、それが広く流布するには、さらに別の条件がなければならないであろう。

そのあたりの事情を考えるために、山口淑子他『李香蘭　私の半生』に佐藤忠男が書いた「解説」を参照してみよう。それによれば、大鷹（山口）淑子は、「一九三八年から一九四五年まで、李香蘭という中国名で女優として活躍していた。〔中略〕たいていの映画ファンは彼女を中国人だと信じていた」という。佐藤は、そう信じ込んだ理由を考察し、その「心理的理由として、彼女のような中国娘が存在してほしいと多くの日本人が思っていたということが重要なのではなかろうか」と述べている。(11)

ここに佐藤が「心理的理由」と書いていることは、清水にではないが、清水の教育的営みを応援した日本人の心理に、いささか重なるところがあったのではなかろうか。

日中戦争がはじまったころ、日本側の多くは南京が「陥落」すれば勝てると信じていたのに、戦争は泥沼化していた。そういう時代に、『愛の建設者』『朝陽門外』の読者は、北京で中国人子女の教育に全身全霊であたっている宣教師がいるという事実を知った。その宣教師とともに教育に生涯を捧げ、北京の土となった美穂という人物。新たに北京での教育活動に飛び込んでいった郁子という人物。そして、北京を戦禍から守るために身を挺して働いた安三という人物。それはまさしく「北京の聖者」といわれるにふさわしい人間ではないか。

日中戦争の時代に、中国人子女の教育に挺身していた清水の行為が、日本側の「真意」や「誠意」を中国人に伝える象徴のような意味を帯びたのではなかったか。

上泉の『愛の建設者』「序」に、こうある。

日本人は、戦禍が大陸の一角に繰りひろげられているあいだも、支那を敵国視などはしていな

い。善隣の国として、ともに手をとり合って東亜の新秩序の建設にすすみたいと希っているばかりである。（序、五ページ）

また、「日本内地の理解者から寄せられた支援の手紙が一万二千通におよび、最近では支那人の有力者のなかからも彼の事業に感謝と後援の申込みがあらわれるほどになったらしい」（序、六ページ）ともある。

一九二〇年代の崇貞女学校にも金銭的な寄付はなされた。しかし、それは高木貞衛などをはじめとする「大口」の寄付金が中心であった。盧溝橋事件直後、清水の活動、愛隣館の建設への清水の尽力などが新聞で伝えられるようになった三〇年代後半になると、「大口」の寄付と並んで「小口」の寄付金が集まるようになった、つまり寄付が「大衆化」したといえようが、それは清水の行動を支持する人びとが少なくなかったことを物語る。

とすれば、「北京の聖者」という呼称がひろがるのは自然であった。

このようにしてひろがった支持に対応するかのように、清水は『支那之友』という崇貞学園の新聞を発行した。

『読売新聞』（三九年三月二十八日付）に、「支那に於ける日本女性の文化的活躍」という記事が出た。三人の日本人女性が紹介されているが、そのひとりが清水郁子夫人である。[12] そしてこの記事には、崇貞学園で中国人の女子児童の「日々の世話をしていらるる模様は『支那の友《ママ》』紙上に詳細記述せられている」とある。

この『支那之友』について清水安三は、次のように書いている。

曾《かつ》て私達は北京から、『支那の友《ママ》』という小雑誌を発行して、月々崇貞の後援者に発送した事がある。『支那の友』には私共の支那論を載せたり、学園の報告を掲げたりした。今でも地方へ講演の旅を試みると、初号から終刊号まで保存している人びとに出逢い、感激させられることが屢々《しばしば》ある。(13)

かなりの数が発行され、日本国内に送られていたものと思われるが、詳しいことはわからない。(14)

「国策のマネキン」

清水自身、自分が「担がれている」ということは十分に認識していた。それは、『朝陽門外』の「自序」の記述から判断できよう。というのは、

去年〔一九三八年〕の春、老朋友松本恵子女史が北京に来られて、わたくしの伝記を書くといってきかれぬのにはほとほと弱った。そうすると同じ夏に劇作家上泉秀信氏がおいでになって、外務省情報部の依嘱をうけてわたくしの伝記を英文にて上梓するんだ、口を開けと仰言《おつしや》ったのには、更に迷惑したのであつた。外ならぬ外務省のことではあるし、また国策のマネキンだ、否応はいわせぬとあれば、如何ともすることができず、何もかも申上げたのであった。(自序、一ページ)

とあって、自らの立場を「また国策のマネキンだ」ととらえているからである。

ここで注目したいのは、「また」という言葉である。これが、再度という意味だとすれば、二度目が伝記だということになる。しかも「外ならぬ外務省」からの要請ともいえるものだった。では、一度目は何か。それは、盧溝橋事件直後、宋哲元を説得しようとして動き回ったことではな

かろうか。動き回っているときは気づかなかったとしても、やがて自分は特務機関に「使われた」のだったかと気づいたのではなかろうか。まさに「国策のマネキン」であった。かといって、むろん抗議することはできない。とはいえ、自分の行動自体は意義あるものとは考えたに相違ない。如何ともしがたかった。

「北京の聖者」に関しては以上にとどめておこう。

崇貞女子中学校開校前後

大日本学術協会（代表尼子静）『興亜の大陸教育』（モナス、一九三九年十月）という本がある。そのなかに北京における学校について概観した部分があるので、それをみておこう。「北京に於ける外国系の学校」の項では、次のように記載されている。[15]

小学校　米国系七校、仏国系七校、英国系二校（これら十六校はほとんどがキリスト教系）
中等学校　米国系八校、仏国系五校、英国系二校（ほとんどがキリスト教系）
高等教育機関　米国系四校、仏国系一校

と記載されている。

次の「北京に於ける日本系の学校」では、「日本人の教育機関」として、小学校三校、中等学校三校があげられており、中等学校のなかに、「崇貞女子中学校（校長　清水郁子氏）」とある。そして、崇貞女子中学校は一九三九年四月開校と書かれている。

そして、「支那語並日語教育機関は少なくとも五十を越えるであろうが、支那語の学校ではなんといっても北京同学会語学校（校長辻野朔次郎氏）が最も歴史が古く」とある。この同学会は、清水がはじめて北京に入ったときに通った学校であったことはすでにみた。

次に「支那人教育を主眼としたもの」が、

崇貞学園（清水安三氏経営）

自由学園北京生活学校（羽仁もと子氏経営）

北京覚生女学校（日支合弁、校長　陳鮑薫氏）

育成学校（校長　艾華氏）

と並べられ、「右のうち崇貞学園には小学部より初級女学部まで」あると紹介されている。しかし、崇貞学園と生活学校についてては「いずれも新聞雑誌で喧伝されているから今更私が補足的な説明を加える必要はあるまい」と書かれていて、両校が世に知られていたことがうかがえる。

これら四校のうち、覚生女学校は東本願寺の支援で成り立っていて、「中流以上の良家の子女に、日本的な良妻賢母式の情操教育」を行なっているところに「非常に新しい意義と特徴がある。」育成学校は、「十七年前支那に大飢饉の起きた時、日本の全国小学生の醵金が四万円も集り、」その残金をもとに「貧民の児童の為の小学校」をつくろうということでできた学校だという。『興亜の大陸教育』は、この育成学校を崇貞学園と比較している。

もし旅行者が有名な崇貞学園を見ようとして朝陽門の方に足を向けるならば、その途中にこの学校の看板を発見するに相違ないのであるが、とかく看過されがちであるのは、遺憾なことである。因《ちなみ》にこの学校建設以来十七年間に日支参観人がわずか百五十人しかなかったと聞いて、日本人みずからが出資しながら、その健忘症と怠慢ぶりには呆れざるを得ない。清水安三氏の崇貞学園のごときは日に三組も四組も参観者があって、係りの人はその案内に疲れるほどであるとのこと（二六ページ）

三九年二月の読売新聞、東京朝日新聞に清水が「北京の聖者」と紹介され、四月に『愛の建設者』『朝陽門外』が出版されて「参観者」が急増したのではなかろうか。また、教育学者清水郁子の働きも大きかったといえようが、その点については他の諸著作にゆだねよう。(16)

清水安三『朝陽門外』表紙

清水安三『姑娘の父母』表紙

第十二章　日米開戦前後

「北京の名所」崇貞学園とアメリカ旅行

『朝陽門外』の刊行後まもない七月、『基督教世界』（三九年七月十三日）に、「北支伝道に就《つい》て」という清水のエッセイが掲載された。その文章の最後に、次のようにある。

終に崇貞学園のことも一寸だけ申上げますならば、図書館、校舎、体育館も新築出来まして支那宮殿式の荘厳美麗な建築美はたちまちにして、北京の名所と化した観があります。この上ながら読者諸君の御祷援を祈ります。

このように、順調な発展をとげる崇貞学園のありさまが報告されているけれども、この記事が出てまもなく、清水は、ハワイ・アメリカに、募金のための旅行に出発することになる。

『朝陽門外』（一九三九年四月）以降の伝記的なことは、清水の二冊の本『希望《のぞみ》を失わず』（桜美林学園、一九四八年）、『北京清譚』（教育出版、一九七五年）などに書かれているが、この旅行の旅程について、『希望を失わず』などの記述にはやはり混乱がある。そこで、時期に関しては、この二書は脇におき、同時期の記録をみてみよう。

アメリカで

同時代の記録というのは、『基督教世界』の「個人消息」欄であるが、それによれば、清水は一九三九年十月六日に北京を出発、南京や上海から台湾へ回り、各地で講演をして日本に着いた。数回の講演をしたのち、十二月末、横浜港からハワイに向かった。(1)

ハワイでは旧知の日布時事の相賀安太郎のもとにしばらく滞在した。相賀の『五十年間のハワイ回顧』には、四〇年一月五日着の船で清水がホノルルに来た(2)とある。ハワイで清水は、中国事情についての講演会を重ねた。ハワイのいくつかの島で講演会をしてホノルルにもどると、清水は「南京事件、あれは事実ですか」という質問を浴びせられた。「どうせ南京事件の如きを隠さんとしても、到底隠し了せるものでない」と考えた清水は、明確にはノーと答えなかった。(推測にすぎないが、清水はキリスト教の宣教師のネットワークを通じて、南京での出来事に通じていたのであろう。)

ノーと答えなかったことをハワイのある新聞が報じた。

相賀の本によれば、南京事件について、「清水氏は寧ろ婉曲にその事実を述べたに過ぎなかった(3)」けれども、ハワイの「在留同胞」は「日本の兵隊に限って、そういう乱暴は決してしはせぬ」と信じていたので、清水の対応はホノルルの街にセンセーションを巻き起こしたらしく、清水は領事館によびだされ、領事は「送還を命ずる。米大陸へ渡航を許さぬ」と言い出したという。(4)しかし、ハワイもアメリカであるから、領事といえども自分を捕えることはできまいと判断し、ホノルルの銀行から崇貞学園に寄付されたドルを送った。そして、三月一日、アメリカ本土に向かった。

「個人消息」（四〇年四月四日）欄では、「崇貞女学校のため募金講演旅行中の」清水について次のように報じられている。

三月一日離布《ハワイ》、米船マトソン号にて三月六日羅府《ロサンゼルス》に到着。三、四、五三ヶ月は米大陸西岸地方を巡遊。六月には紐育《ニューヨーク》に出で、七月には北京に帰着せらるる予定なる由。

こうして清水は、ハワイ、カリフォルニア、ポートランド、バンクーバー、ニューヨーク各地で「百八十五回の講演を内外人」に行なった。(5)

清水の『希望を失わず』によれば、アメリカで募金活動をしたかたわら、オベリンにも立寄り、ニューイングランドの「巡礼」をし、「エマーソン、ソルウ〔ソロー〕、さてはホーソーン、ロングフェローの墓詣《はかもうで》」（四六ページ）をしたという。

そして、六月二十四日のニューヨーク発の衣笠丸で、パナマ経由、帰朝の途についた。七月三十一日横浜着、八月九日には、大阪の組合教会本部を訪問したという。

このあと、北京に向かうのであるが、北京出立から十カ月あまりの大旅行であった。

なぜアメリカに向かったか

清水の旅行は、三九年十月の北京出発から四〇年七月末の日本帰国までだったが、日米対立が険悪化しているこの時期に、なぜそこまでの寄付金集めをこころみたのか。この点を考えるのに参考になるのは、清水のエッセイ「果して聖者か」(6)である。

このエッセイには、「北京の聖者」という称号を、「新聞辞令」でもらったとある。「穴あらば入りたくならざるを得ぬ」が、もしこの称号に値するとすれば、それは、「わたくしが清貧に甘んじて一切を投げ出して己れを忘れて、貧しい人々のために尽せること。そしてこの外に何物もない」という。とはいえ、清貧だけで学校経営はできない。清水はこのエッセイで、

今崇貞学園のキャムパスを見渡せば、堂々たるものであって、恐らく新島先生の生前には、同志社はこれだけの立派な校舎は建てなかったろう。

とまで書いている。また、清水のかかわるセツルメントの施設である「天橋の愛隣館は日一日と働きを大きくしつつある。」資金は必要である。それをどうまかなうか。

収入という点では、「支那のメンソレータムも一月一月桁違いに売れ行きを増しつつある。北京日本人教会は、百名を集め得るようになって来た」ともいう。加えて、この年の春に出た清水の『朝陽門外』は、よく売れていた。とすれば、なぜこの時期に寄付金集めのアメリカ旅行を敢行したのか。

その理由は、このエッセイの次のような部分から推定できよう。

興亜国策の線に沿い、これから種々の規則、法律、お通牒が出ることであろうが、学校も三十万円基本金がなければ開くことができぬようになるらしい。少くも三十万円位はなければ継続がむずかしいというわけであろう。ところが、崇貞学園は、建設費を大工さんに支払ってしまうと、もう鐚《ビタ》一文残らぬのであるから基本金皆無である。

三九年の夏あるいは秋の初めに清水の耳にはいった「三十万円基本金」という情報。ちょうどこのころ、崇貞学園では建物の新築は、先にみたように一段落しつつあった。その時期に、また日本国内で多額の寄付金を集めることはできないだろう。集められなければどうなるか。私の推測にすぎない

が、その不安が、清水をアメリカ旅行にかりたてたのではなかったか。

もどった北京で

清水は、半月ほど日本に滞在して北京にもどったところ、憲兵隊の尋問を受けることになった。それは、「思想」的な理由というより為替管理、つまり寄付金の送金の仕方をめぐるものであったが、尋問は執拗をきわめ、三十日間に及んだという。

話がいささかややこしいが、北京から横浜正金銀行へ送金し、それを東京からニューヨークのシティバンクに送金し、さらに北京の花旗銀行に送金すると、かなりの「利ざや」が生じるという状況が、当時はあったらしい。清水が手にした寄付金は、アメリカから花旗銀行に送金されただけで、一種の為替操作で「利ざや」を得るというようなことはなかったようだが、何しろ寄付金の額が大きかったため、憲兵隊が目をつけたものと思われる。

このとき清水は、受けた寄付金の半分以上(相賀安太郎『五十年のハワイ回顧』によれば、清水が集めた「十万円の全部」)を国に「献金」する(憲兵隊に差出す)ことで、軟禁状態から解放されたとのことである。軟禁状態にあるとき、清水の母が危篤状態になった。しかし、母のもとに駆けつけようとしても、憲兵隊は許可を与えなかった。そのため、清水は母親の死に目にあえなかった。(7)

上泉『愛の建設者』の英訳版

アメリカへの寄付金集めの旅行を終えて横浜にもどったころ、上泉秀信『愛の建設者』の英語版が、外務省情報部の「肝煎り」で刊行されることになった。

この本の英訳 *A JAPANESE PASTOR IN PEKING* が、*A Story of the Reverend Yasuzo Shimizu and His Mission School for Chinese Girls* という副題で、一九四〇年七月に東京の北星堂書店から刊行されたのである。この本は上泉秀信の『愛の建設者』の翻訳であると明記され、奥付には英訳者が「北星堂編輯部」で、「校訂者　エム・ボリース」とある。この本の冒頭につけられた序文（introduction）から、「ボリース」がメリル・ヴォーリズだということが確認できる。

その序文で、ヴォーリズは、

清水は、学者とか思想家というより、行動のひとである。そして、彼の意気込みとその（どちらかといえば非東洋人的な）率直さのために、彼はいろいろな困難にまきこまれたり、以前には彼に大きな信頼を置いていた人びとに誤解されたりすることがなくはない。しかし、共感すればどんな非常事態にも、ほとんど独力で、救援にかけつけようとするところがおそらく彼の顕著な特色だといえよう。

と書いているが、さすがに清水のひととなりを的確につかんでいるというべきであろう。

下賜金

清水の戦後の回想だが、『北京清譚』のなかに、下賜金を受けた話が出てくる。

昭和十一年十月、ある日のこと、私は興亜院から呼び出しを受けたので、驚いて出頭したところ、文化部の事務官が、〔中略〕

「実はあなたの学校へ御下賜金がさがったのです。興亜院の一事務官が捧持して、わざわざやって来ることになりました。」〔中略〕
昭和十一年十一月三日。北京の秋は世界一といわれるが、その日は特に快晴であった。私は新調のモーニング、ワイフの郁子は紋付の裾模様に丸帯しめて、二人は三輪車に搭乗して朝陽門大街を走ったが、私の両頰には涙がさんさんとつたわるのをおぼえた。〔中略〕下賜の式は北新橋の司令部の大広間において行われた。〔中略〕
「婦人之友」誌上に羽仁もと子女史が、山室軍平先生のご葬儀に天皇陛下の供花があったことを報じて、(8)〔以下略〕

というのである。さて、この日時の記憶が事実と合致しているかを確認するのはいささか難しい。下賜金の交付記録を調べればわかることではあろうが、私は栄典学に詳しくないので、パズルのようであるが、この記憶を吟味・推理してみよう。
(一) 私の感覚にすぎないが、授与式が行なわれたのが十一月三日だという記憶はたぶん正しい。この日は今では「文化の日」という名前であるが、当時は「明治節」つまり明治天皇誕生日であって、栄典授与の行なわれた日であろう。
(二) 「呼び出し」を受けたのが興亜院からだったということは正しいか。もしこれが本当だとすると、興亜院官制公布は一九三八年十二月十六日であるから、三六年十月という日付は記憶違いだということになる。興亜院は四二年十一月一日に廃止となり、大東亜省に吸収されている。
(三) 上記の二点から推定するに、問題の十一月三日は、三九年・四〇年のいずれかということになるが、四一年という可能性も否定はできない。しかし、清水は三九年の十一月にはアメリカ旅行を控えて台湾にいたから、三九年十一月に下賜金を受けとりに行ったとは考えられない。となると、四〇年あるいは四一年ということになる。

このように推理すると、昭和十一年、一九三六年という清水の記述とはずいぶんと隔たってしまうが、「興亜院」という記憶が正しいとすれば、こうならざるを得ない。

（四）清水の記憶が山室軍平の葬儀とつながっている点に着目すると、山室の死は一九四〇年三月であるから、清水の下賜金受領も四〇年だったということになりそうである。しかし、清水の下賜金受領と山室の死の時期が同年だったという清水の記憶が正しいかどうかは疑ってかかった方がいいかもしれない。

（五）下賜金の交付には、一般に推薦者がいるはずである。その推薦者はだれか。いったんこの「パズル」から離れ、推薦者を推測しつつ、その時期についても検討してみることにしよう。

下賜金交付の推薦者

清水がアメリカで寄付金活動に従事したものの、北京にもどって為替管理に藉口した尋問を受けたことを先にみた。その苦境から逃れるため、清水は「わざわざ宇都宮まで出かけていき、彼処の師団長をしておられる元北京特務機関長にして、膳中の先輩なる喜多誠一氏をお訪ねすることにした」という。事情を話した清水に対し、喜多は「そうか、それじゃ憲兵隊に手紙かいてやる。憲兵隊長は君と膳中時代の同級生の菅と同期生だから、菅にも頼んでもらえ」と言って、手紙を書いてくれたと回想されている。[9]

喜多は一八八六年生まれ（清水の五歳年長）で、滋賀二中（のちに膳所中学と改称）から陸軍士官学校に進んでいる。一九三六年に少将となり、支那公使館付武官、三七年八月に天津特務機関長、九月に北支那方面軍特務部長、三九年三月に中将に昇進して興亜院華北連絡部長官となり、四〇年三月に第十四師団長となった。[10]

第十四師団司令部は宇都宮にあったから、清水が宇都宮に出かけたという記憶と時期的に矛盾しない。それは四〇年の夏であったろう。経歴からみて、喜多は、盧溝橋事件当時の清水の活動を熟知していたと思われるが、前章の王雨声の件からみて、清水の活動を支援していたようである。

他方、喜多は北支那方面軍特務部長として「政治工作」を行ない、十二月に中華民国臨時政府が発足した。[11]この「工作」は、蔣介石政権を「相手とせず」式の「否認論」より、軍事的には「穏健」な動きであろう。清水もこうした「否認論」はとらなかったはずなので、喜多の政治的・軍事的立場に反発することもなかったと想像される。

ここで先の「パズル」にもどる。喜多が三九年三月から一年ほど興亜院華北連絡部長官をつとめたということは何を意味するか。先の（二）には、清水が下賜金交付にあたって、興亜院から呼び出されたとあった。この呼び出しが四〇年四月以降であったとすれば、そのときには喜多は宇都宮に転じているが、推定するに、清水を交付の対象者として推薦あるいは後輩に示唆していた可能性は高い。

下賜金交付に関する憶測は以上にとどめるが、この憶測を延長すれば、その交付のあった十一月三日というのは、一九四〇年のことだったのではなかろうか。

下賜金交付の威力

先に、山室軍平の葬儀についての回想に言及したが、その回想に続いて、次のように書かれている。

翌年の四月に、長尾貞子氏は崇貞学園の体育の教員たらんと志願して、下関から〔中略〕来られた時に、船中で北京市政府の教育課に顧問として勤務しておられる何某氏とじっ懇になられたのだそうである。その何某氏は、

「戦争勃発の後、欧米から来ている宣教師の経営しているすべてのミッション・スクールを接収せしめたが、そのついでに清水安三氏の崇貞学園も接収せしめることになっていたのだ。その矢先に御下賜金が下付されたので、崇貞学園は接収するわけにはいかなくなったのです」と洩らされた由。まことに危いところであった。御下賜金のお蔭で崇貞学園は、まんまとタブーになったわけである。けれども今だから言うが、御下賜金如きは、辞退しては、戦前にあっては不敬行為ともなるものであるから、到底できることではなかったが、〔中略〕外国のために、特に中国人のために行った善行に対しては、御下賜金如きは、御下賜遊ばされぬ方がよいと考える。そのわけは、御下賜を拝領すると、在留邦人にはまことに肩幅広いことではあるが、中国人に対しては、まことに説明しにくいことであるからである。(12)

この回想の最初の「翌年の四月」というのは、山室の葬儀の「翌年」と考えれば、四一年四月ということになる。しかし、「戦争勃発の後」というその「戦争」とは何を指しているのであろうか。ミッションスクールの接収という話とあわせて考えれば、三七年の日中戦争勃発期とは考えにくく、

日米戦争のことのようであるが、そうだとすれば、「翌年」とは四二年で、この点にこだわれば、下賜金の恩恵に浴したのは四一年十一月だったとする解釈もあり得るかもしれない。

『支那之友』に依拠して

だが、私は下賜金交付がなされたのは、四〇年十一月だったと解釈したい。その根拠は、清水の「我なお何を為すべきか」（基督教世界、四〇年十一月二十一日）の一節にうかがえると考える。

　わたしはいくらいくらというように報告する段取《だんどり》になっておらぬが、若干在米同胞からお金を頂いて帰って来た。これからわたくしはそのお金の利子と発行部数五千に達せる「支那之友」の読者諸君の五千燈とで、賄《まかな》って貰《もら》って、わたくしは募金の東奔西走から解放して頂いて専ら閉門読経に精進させて貰いたい。できれば小さいモナストリー〔修道院〕を建てて、ぐんとひっこみたく思う。

これは、「三十万円基本金」確保に焦燥を感じている者の発言ではないだろう。おそらくは、四〇年十一月三日に下賜金が付与され、その「ご威光」によって、学校の存続については心配しなくてよい状況となり、学校経営の存続に見込みが立ったのだろう。この文章には、その安堵感が感じられる。この安堵感は、下賜金交付に由来する、というのが私の解釈である。（もっとも、四〇年秋では、当時の日米関係から考えて、アメリカに寄付金集めに行くなどということは不可能な話であって、安堵感には諦念もまじっていたのかもしれない。）

　このようにみてくると、清水の伝記を書いてその英語版を作り、清水の活動を称揚しようとした役所があるかと思えば、清水がアメリカで集めた寄付金に目を付け、「強奪」した勢力もあり、下賜金を与えようとした人びともあったことがわかる。清水が「北京の聖者」としてもちあげられていても、それは崇貞学園を接収しようという別の筋からの動きを抑制するものにはならなかった。

清水の下賜金受領の時期が四〇年十一月だったという推定が正しいとすれば、清水がアメリカでの寄付金集めを終えて北京にもどった四〇年八月頃では、下賜金付与以前だったから寄付金は「強奪」されたけれども、下賜金付与は崇貞学園の接収をはばむという点では「威光」を発揮する要因になった。このように解釈できよう。

しかし、下賜金受領が中国人に対し「まことに説明しにくいこと」であったことは確かであろう。さりとて下賜金の交付の辞退ということも、許される話ではなかった。

太平洋戦争

一九四一年六月、プロテスタント各派は「合同」して日本基督教団を発足させた。そのほぼ半年後の十二月八日、日本は対米英蘭戦争を開始した。

この時期に、『基督教世界』は、開戦にともなう「決意」を紙面に掲載した。その例をいくつかひろえば、十二月十一日号に「対米英宣戦の大詔を拝して」という記事（文末に「緑水生」とある）、十二月十八日号巻頭に「大平《ママ》洋の異変と新秩序の建設」（海老沢亮）、二頁に竹林誠一郎「われらの任務」がある。個人的資格でない文章としては、十八日号に、文部大臣（橋田邦彦）の「文部大臣訓令」、日本基督教団「教団統理者」富田満の「教団統理告示」などが出ている。

この「教団統理告示」には、「隠忍今日に至りし我国は愈々《いよいよ》米英両国と干戈」を交えるに至ったが、これは「我国の自衛並に東洋永遠の平和確立の為止むを得ざるに出たものである」と、「文部大臣訓令」とあまり違わないことが述べられている。また、竹林の文章には、「わが東条総理大臣の政府声明をきいて泣かざる者は日本人ではない」として、その「声明」を引用して「論」を進めている。

同じく竹林の文章に、「あらゆる美名にかくれてアジヤをアングロサクソンの支配下に置かんとした過去の彼らの罪悪」をくり返すことを許さないという文言がみえるが、これまた当時の日本で戦争合理化のために用いられていた「論理」である。加えて、竹林の文章に限らないことではあるが、聖書からの片言隻語を取り上げて、開戦の「論理」を補強している。

『支那人の魂を掴む』

清水は、一九四三年八月に『支那人の魂を掴む』（創造社）を出している。奥付に、「出文協承認三〇〇〇部」とある。出文協とは四〇年十二月にできた出版文化協会の略称で、出版に際しての用紙供給割当を行っていた。その供給量は、戦争の進行とともに厳しくなったのだが、四三年八月に書籍の刊行が認められたということは、その著作が時局に照らして問題なしと判定されたということであろう。この本もまた、崇貞学園の経営資金の確保のために刊行されたものであったと思われる。

内容的には、先に少しふれたところだが、後半部分に清水の日記が抄録されている。前半部分は百ページほどだが、時節柄ここに時局「便乗」的な部分があることは否定できない。例えば、

関東州が一ぱいになったならば、次は、満洲の沿線に鉄道の両側十哩《マイル》位の帯状に、日本移民

村を形づくるであらう。
然るに、日本は、原則として、未墾地、処女地を求めて、支那人も未だ入込まざりし辺僻の地に移住するのであろう。何という偉大なる態度であろう。（七三ページ）

といった記述がそうである。また、かつての中国の「排日運動」を、欧米人の「煽動」によって起こったものだとするかのごとき文言があり、この二十年ほど前に吉野作造の共感を呼んだ論調とはほとんど無縁の文言もある。

とはいえ、こうした文言をまったく含まない著作であれば、出版自体が実現しなかったであろう。むろん、出版しないという選択肢もあったとはいえるだろうが。

また、反日運動が生じているが、その原因は日本側にもあろうと婉曲に問題を指摘しているところもある。そして、日本が「支那人の魂を掴む」ことが重要だとも論じている。

この本の「序に代へて」では、

私の経営する崇貞学園には漢民族、満洲旗人、回々《フイフイ》、〔朝鮮〕半島出身、内地生れの五民族もの少女たちが学んでいる。〔中略〕
教員の中にも、内地生れ、半島生れ、漢人、回々、台湾の本島人、満洲旗人皆おる。〔中略〕
これこそが新東亜の小模型でなくて何であろう。

と書かれている。当時の日本のスローガン「五族共和」を念頭においての言葉であるが、このように書いた清水の念頭には、さまざまな国から学生が集まっていたオベリン大学のことがうかんでいたのではなかろうか。

この『支那人の魂を掴む』に関しては、以上の記述にとどめよう。

ところで、アジア・太平洋戦争における日本軍の中国支配は、しばしば「点と線」にたとえられる。日本軍が占領していた地域の制圧が「安定的」ではなかったというのである。しかし、清水のいた北京についていえば、相対的に「安定」していたとはいえるだろう。その戦時下の北京で、崇貞学園の営みはつづいていた。

次に、当時の崇貞学園に学んだ人びとの回想をみておきたい。

卒業生たち

北京の崇貞学園の卒業生たちは、彼らの受けた教育について語っており、それはいくつかの冊子にまとめられている。そのひとつは、『木槿の花が咲く頃[13]』である。そこには、韓国人十六人、日本人八人、中国人四人の卒業生の手記が採録されている。

韓国人が多い理由について、この冊子の編者の小林茂は、北京時代の清水安三が「一番心配りをし、最も心を許していたのは韓国朝鮮人生徒たちだった」が、それは「中国人や日本人生徒たちには、それぞれ立派な祖国があるが、当時、韓国朝鮮人生徒たちには祖国が無かった」という認識に由来する。それゆえに、韓国人卒業生の清水に寄せる思いはきわめて強かったからだと書いている。

同種の冊子はその後も数冊が刊行された。『崇貞・桜美林の教育[14]』および「ソウルに崇貞の卒業生を訪ねて[15]」にも、崇貞学園の卒業生の発言などが収められている。

そのなかからふたりの発言を抜き出すことにするが、その経歴は、これらの史料によれば、次のようである。

玄次俊　一九三九年四月崇貞学園女子中学校（日本人部）入学、四二年三月同校卒業。（なお、玄は崇貞学園日本人部第一期卒業生）

尹淑子　一九四三年崇貞学園卒業

ここに「日本人部」と出てくるが、玄次俊がそこの第一期卒業生とあることからわかるように、朝鮮人が「日本人部」のなかに少なくなかった。清水は、朝鮮人生徒のための寮をつくったとのことである。

戦時中、朝鮮服姿の清水安三

玄次俊と尹淑子は、北京に移った事情を次のように語っている。

尹淑子　私の父は革命家ですので、朝鮮にいられなくなって、亡命で北京に来ました。

玄次俊　私の父もそうですよ。〔中略〕要するに、当時、韓国という民族は国がありませんでした。〔中略〕思想家で、朝鮮にいられなくなり、中国にいきました。もう一つの原因は、貧しいから、出稼ぎで中国にいきました。

尹淑子　私のお父さんも三一運動に参加し、大連にいきました。私と妹も大連生まれです。[16]

玄次俊の報告「崇貞学園の教育」には、次のようにもある。

清水〔安三〕先生に対する感謝の気持で胸が一杯です。先生には、肉親以上の愛情を覚えております。先生の教えは私の人生の道しるべとなりました。あの当時、私達韓国人は、強制的に仮りの日本人扱いをされて、国土も姓も言葉も皆抹殺され侵略されて自由のない時期でした。十代の私には全然判断のつかない生活でした。一九四一年断行された創氏改名により、誰からつけられたのかその頃田中という純日本流の姓になりましたけど、清水先生からは一度も田中さんと呼ばれませんでした。〔中略〕

清水先生はキリスト教主義の愛の精神にたって、人間は皆同じ神様の子であるとおっしゃいました。特に、私達韓国人には差別なしに愛をこめて労って下さいました。韓国語をしゃべってもチョゴリを着てもキムチを食べても自由にしてくださいました。[17]

玄次俊はまた、次のようにもいう。

安三先生はいつも「あんた達は朝鮮人です。絶対に国を独立させなさい」と励ましてくれました。憲兵が知ったら捕まりますよ。[18]

崇貞学園の修学旅行と朝鮮人学生

玄次俊は、「安三先生に連れられ修学旅行―崇貞高等女学校時代の思い出」という文章を書いている。それは、一九四二年三月、十五日間の日程で、中国の「名所旧跡」を回るものであった。その旅行で、旅順に行ったとき、「伊藤博文を暗殺した安重根が、旅順の監獄で処刑されたことを、安三先生が私だけにささやいて下さった」[19]という。そして、上海に行ったとき、虹口公園（現在は魯迅公園）の広場で、清水は、次のように説明したと記す。

上海事変当時の昭和七年〔一九三二年〕、ここで天長節〔四月二十九日〕を祝賀する式典が開催されている最中、朝鮮独立を求める青年（尹奉吉）が爆弾を投げ込んだ。その結果、白川〔義則〕大将（上海派遣軍司令官）が死亡、野村〔吉三郎〕中将〔第三艦隊司令長官〕が片目を失い、重光〔葵〕公使が右足を失った。

白川はこのとき即死したわけではなかったが、それはともかく、この「説明」は、生徒全員に対するものであったようで、玄次俊は、この「説明」のあと、こういう。

安三先生が私だけに、「今でも朝鮮亡命政府（大韓民国臨時政府）が地下で独立運動をしているよ」とささやかれた。私はわが耳を疑った。[20]

中国人部で

川上奈穂は日本人であるが、一九三八年に崇貞学園の中国人部に入っていた。その「清水安三先生と崇貞学園に関する証言」によれば、川上が受けた「化学」「物理」「数学」「国文」「英語」「歴史」「地理」「体育」などの科目の教員には日本人はいなかったとのこと。

孫文生誕日には体育館で祝賀行事があって、孫文の大型肖像画が舞台中央にすえられ、その様子を清水は見ていたという。

年代不詳。子どもたちのうしろに写っているのは、上に孫文の肖像、その下に崇貞学園旗、孫文像に向かって右が中華民国の国旗、左が国民党の党旗

また、中国人の教員たちは、「何らかの形で日本の侵略による不義を指摘」していた。化学の教員が、「燕京大学卒業証書は、北京でなく、中央政府が発行する」と言ったので、川上は「日本人の無知から」、

「先生の言われる中央政府とは南京ですか（汪精衛政権）それとも重慶政権ですか」と質問したところ「重慶に決まっているではないか」と当たり前のことを何を言うのかとの口調で言い切った。その様に際どい対話が交わされても、一切混乱は起きなかった。(21)

また、あるとき、郁子夫人が満洲から李という女子生徒を連れてきて、中学部一年生として宿舎に入れた。回りにいる生徒たちは李に質問をあびせた。

「どこから来たの？　お名前は？」

すると、李が答えて、

「満洲国から来たのよ」

川上が内心で「まずいな」と思ったとき、別の中国人生徒が、

「そこは中国の東北三省よ！　満洲国なんて国は一体何処《どこ》にあるの？」

と激しく反撃したという。「北京っこは日本人の私が傍にいてもお構いなしで、本音でぶつかった」のだった。[22]

このような状況が校内では必ずしもめずらしくなかったとすれば、崇貞学園が日本の憲兵隊などに目をつけられていたとしてもふしぎではない。

ここに引いた証言は、清水安三の死後十年以上が経過してからのものである。安三死してなお、この教え子たちの安三をしたうところは深く、このような証言となったとすべきであろう。

清水についていえば、組合教会主流派が朝鮮総督府の支援のもとに朝鮮伝道を行なったことに対する反発が脈々と続いていたとみるべきであろう。

日米戦争開始以降、日本の敗戦までの清水の動向にまつわる史料は乏しい。たとえば、一九四一年における日本基督教団の成立にかんして、清水がどのように対応しようとしたのかも、史料を欠いているると思われる。評伝としては欠落を残すこととなるけれども、日米戦争開始のころまでの清水というところで、この評伝を終えたいと考える。

そして、清水安三のその後については、以下にごく簡単に述べるにとどめよう。

終章　北京から東京へ

敗戦の日

一九四五年八月十五日、日本の敗戦の日を清水はどのように迎えたか。清水の『希望を失わず』には、次のように書かれている。

隣組の回覧板が「十五日の正午には重大なる御放送があるから、必ず拝聴する様に」と通告して来たから、私は崇貞学園の日本人生徒全部を自宅の客間に集め、〔中略〕時の至るのを待った。その頃崇貞には五百名の中国人学生に混じて、二百名足らずの日本人女学生が在学していた。もっとも日本人とはいっても、その三分の二は朝鮮人だった。〔中略〕

私はラジオの直前に座を占めて〔中略〕玉声はまるで三尺の御前で拝聴しているがの如くにお聞きできたのであった。私は思わず声をあげて泣いた。私とても子供のときには声をあげて泣いたが、物心がついてからは、曾《かつ》てあんなに声をあげて泣きはしなかった。無論女学生のことであるから、皆声をあげて泣いた。朝鮮の学生は「アイヤ」といって泣くのであった。御朗読を終えさせ給うた後、私は日鮮の学生を〔中略〕別々に集めた。私が曾て朝鮮の子女を内地人から差別したことがなかったから、朝鮮の学生は一寸変に思っている様だった。

「朝鮮は独立国となりました。」

といって私は朝鮮の学生一人一人に握手を求めた。朝鮮の学生は再びすすり泣きを始めた。

「皆さん、どうかしっかりやって下さい。朝鮮建設の責任はあなた方一人一人の上にあります。」

これだけいって私が

「朝鮮国万歳」

を叫んだら、日鮮の学生相呼応して万歳を唱えた。すると、今度は朝鮮の女学生の一人が

「日本国万歳」を唱えたから、之に和して一同万歳を三唱した。(1)

残留のこころみ

『希望を失わず』によれば、八月二十日、崇貞学園の始業式で生徒たちに「講話」をしたが、それが崇貞学園における最後の講話になったという。

九月の末頃、中国兵(国民軍)が崇貞学園を占領し、学園を兵営とし、運動場を練兵場としたという。学園を占領した中国兵のなかに、清水の旧知のK大佐がいた。Kが北京大学の学生だったとき、崇貞学園でいわば非常勤講師をしていた中国人だった。

K大佐は、清水のために「残留嘆願書」を書いてその筋に提出してくれたけれども、「貴君にだけ特別の例外を設けることはむつかしい。日本人の引揚げは国民政府のナショナル、ポリシイである」

という書面による返事があったという。(2)

中国（国民党政権）側が崇貞学園の撤去を求めた際の文書などが、北京市の档案館（公文書館）に保存されており、そこには、戦時下の崇貞学園の概略に関しても、中国側の文書が残っているという。しかし、その中国側史料を分析・考察することは、今は断念せざるを得ない。私の中国語理解力上の制約があるからであるが、それらの史料について仄聞するところでは、時期的には四〇年代に関するものであり、内容的には学校の状況に関するもののようで、本書に書いてきたところにかかわるところは少ないと予想される。档案館史料の検討のないままに、この書を終えることにしたい。この史料については、中国人研究者による研究が進められているので、その成果が発表される日も遠くないかもしれず、その成果を期待したい。

日本の敗戦後、清水安三はいっとき北京の崇貞学園の存続を模索し、そこで、「戦争中の崇貞学園の理事長は北京大学の学長の銭稲孫先生であったが、この際、お辞め願って戦前まで理事長だった南開大学の総長の張伯苓博士を再び理事長にお願いすることにした」（『桜美林物語』六九ページ）という。

張伯苓（一八七六〜一九五一）は、コロンビア大学に留学してジョン・デューイに学んだ人物で、天津の南開大学の開設者のひとりであった。その開設のころの南開大学に周恩来が学んだのだが、それはともかくとして、ここの清水の回想にしたがえば、「戦前まで」、つまり盧溝橋事件まで、南開大学の総長をしていた張伯苓に崇貞学園理事長を依頼していたということになる。私には、清水が張伯苓とどのようにして知りあったのかわからないけれども、デューイとの縁が作用したのであろうか。

いずれにせよ、南開大学は、盧溝橋事件のあと、日本軍の攻撃のゆえに天津から長沙へ、そして昆明へと場所を移すことを余儀なくされ、張伯苓もそれにともなって移動せざるを得ず、当然の結果として、崇貞学園理事長の任を続けることはなかったのだった。

戦中の北京大学は日本の支配下に組み込まれていたから、その学長が崇貞学園理事長だとなれば、蒋介石政権の認めるところとならないことは明白である。張伯苓は国民党側の人物だったから、理事も入れ替えて、新たな布陣で臨めば、崇貞学園の存続も認められるかもしれないと清水は考えたらしい。

しかし、国民党政権の崇貞学園をみる目はもう少し厳しかったようで、理事会構成員の変更で済む話ではなかった。いずれにせよ、清水夫妻は残留を認められなかった。残留にかかわって、ふたつのことは書きとめておきたい。

第一。ふたりは崇貞学園にあった清水美穂の墓に詣でて、「美穂、お前は引揚げることがいらんからよいね。永久に残留できるわね」と言葉をかけたという。

第二。清水は、崇貞学園で二十四年間働いた羅俊英女史にいとまごいの挨拶にいった。

「あんたが崇貞学園の教員になつて呉れたのは、あんたの独身時代だつたね」

「二十二でしたよ」

「随分この二十四年間喧嘩したね」

「喧嘩ではありませんよ、討論ですよ」

「よくも私の如きものに長い間ついて来たね」

と、「日本人の夜歩きは命がけ」の状況になっていたけれども、暗くなるまでなごりを惜しんだ。

しかし、清水の娘のもたらした情報では、「羅先生は、日本人を援けて働いたるが故に、漢奸として捕えられ、骨と皮とになるまで、牢獄生活をせる由」というのであった。(3)

日本へ

日本に帰国しようとする日本人には検査が行なわれた。「引揚日本人は自分の力で持てるだけの荷物」をもつことが認められたというが、検問をしている中国兵が、その荷物をとりあげてしまうこともあって、聖書さえ持ち帰ることができなかったという。

『希望を失わず』の記述によれば、清水夫妻は四六年三月十九日に山口県仙崎港に着いた。

この「希望を失わず」という言葉は、文語訳の新約聖書の表現に、

われら四方より患難を受くれども窮せず、せん方尽くれども希望を失わず（コリントⅡ・四章八節）

とある箇所に由来する。

清水安三・美穂夫妻の、のちには郁子夫人も含めての中国での活動は、まさに「患難」がふりかかり、「せん方尽く」と思われることがくり返し生じるなかで続けられたともいえる。敗戦後に生じた北京の崇貞学園の接収も、まさしくその「患難」と認識されたはずである。

仙崎港から東京に向かい、京都にも近江八幡にも寄らず、二十二日に東京着。見渡す限りの焼け野原であったという。

宿泊場所を探して歩き回ったものの、みつけることができないまま神田付近を歩いているとき、崇貞学園を卒業した女性に出会った。神田の古書店の娘であった。その両親も清水夫妻を迎えてくれた。その数日後の朝であったろうか、清水が銭湯に出かけて歩いていると、何と賀川豊彦に遭遇した。

「やあ、何時帰って来たんだね。」

「十九日の朝仙崎へ着いたんです。」〔中略〕

「君一体これから何をするつもり。」

「僕は農村に入りたいのです。農村に学校と教会を建てたいのです。」

「よかろう。僕のオフィスまで来給え。」(4)

ということになり、清水は賀川のオフィスに入った。そこは日本基督教団の建物の一角だった。そして賀川は清水に、「僕は君に大きい建物を紹介する。それは学校にあつらえ向きの建物だ。行って見たまえ。」と言った。

清水は賀川などと東神奈川駅で落ちあい、横浜線で淵野辺駅まで出かけた。そこには、陸軍が建てさせたという片倉組の寄宿舎があった。淵野辺には戦争中に建設された造兵廠が廃虚のようになっていた。その造兵廠で働く人びとのための寄宿舎だったのである。

片倉組は、財閥解体によって解体された財閥であるが、戦後に日本を占領したアメリカ軍によって片倉組の社長宅が接収されようとしたときに、賀川豊彦の尽力で接収を免れたという。そのため、賀川に恩義を感じた片倉組社長が、何かの役にたたないかと賀川に話をもちかけたばかりの建物が、淵野辺にあったその寄宿舎であった。

荒れ果ててはいたが、この建物をみた清水は、これを学校にしようと考えたのだった。こうして清水夫妻は、現在の東京都下の町田、当時はまさしく「農村」というべきところで、新しい学校づくりに打ちこむことになり、驚くべきことに、四六年五月にはその学校の設立にこぎつける。

しかし、その学校について述べることは、別の物語になるというべきであろう。

陳経綸中学校

時は移り、清水安三は、一九八八年に九十六歳でこの世を去った。妻の郁子は一九六四年に他界していた。

北京の崇貞学園跡地には、現在、陳経綸中学校がある。この中学は、その校史に崇貞学園を位置づけ、校内に、清水安三の胸像を置くことになり、その除幕式が二〇〇五年三月三十日に挙行された。日本の敗戦から約六十年の歳月が流れ、中国では対日批判の意見が高まっている時点であった。除幕式を控えて、陳経綸中学の張徳慶校長は生徒たちに、「安三先生の功績をきちんと評価することこそ、正しい歴史認識につながる」と語ったという(5)。

ここにいう「功績」はもちろん清水の中国時代にかかわる。

本書は、その中国時代の「功績」を示そうとするこころみであった。

注

第一章

(1)『日本組合基督教会史』(日本組合基督教会本部、一九二四年。『近代日本キリスト教名著選集』第Ⅱ期、キリスト教教派史篇、日本図書センター、二〇〇三年、所収)によれば、十九世紀は「外国伝道の時代」であり、一八二七年には、アメリカン・ボードで日本伝道のための献金が提案されたという。

(2) ただし、沖縄では、英国教会の宣教師ベッテルハイムが一八四六年から伝道をはじめていた。

(3) グリーンは建築家でもあって、同志社発行の「同志社の文化財建築物」によれば、グリーンの設計した彰栄館などが現存し、彰栄館は現在残る京都市内最古の煉瓦建築物である。

(4) この話は新島の「同志社設立の始末」などに語られている。『新島襄教育宗教論集』岩波文庫、二〇一〇年、四六ページ以下。

(5) 新島襄「キリスト教主義高等教育機関設立のために」(一八八四年。原文は英語)『新島襄教育宗教論集』八九ページ。

(6) ジェーンズについての記述は、ノートヘルファー『アメリカのサムライ　L・L・ジェーンズ大尉と日本』(原著・一九八五年)飛鳥井雅道訳、法政大学出版局、一九九一年、による。この本は、ジェーンズの克明な伝記であり、それをキリスト教史あるいは思想史・文化史のなかで描いている。ちなみに、ジェーンズの生れたニュー・フィラデルフィアという小さな町は、オベリン大学のあるオハイオ州にあった。

(7)『日本組合基督教会史』(前掲)

(8) ノートヘルファー、同、一八五ページ以下。

(9) 同、二六五ページ。

(10) 同、二八八ページ。

(11) 同、三一九ページおよびその注。

(12) 海老名弾正「内村君と私との精神的関係」『内村鑑三全集月報』12号、一九三三年。引用は、『内村鑑三選集別巻』岩波書店、一九九〇年、一七七ページ。なお、ここで語られている内村・植村・海老名の対比とほぼ同じことが、『植村正久と其の時代』

第五巻、四三〇ページ以下に収録された「植村牧師を想ひて」という海老名の演説（一九三一年）にも語られているし、また、『植村正久と其の時代』第一巻、五四〇ページ以下にも海老名の発言として出てくる。

(13) 京極純一は、ここに引いた内村による特色付けと微妙に重なる海老名弾正による特色付けを紹介し、熊本バンドが「日本主義的」ないし「政事的」な方向性を強く帯びていたことを指摘しているが、この方向性は内村のいう「国家主義」と同じことだといってもよい。京極『植村正久』新教出版社、一九六六年、序章。

(14) 土肥昭夫「海老名弾正」『同志社の思想家たち』上、同志社大学生協出版部、一九六五年、所収、一一四ページ以下。また、土肥昭夫「海老名弾正の神学思想」『熊本バンドの研究』新装版、みすず書房、一九九七年、所収、参照。

(15) 片山潜『自伝』岩波書店、一九五四年、二一一ページ。片山については、隅谷三喜男『片山潜』東京大学出版会、一九七七年、参照。

(16) 高杉一郎著・太田哲男編『あたたかい人』（みすず書房、二〇〇九年）所収の「児童文学の王国　イギリス」参照。

(17) 内村のアメリカ経験の時期・場所を考えてみると、新島襄のアメリカ経験は「天与の幸運」（中野好夫『蘆花徳冨健次郎』第一部、筑摩書房、八〇ページ）にあずかっていたといえるかもしれない。その意味でも、福沢・新島・内村のアメリカ経験の比較は興味深いところである。

(18) 亀井俊介『内村鑑三』中公新書、一九七七年。

(19) 古屋安雄「R・ニーバーとW・ラウシェンブッシュ」（古屋他編『歴史と神学　大木英夫教授喜寿記念献呈論文集』上巻、聖学院大学出版会、二〇〇五年、所収）。なお、古屋は「社会福音」と表記している。また、手短な概説としては、オールストローム『アメリカ神学思想史入門』（児玉佳與子訳、教文館、一九九〇年）第九章の「ウォルター・ラウシェンブッシュと社会的福音」の項参照。

(20) 柴田善守『石井十次の生涯と思想』春秋社、一九六四年。

(21) この論争については、『植村正久と其の時代』第五巻、二四三〜四三八ページ、が詳細な史料を列挙している。

(22) 海老名のこの立場は、熊本洋学校時代のジェーンズの立場に由来するとみることができる。

(23) 松尾尊兊『大正デモクラシーの研究』青木書店、一九六六年、一四三頁。

(24) 石川三四郎「基督教界の二大人物（内村氏と海老名氏）」『平民新聞』第八号、一九〇四年一月三日、『内村鑑三選集』別巻、岩波書店、一九九〇年、所収。

(25) 内村「基督教と社会主義」は、内村が主筆をつとめる『聖書之研究』第三十六号掲載論文をパンフレットにしたものだった。
(26) この点では、藤田省三「大正デモクラシー精神の一側面」(『維新の精神』所収)参照。

第二章

(1) 清水「自伝」『復活の丘』(桜美林学園広報誌)第二号、一九五五年九月一日。
(2) キリスト教徒が儒学者を評価することに違和感をもつ人がいるかもしれない。しかし、内村鑑三の『代表的日本人』(一九〇八年)がとりあげて論じたのは、西郷隆盛、上杉鷹山、二宮尊徳、中江藤樹、日蓮という五人であった。また、植村正久にも日蓮論があり、法然を評価する「黒谷の上人」(一九一一年)などの文章も書いている。熊本バンドの一員である宮川経輝に清水は敬意をいだいていたが、宮川は、その『基督教十講』(一九三一年)において中江藤樹について論じており、宮川の中江藤樹観が清水に影響したものと思われる。加藤直士『宮川経輝伝』(大阪教会、一九五二年)も参照。
(3) 清水「自伝」復活の丘、第三号、一九五五年十月一日。
(4) 清水安三『朝陽門外』は四部構成になっている。「第一部 朝陽門外」は盧溝橋事件を扱い、「第二部 崇貞物語―清水安三自伝」「第三部 生ける供物―清水美穂の生涯」「第四部 相応しき者―小泉郁子の半生」と続く。
(5) ちなみに、この安井川小学校は合併などによって今は存在しないが、安曇小学校は滋賀県高島市に今も存続している学校である。ただし、清水の在校時代をしのばせるものは残っていないようである。
(6) 清水「自伝」復活の丘、第十二号、一九五六年七月一日。なお、日本女子大が「目白」という地名だけで通用したことは、谷崎潤一郎『細雪』冒頭に、雪子の縁談の世話をする井谷という婦人が「娘を目白に入学させた」と書かれていることからもうかがえる。
(7) 清水「自伝 近江兄弟社と私」復活の丘、第二八号、一九五八年五月十五日。
(8) ヴォーリズについては、ヴォーリズ『失敗者の自叙伝』(近江兄弟社、一九七〇年)、奥村直彦『ヴォーリズ評伝』(港の人、二〇〇五年)がある。
(9) 注(7)と同じ。
(10)『ヴォーリズ建築の100年』創元社、二〇〇八年。軽井沢でも「ヴォーリズレーン」という小径がその名をとどめている。

(11) 奥村直彦『ヴォーリズ評伝』九八ページ。
(12) 同、一〇二ページ。
(13) 清水「自伝」復活の丘、第十五号、一九五六年十二月一日。
(14) 清水「自伝」復活の丘、第十六号、一九五七年二月一日。
(15) 清水「支那人のために十五年」基督教世界、一九三四年十一月八日。
(16) 清水「支那人のために十五年②」基督教世界、一九三四年十一月十五日。
(17) 清水「伝記の資料」復活の丘、第四五号、一九六〇年六月一五日。
(18) 清水「自伝」復活の丘、第十八号、一九五七年五月一日。
(19) 清水「自伝（七）」復活の丘、第八号、一九五六年三月一日。
(20) 同志社での清水の履修科目一覧は、李紅衛『清水安三と北京崇貞学園』（不二出版、二〇〇九年）三〇ページにまとめられている。
(21) 同志社が私立大学として認可を受けたのは一九二〇年四月であった。役所用語的になるが、この時期以前については「社長」、以後については「学長」あるいは「総長」と記述する。
(22) 清水の学生時代にあたる渡瀬常吉の論文題名を例示すれば、「朝鮮伝道開始の記」（一一年七月二十七日）、「平壌に於ける我が教会の設立」（一一年八月三日）、「雑録　全羅南北道初旅の記」（一二年二月一日）、「雑録　忠清南道伝道旅行の記」（一二年五月九日）、「時事　朝鮮伝道の将来」（一二年十月三日）、「朝鮮伝道現況報告」（一二年十一月七日）という具合である。
(23) ヘンリー・C・キングは、一九〇二年から二七年までという長期にわたって総長をつとめた。この点については http://new.oberlin.edu/about/history-of-presidents.dot 参照。
(24) 中野好夫『蘆花徳冨健次郎』第二部、筑摩書房、一九七四年、参照。
(25) 清水「自伝」復活の丘、一九五六年三月一日。なお、大木昭男（桜美林大学教授・ロシア文学）によれば、清水安三は同志社学生時代に小西増太郎からトルストイのことを聞いたと大木に語ったという。（『創立者たちの信仰と生き方』清水安三記念プロジェクト、六四ページ以下）この小西は、ウェブサイト（http://kotobank.jp/word/小西増太郎）上での説明によれば、一八六二年生まれで八六年にキエフ神学大に留学。のち、モスクワでトルストイと共同で『老子』を翻訳。京都帝大などでロシア語を教えた。著作に『トルストイを語る』がある。

(26)「伝記の資料」復活の丘、四六号、一九六〇年八月十五日。

(27)清水「自伝」復活の丘、第二二号、一九五七年十月十五日。成瀬仁蔵『澤山保羅』日本女子大学、「解説」(新井明)によれば、一八八六年に組合教会派の新潟第一基督教会が創設され、成瀬仁蔵はその初代牧師となり、新潟女学校を設立した。成瀬はその後、一九〇一年に日本女子大学校設立に至る。新潟県内には、組合教会のいささかの影響力があったのであろう。

(28)清水「銷夏随筆」基督教世界、一九三六年八月十三日。

(29)清水如石(安三)「勝利の生活」湖畔の声、第十号、一九一三年四月十五日。

(30)清水「プロビデンス」復活の丘、第一一二号、一九七五年六月一日。

(31)清水「先見(プラビデンス)」復活の丘、第一二一号、一九七八年二月二十日。

(32)ここに出てくるマリアについて念のため注記すれば、マグダラのマリアはマタイ福音書二十八章などに登場し、ベタニアのマルタとマリアはヨハネ福音書十二章にその名前が出てくる。

(33)復活の丘、第四三号、一九六〇年四月十五日、参照。

(34)「プロビデンス」復活の丘、第一一二号、七五年六月一日。

(35)清水「米国オベリン大学にて学位を受く」復活の丘、第八五号、一九六八年七月十日。

(36)同右。

(37)坂口直樹が同志社の学籍原簿調査に基づいて、「戦前の同志社と台湾留学生」(『言語文化』3-2、同志社大学言語文化学会、二〇〇〇年)という論文を書いているが、それによれば、周再賜が一九一五年に同志社の神学校を卒業したという。周は、一五年夏にアメリカに留学し、オベリン大、シカゴ大、ユニオン神学校で勉強した。そして、滞米七年目の二一年に同志社神学校の助教授に迎えられ、宗教心理学、基督教社会学、英語を教えた。魚木アサ・横山貞子「デントン・周再賜」『同志社の思想家たち』上、所収、参照。

第三章

(1)同志社編『新島襄の手紙』(岩波文庫)に付された「略年表」参照。

(2)藤田省三「松陰の精神史的意味に関する一考察」には、「変動する状勢の特徴とその状勢を担う人間群の特質をピタリと把える点において卓抜過ぎる程の才能を持った歴史家蘇峯」（藤田省三著作集、第五巻、八八ページ）という評定がある。藤田にとって蘇峰は思想上の「敵」であったに相違ないが、その「敵」をこのように評していたのであった。

(3) 韓国併合にともなう同化協力を、植村正久は否定した。植村の立場については、松尾尊兊『民本主義と帝国主義』みすず書房、一九九八年、二三九ページとその新注に文献紹介がある。なお、植村「伝道旅行の家づと」（『福音新報』一九一〇年七月。『植村全集』第五巻、一九三三年、四九六ページ以下、所収）では、伊藤博文を暗殺した安重根について、他者からの伝聞という形をとりながら、人柄・文章・信仰を称揚している。

(4) 蘇峰に関しては、和田守『近代日本と徳富蘇峰』御茶の水書房、一九九〇年、参照。

(5) 渡瀬常吉は海老名没後に『海老名弾正先生』（龍吟社、一九三八年）という伝記を著した。復刊版、大空社、一九九二年。

(6)『同志社の思想家たち』上、所収、一一六ページ。

(7) のちに、松尾『民本主義と帝国主義』に収録。

(8) 飯沼二郎・韓晳曦『日本帝国主義下の朝鮮伝道』（日本基督教団出版局、一九八五年、八七ページ）も、組合教会に対する朝鮮総督府からの資金提供の問題を論じている。

(9) 湯浅治郎も安中の生まれで同志社の理事をつとめたこともあるが、警醒社書店の設立者でもある。この書店は内村鑑三や賀川豊彦の著作を数多く出版したことで記憶されている。なお、松尾『民本主義と帝国主義』（二五七ページ以下）には、組合教会の朝鮮伝道の内幕とそれへの批判を湯浅が記した史料が掲載されている。

(10) 大野圭一「大陸の先覚者　姑娘の慈父　北京清水安三の半生」（東京、大陸書院）一九三九年。

(11)「個人消息」基督教世界、一九一五年十一月二十五日。

(12) ただし、私の調べた限りでは、この記事をみつけることはできなかった。

(13) 高橋虔『宮川経輝』比叡書房、一九五七年、四一六ページ。この本は、全体的に宮川の「日誌」などによって記述されていると注記されている。

(14) 清水安三の戦後の回想のひとつである『桜美林物語』（桜美林学園、一九六四年。改訂第四版、二〇一〇年、八ページ）には、清水が奉天に入ったとき、「満鉄小学校講堂で、大講演会」が開催された。司会は「満鉄の社会事業部長大塚素《ひろし》」で、牧野虎次、渡瀬常吉、海老名弾正の講演のあと、清水も「ひと言」話すように言われたと書かれている。そして清水は、「私は満洲にいる日本人は、祖国日本よりも満洲をより深く愛すべきであると考えます。そしてもしも必要とするならば、かつて在米英国人たちが、彼らの祖国英国と一戦交えたように、我等も祖国日本と一戦交えるくらいの愛満心を持つべきであると思います」と述べたという。聴衆の反応は「喧々ゴウゴウ」だったといい、「私は渡瀬先生に「短い時間であゝ言うことを論ずると、誤解を招くよ」と言ってたしなめられた。けれども海老名先生にはすごく褒められた。」とある。

これは、戦後の回想であり、すべてそのまま事実と受けとるには問題があると思うが、清水の「満洲」行きが満鉄との協調のなかで行なわれていると考えられる点、清水が渡瀬に「たしなめられた」という点に着目したい。

(15) 清水「一支那人教育者の述懐　北京を暫し去るに臨んで」北京週報、一九二六年十一月七日。

(16) 清水「忘れてはならぬ人　宮川経輝先生」復活の丘、第五〇号、一九六一年二月一五日。なお、宮川は一九二一年六月に、やがて清水が留学することになるオベリン大学から名誉神学博士の称号を授与された。高橋虔『宮川経輝』四四五ページ。

(17) 内山完造『花甲録』岩波書店、一九六〇年。

(18) 高木については、高木自身の書いた『広告界の今昔』(萬年社、一九三〇年)があり、死後に出版された『高木貞衛翁伝』(萬年社、一九五〇年)がある。ただし、『広告界の今昔』には、清水安三のことはなにも書かれていない。

(19) 松尾尊兊『わが近代日本人物誌』岩波書店、二〇一〇年、五二ページ参照。

(20) 美穂の生年月日については、諸説ある。小崎眞「清水(横田)美穂の信仰と生き方」『創立者たちの信仰と生き方』桜美林大学「清水安三記念プロジェクト」編、二〇〇七年、所収、によれば、三つの説がある。

一八九四年七月六日説　日本基督教団彦根教会受洗記録(一九一二年十一月二十日)

一八九五年七月九日説　同志社女学校学籍簿(一九一三年)　墓碑も一八九五～一九三三

一八九六年七月二十三日　基督教世界、一九三四年一月一日。清水安三『朝陽門外』

という三説である。ここでは、便宜的に一八九五年としておく。また、その名前も、美穂と書かれたり、美穂子と書かれたりしている。これは、清水の姉の清についても同じで、清子、キヨなどと書かれている。引用文は別として、本文中では「美穂」と書くこととする。

(21) 注(20)の小崎論文。

(22) 大江健三郎「『明暗』の構造」『「最後の小説」現代日本のエッセイ』講談社文芸文庫、一九九四年、一七五ページ。

(23)清水安三『のぞみを失わず』桜美林学園出版印刷部、改訂第五版、一九五一年、三一ページ。
(24)松尾尊兊『民本主義と帝国主義』一六五ページ以下。
(25)『同志社の思想家たち』上、前掲、所収。
(26)松本惠子『大陸の聖女』鄰友社、一九四〇年、一三五〜六ページ。
(27)「故清水美穂子の生涯」基督教世界、一九三四年一月一日。この文章の筆者名は書かれていない。文面から、清水安三の書いたものではないことがうかがえる。
(28)注(15)と同じ。
(29)『同志社女学校期報』(同志社女学校同窓会)一九一九年一月二十五日、六四・五ページ。

第四章

(1)清水安三「支那生活の批判」『我等』一九一九年第六号。
(2)田中浩「長谷川如是閑の中国論」(『大東法学』一九)によれば、如是閑は『我等』刊行以降、百二十篇を超える中国論を書いているという。『長谷川如是閑研究序説　社会派ジャーナリストの誕生』(未來社、一九八九年)などで如是閑を高く評価した田中によれば、如是閑の中国論には清水安三からの情報提供を前提にしたものが少なくなく、それらの中国情報は適確であったという。
(3)『中央公論』二〇年二月号。ただし、岩波版『吉野作造選集』に不採録。この吉野論文に清水の論文への言及があることを指摘したのは、栃木利夫「中国現代史と清水安三」(『清水安三の思想と教育実践』桜美林大学「清水安三プロジェクト」編、二〇〇一年、所収)である。と同時に、この論文は、この清水論文が「排日の解剖」であることをつきとめている。私は「吉野作造と清水安三」(『未来』二〇〇一年一月号、未來社、所収)において、吉野が「感激」したという清水論文を「理解すべき排日運動」(基督教世界、一九二〇年三月十八日)であったとする推定を述べた。しかし、正しくはこの「排日の解剖」とすべきであったので、その訂正を「吉野作造と清水安三(二)」(『未来』同年七月号)に書いた。以下、この節の記述は、『未来』掲載の私のふたつの所論に依拠している。
(4)『大正日日新聞』については、松尾尊兊『民本主義の潮流』(文英堂、一九七〇年、一六四ページ以下)が、その成立と早い終刊についての経緯を述べている。
(5)吉野の中国論については、つとに松尾尊兊編『中国・朝鮮論』(平凡社・東洋文庫)があり、そこには吉野の五四運動論も収められている。これらは、『吉野作造選集』（岩波書店、全十六冊）にも収録されている。

（6）清水「李大釗先生の思い出」（文責・清水畏三）復活の丘、第一三〇号、一九八一年三月一日。なお、丸山伝太郎は組合派の牧師ではあるが、長老派の植村正久の世話で天津に渡って伝道にしたがったことがある。その天津での集会の手伝いをしたのが、天津時代の吉野作造だったと清水は書いている。清水「第三号の序にかえて」『桜美林大学中国文学論叢』第三号、一九七二年。

（7）『吉野作造選集8』岩波書店、一九九六年、所収。ただし、松尾論文には、『大阪毎日新聞』五月一日付の記事の全文は引用されていない。

（8）ここに吉野と清水のかかわりを述べたが、吉野が清水の二冊の著作に「序」を草したのち、ふたりの間にどのような「交わり」があったのかは判然としない。

（9）ここに「日本浪人」とあるが、この言葉はいささか多義的である。周作人「日本浪人と『順天時報』」（『日本談義集』平凡社・東洋文庫、所収）の定義では、「北京を植民地として我が物顔にのさばっている人物」である。だが、これは滔天の場合とは異なる。

（10）この点は、松尾尊兊『民本主義と帝国主義』所収論文「三一運動と日本プロテスタント」（二七六ページ）に先駆的に指摘されている。

（11）柏木義円が死去（一九三八年一月八日）したあと、基督教世界、一月二十七日他、は、柏木の履歴や柏木隼雄「父を語る」などを掲載している。

（12）松尾尊兊は、清水の論文「果して日本基督教徒に支那伝道の使命ありや」に関して、「清水が直接名指しはしないが、渡瀬的な考え方を痛烈に批判」していると書いている。松尾『民本主義と帝国主義』二八九ページ。

（13）新井明「足を洗う」『水戸無教会』（第二一〇号、二〇一一年五月）所収。

（14）一九二〇年五月に誕生した学校の場所について、松本惠子『大陸の聖女』には、付近にあった「幽霊屋敷」を借りたと書かれている。家賃が安かったからだというのである。しかし、この記述は、『支那人の魂を掴む』の「日記」の記述と符合しない。というのは、「日記」には「校舎」は当初は「太平倉」とあるからである。ただし、この太平倉は、早々に退去を求められていたため、二〇年十月三十一日に転居した。転居先は「神路街の賈家胡同」にある「徐女士の持ち家」だった。徐女士は、工読学校の賈教員の友人だという。註記によれば、この家は、その後十年間校舎として使用されたという。（「日記」二〇年十月三十一日）

この「日記」には、五月の条に限らず「幽霊屋敷」を思わせる記述はない。

なお、この「日記」は、「抄記」したと書かれているから、省略部分があるに決まっているが、清水夫妻がつくろうとしていた学校に関する部分にも、美穂夫人についての記述がいっさいないという事実を記しておく。

(15) この水運による物流体系は「漕運」とよばれた。役人たちに対する俸給は貨幣と穀物現物の双方で支払われたというから、この「漕運」確保は清王朝にとって死活問題であった。川島真『近代国家への模索』岩波新書、二〇一〇年、参照。

(16) より古くは松原岩五郎『最暗黒之東京』(一八九三年)や横山源之助『日本之下層社会』(一八九九年)などによって描かれた世界があった。

(17) 賀川『死線を越えて』には、石井十次、トルストイの無抵抗主義、「支那朝鮮の伝道」などの話題が登場し、清水の活動との共通性が少なくない。ロバート・シルジェン『賀川豊彦』(新教出版社、二〇〇七年)は、賀川がスラムで活動したことを「精神医学的なソーシャルワーカー」の先駆け(七六ページ)だったとしているが、清水にも類似の面はあったものと思われる。賀川については、隅谷三喜男『賀川豊彦』(岩波書店、一九九五年)も参照。

(18) 清水安三「賀川さんと私」復活の丘、第四四号、一九六〇年五月一五日。賀川は六〇年四月二十三日に他界しているので、この「賀川さんと私」は、賀川追悼文にあたるといえる。

(19) 米沢和一郎編『人物書誌大系25　賀川豊彦』(日外アソシエーツ、一九九二年)所収の年譜による。この本には賀川の「新聞・雑誌所載」論文の詳細なリストがある。それによれば、賀川は、二〇年には「支那から帰って」(『労働者新聞』九月十七日)を発表しているが、一九年・二一年には、中国旅行を思わせる記事はみいだせない。

(20) 清水安三「澤山晴三郎先生を哭す」『桜美林大学中国文学論叢』第九号、一九八四年三月。

(21) Dewey, J., *Letters from China and Japan*, E. P. Dutton & Company, 1920, p.209

(22) 清水「社会的基督教の提唱」湖畔の声、一九三〇年七月号、所収。

(23) 清水「支那人のために十五年②」基督教世界、三四年十一月十五日。

(24) ペスタロッチー『隠者の夕暮・シュタンツだより』長田新訳、岩波文庫、九一ページ。

(25) 相賀安太郎『韮の匂ひ』日布時事社、ホノルル、一九二五年。

(26) 清水が「復活の丘」(第六三号、一九六二年七月一日)に書いた中山龍次追悼文によれば、中山はNHKの最初の常務理事を務め、晩年には故郷の十日町市の市長をつとめたという。そして、中山は「わが生涯の忘れてはならぬ大恩人」だったとしている。

(27)『原敬日記』六冊、福村出版、一九六五年。
(28)『渋沢栄一伝記資料』第40巻、渋沢栄一伝記資料刊行会、一九六一年。
(29)『北支那旱災救済事業報告』は、奥付に「大正十(一九二一)年十二月二十八日発行(非売品)」とある。
(30)瑣末なことかもしれないが、収容所の児童数について一言する。清水の『朝陽門外』には、「八百名」だと思ったが、実際には「一名数え違いで七百九十九名」(一〇六ページ)だったと書かれている。(「崇貞学園一覧」(一九三六年)にも同じ数字が出ている)こう書かれると信憑性があるようだが、これは十五年後の清水の記憶によるものにすぎない。『救済事業報告』の数字だからといって確実だという保証はないが、この報告書に記された「収容災童数は六百七十九名」が実際の数あるいはその近似数であったと考える。
(31)『近代日中関係史人名辞典』(東京堂出版、二〇一〇年)の清水安三の項(阿部洋執筆)では、一九一九年に起こった飢饉に際して清水が活動したとある。また、李紅衛『清水安三と北京崇貞学園』に付けられた「略年表」でも、一九年の項に「華北五省大旱魃(九月)」とあり、二〇年の項に「日華実業協会の委託により災童収容所を開設し飢饉救済活動へ(三月七日～六月二五日)」とある。しかしこれは、本書で論証した通り、年が一年ずれているというべきである。
(32)ウィリアム・イースタリー『傲慢な援助』小浜他訳、東洋経済新報社、二〇〇九年。
(33)中村哲『人は愛するに足り、真心は信ずるに足る』岩波書店、二〇一〇年、一〇ページ。
(34)丸山幸一郎『北京』大阪屋號書店、一九二三年、一四八ページ。
(35)ハンナ・アーレントは、『人間の条件』(一九五八年)において人間の活動力の一範疇として「活動」を位置づけ、『革命について』(一九六三年)において「創設」の意義を論じた。太田哲男『ハンナ・アーレント』(清水書院、二〇〇一年)参照。
(36)清水安三「支那伝道」湖畔の声、一九三三年十月号。
(37)小崎眞「清水(横田)美穂の信仰と生き方—自己無化的信仰の今日的意義」前掲。
(38)『北京週報』一九二二年四月九日号によれば、古屋は清水とほぼ同時期に三井からの寄付を受け、上海に赴いた。古屋孫次郎の息子である古屋安雄によれば、孫次郎は二十世紀はじめにシカゴで「神の国を強調する社会福音(Social Gospel)の神学教育を受けた」とのことである。日本ピューリタニズム学会・定例研究会(二〇〇七年十二月十五日)での発表レジュメ・古屋安雄「神の国とキリスト教」による。

第五章

（1）ただし、新聞の実際の見出しは「文孫の北代」というたいへんな誤植である。

（2）丸山侃堂の息子が丸山眞男であり、丸山眞男は、侃堂と如是閑が懇意だったこととともに、自身が戦前に最も大きな影響を受けたのは、学者を除けば如是閑だったことを語っている。（『丸山眞男回顧談』上下、岩波書店、二〇〇六年）

（3）清水「回憶魯迅　回想の中国人　一」桜美林大学中国文学論叢第一号、一九六八年、所収。

（4）『我等』「編集室から」一九二一年十一月号。

（5）鶴見祐輔『壇上・紙上・街上の人』大日本雄弁会、一九二六年、四一〇ページ。清水はこのとき、魯迅には言及しなかったのだろうか。言及はしたが、鶴見が書き残さなかったのであろうか。なお、石塚義夫『鶴見祐輔資料』二〇一〇年（非売品）は、鶴見祐輔についての詳細な年譜を軸とし、著作目録を加えていて、有益である。

（6）『林芙美子紀行集　下駄で歩いた巴里』岩波文庫、二〇〇三年、二一ページ。

（7）『芥川龍之介全集』第十二巻、岩波書店、一九九六年、参照。また、この第十二巻所収の芥川「日本小説の支那訳」で、芥川は周作人による日本小説の翻訳を「中々正確」だと評価している。なお、芥川などの中国観については、高杉一郎『あたたかい人』所収の「エロシェンコと長谷川テル」という一文参照。

（8）『定本花袋全集』臨川書店、所収。なお、花袋の作品として有名な「蒲団」（一九〇七年）に登場する女弟子・芳子の若き恋人は「同志社の学生、神戸教会の秀才、田中秀夫、年二十一」と描かれている。神戸教会は組合教会の系譜にあるから、同志社の学生にはひと事でない話題になったことであろう。「蒲団」の発表は、清水の膳所中学時代にあたる。

（9）魯迅博物館蔵『周作人日記（影印本）』中冊、大象出版社、一九九六年。

（10）ただし、「清水泰次」という名前も出てくるので、「清水」とのみ書かれているすべてが清水安三であるのかどうかは判然としないが、同行者がある場合などは確認しやすく、多くの場合が清水安三であることは確かであろう。

（11）丸山については、山下恒夫「薄倖の先駆者・丸山昏迷」『思想の科学』一九八六年九月号～十二月号。飯倉照平「北京週報と順天時報」竹内好・橋川文三『近代中国と日本（上）』朝日新聞社、一九七四年、所収、を参照。

（12）ただし、二二年には「丸山静之」という名前がみえて、これは別人であろう。したがって、「丸山」と姓だけ書かれている場合に、それがすべて丸山昏迷のことであるかどうかは判然としないが、多くは昏迷のことであろう。また、丸山と日記に書かれていても、手紙が来たという場合も少なくない。丸山は筆まめなひとでもあった。

(13) 山辺健太郎「パリ・コミューン百年と日本」『図書』岩波書店、一九七一年八月号。

(14) 丸山昇「清水安三と現代中国」『清水安三の思想と教育実践』前掲。

(15) 魯迅『日記』『魯迅全集』第17〜19巻、学習研究社。

(16) 丸山昇「清水安三と現代中国」同前、一五ページ。

(17) 清水は「わがなつかしの魯迅」(日本経済新聞、一九七六年十月十九日)という文章を書いている。そのなかで、魯迅日記に出てくる日本人の名前で一番回数の多いのは「山本夫人」という医師の夫人だが、次は自分だと書いている。『魯迅全集』(学習研究社)の詳細な索引に徴すれば、少なくとも丸山昏迷の方が登場回数は多いことは明白である。清水のこの記事は、仙台で開催されることになった魯迅展に寄せて書かれており、魯迅展ということを聞いて、「私は今ただもうなつかしさにたえないのである。心乱れて、到底順序よく語ることも出来ないほどで」と書かれているので、清水の意識からすれば、自分と魯迅との親交は比類のないものだということだったのであろう。

(18) 竹内好訳『魯迅文集3』ちくま文庫、一九九一年、九二ページ。

(19) 「灯下漫筆」(一九二五年発表)、竹内好訳『魯迅文集3』一六五ページ。

(20) 高杉一郎『夜あけ前の歌　盲目詩人エロシェンコの生涯』岩波書店、一九八二年。

(21) 『黙移』一九三六年。『黙移　相馬黒光自伝』平凡社ライブラリー版、二六九ページ。なお、相馬黒光を軸とした人物群像を描いた大作に、臼井吉見『安曇野』五冊(筑摩書房)がある。

(22) 高杉一郎『夜あけ前の歌』三一九ページ。

(23) 魯迅「雑憶」一九二五年。竹内好訳『魯迅文集3』、一八六ページ以下。

(24) 魯迅「『せまい檻』訳者記」、高杉一郎編『エロシェンコ全集Ⅲ』「資料」みすず書房、一九五九年、二五二ページ以下。

(25) この「時のおぢさん」の『我等』掲載版は、「時のおぢさん」と表記されているかと思えば、すぐ次の行に「時のお爺さん」と表記されるなど、表現上に難点がないとはいえない。つまり「アバウト」なのである。それかあらぬか、高杉一郎編に収録されたものは、「時のおじいさん」という題名になっており、本文にも『我等』版とは表現が異なる箇所が散見される。

(26) 大原孫三郎傳刊行会編『大原孫三郎傳』一九八三年(非売品)。なお、大原孫三郎については、大内兵衛「偉大なる財界人」(大内

『高い山』岩波書店、一九六三年、所収）も参照。

(27) 東棉は、二〇〇六年まで「トーメン」として存続していたし、三井洋行はのちに三井物産となる。

(28) 大内兵衛「偉大なる財界人」参照。

(29) 清水は、この「支那の主義者を紹介す」を「支那の主義者総まくり」と改題し、彼の『支那新人と黎明運動』に収録したけれども、ここに引用した冒頭の一節は「楽屋話」と考えてか、単行本では削除している。

(30) ここに七百円とある。参考までに、吉野作造（一八七八年生まれ）の東大の給与は、一九二二年の場合、三千七百円余りであった。松尾尊兊「民本主義鼓吹時代の日常生活」（『吉野作造選集』第十四巻解説）による。

第六章

(1) 藤原鎌兄については、『北京二十年　中国の胎動と日本の助言』（平凡社、一九五九年）と『記者五十年のうらばなし　北京二十年日本三十年』（一九七五年、私家版）が遺された。この二冊は、鎌兄が『新支那』『北京週報』に書いた論説を、鎌兄の死後に、藤原つた夫人がまとめたものである。

(2) 清水「カラハンを訪ふ　ここを訪れた赤い日本の人々」北京週報、二四年三月九日。

(3) その初出が『北京週報』でない諸論文の初出は何であったのかを確認することは、単に書誌的な問題にとどまらず、清水の人間関係・交友関係をあきらかにする可能性もあると考えるので、探索をこころみた。

まず、『基督教世界』には、該当するものはないようである。次に、『日本及日本人』の一九一九年から二四年までの目次を調べると、「支那『思想革命』と『文学革命』」（『日本及日本人』第八三九号、二二年七月一日）があるが、これは単行本には収録されなかったようである。『日本及日本人』には、この論文以外に清水の論文は見当たらなかった。また、海老名弾正が主筆をつとめた雑誌『新人』への寄稿があるのではないかと想像し、その目次を通覧したが、清水の論文は見当たらなかった。『読売新聞』連載も、「周三人」以外は、単行本には収められなかったようである。となると、『黎明運動』『新人物』所収論文のうちの『北京週報』掲載分以外のものは、どこに発表されたものであったのか。残念ながら、今のところ私にはわからない。

(4) 周作人は『順天時報』を「日本軍閥政府の機関」とみなし、「根本的になくしてしまうべきもの」と断じていた。周作人『日本談義集』東洋文庫（平凡社）、二〇〇二年、六八ページ以下。

(5) 清水はここで、四人の英米人に言及しているが、そのうちのひとりが「奉天のクリスチー」である。クリスティー『奉天の三十年』上下、矢内原忠雄訳、岩波新書、一九三八年、で知られている人物である。

(6) 大庭の『柯公全集』全五巻が一九二五年に出て、長谷川如是閑が「序」を書いている。大庭柯公について手近なところでは、大庭柯公『露国及び露人研究』（中公文庫、一九八四年）がある。

第七章

(1)「信仰の形式化を戒めて」基督教世界、二七年八月二十五日。ただし、「如石」というペンネームで書かれた記事。

(2) 清水「北京よりシカゴまで」北京週報、第一三三号、二四年十月十九日。

(3) 基督教世界、二四年十月十六日。

(4) 松本重治『上海時代』上、中公文庫、一九八九年、二一ページ。

(5) ジョン・ダワー『容赦なき戦争　太平洋戦争における人種差別』平凡社ライブラリー、二〇〇一年、二九九ページ。

(6) この旅程について清水が書いているところには、いささか混乱がある。北京週報、第一三四号（一九二四年十月二十六日）、基督教世界、第二一二三号（二四年八月十四日）、「旅行免状を得るまで」（基督教世界、第二一三一号、二四年一〇月一六日）、「布哇《ハワイ》の問題」（基督教世界、第二一三九号）などをつきあわせて記した。

(7) 清水「北京よりシカゴまで（続）」北京週報、一三六号、二四年十一月九日。

(8) オベリンについては、カーツ『ジャン＝フレデリック・オベリン　アルザスの土を耕し心を育んだ生涯』柳原鐵太郎訳、桜美林学園、二〇〇六年、参照。また、オベリン大学については、ナット・ブラント『南北戦争を起こした町　奴隷解放とオーバリン大学』彩流社、一九九九年、参照。

(9) 小崎全集刊行会『小崎全集』第三巻自叙伝、警醒社、一九三八年。『小崎弘道全集』第三巻（復刻版）、日本図書センター、二〇〇〇年、二一二ページ。

(10) バウマン「記憶と場所の再現―清水安三とオーバリン、1924～1926年」（堤稔子訳）、『日米交流史における清水安三と郁子』二〇〇五年、桜美林大学「清水安三記念プロジェクト」（代表・榑松かほる）編、所収。

(11) 清水「一支那人教育者の述懐」北京週報、二三一号、一九二六年十一月七日。

(12) 清水は『湖畔の声』連載の「東洋的基督教の提唱（5）」（一九二九年七月号）のなかで、オベリン大学で学んだ教員に言及し、「宗教哲学の方はユーツ博士であったが、此先生がいつも最高の点数Aプラスを呉れて、他の学生に読んで聞かせた。神学の教授はホルドン氏であったが、此人もまたわたくしの論文をよく朗読して、他の学生の参考にせられた」と書いている。ここではボスワースの名前は出てこない。ただし、「折りに触れて」（基督教世界、二七年九月十五日）では、「ボスウォース教授」に言及している。

(13) 清水「社会的福音」基督教世界、二七年十一月十日。

(14) 危機神学と関連して、清水とほぼ同じ時期にドイツに留学（一九二二〜二五年）した三木清の場合と比較してみよう。三木は、第一次世界大戦前に支配的だった新カント派哲学から出発したが、第一次大戦後のドイツの精神的状況のなかで、マールブルクでハイデガーに学び、また神学者ブルトマンの「実存論的終末論」にも学んだ。しかし、清水が留学したアメリカは、戦後の好況にあって、「危機神学」が支配的になる条件を欠いていたといえるだろう。終末論に関しては、千葉眞「終末論」（古賀敬太編著『政治概念の歴史的展開』第四巻、晃洋書房、二〇一一年、所収）参照。また、現代におけるキリスト教のあり方についての千葉の認識については、千葉眞『二十一世紀と福音信仰』教文館、二〇〇一年、特に第六章以下、参照。

(15) 注（13）と同じ。

(16) 清水「社会的基督教の提唱」湖畔の声、一九三〇年八月号。

(17) 基督教世界、一九三四年一月一日。

(18) 清水「布哇から」基督教世界、二六年七月八日。

(19) 清水「個人消息」基督教世界、二六年九月二十三日。

(20) 小泉郁子「私の入信記録」（復活の丘、一九六三年十二月一日）

(21) 小泉郁子「自叙伝　教えつつ学びつつ」（復活の丘、一九六三年十月一日）

(22) 注（20）と同じ。また、以下のふたつの引用も同所。小泉郁子については、榑松かほる『小泉郁子の研究』（学文社、二〇〇〇年）を参照されたい。

第八章

（1）清水「一支那人教育者の述懐」北京週報、一九二六年十一月七日。
（2）同。
（3）基督教世界、二六年十月二十一日、十一月二十五日の「個人消息」欄、参照。
（4）これらの論説の題名は、李紅衛『清水安三と北京崇貞学園』巻末に網羅されている。
（5）http://www.jacar.go.jp/DAS/meta/MetaOutServlet　外務省外交資料館〉外務省記録〉H門　東方文化事業〉6類　講演、視察及助成〉本邦人満支視察旅行関係雑件／補助申請関係　第一巻【レファレンスコード】B05015661300
（6）有山輝雄『徳富蘇峰と国民新聞』吉川弘文館、一九九二年。有山の著作には、丹念な索引が付せられているが、そこには清水安三の名前は出ていない。これは、有山のこの書物における問題意識が新聞の企業としてのあり方という点に集中しているためであり、一寄稿者に過ぎなかった清水の名前が出ていないのは当然であろう。
（7）清水「南方に対する日本人の態度」北京週報、二六年十一月二十八日。
（8）軍人にも「南方ビイキ」はいないわけではなかった。たとえば、佐々木到一がそうである。
（9）清水「日支通商条約改訂の機会に際して」北京週報、二七年二月二十日。
（10）清水「南支に行く（八）」北京週報、二七年五月十五日。
（11）清水「蔣介石の思想及び人物」北京週報、二七年四月十七日。
（12）清水「国民党が共産党と軋轢するに至れる真相」北京週報、二七年四月二十四日。
（13）清水「支那外交総長陳顧伍論」北京週報、二七年五月二十二日。
（14）横光利一『上海』（一九三二年）は、四・一二クーデタより少し前の一九二五年に上海で起こった反日民族運動である五・三〇事件を描き、当時の上海に集まっていた日本人たちの姿をも描いていた。
（15）清水「日本人の支那論を批判す」北京週報、二七年五月十五日。
（16）当時についての幣原本人の回想に、幣原喜重郎『外交五十年』（中公文庫、一九八七年）がある。この回想は一九五〇年の口述で、読売新聞に連載された。
（17）藤原つた編『記者五十年のうらばなし』二一七ページ。

(18)『北京週報』は二七年十一月まで存続。その後は、燕塵社が発行を継続したが、この社は藤原夫人も知らない会社だったとのこと。燕塵社版もほどなく廃刊となった。
(19) 清水「国際精神と社会精神」北京週報、二七年七月三十一日。
(20) 清水「折に触れて」基督教世界、一九二七年九月十五日。
(21)「個人消息」基督教世界、第二二七六号、二七年八月十八日。

第九章

(1) 同志社諸学校における清水の担当科目が、寺崎暹「清水安三と中国」（『キリスト教社会問題研究』第四〇号、同志社大学人文科学研究所、一九九二年、所収）にまとめられている。史料としたのは「同志社職員録」だと注記されている。

一九二八年　予科（歴史）　法学部、神学専門部（支那哲学史）
一九二九年　予科（自然科学）　英語師範部（修身）
一九三〇年　予科（歴史）　英語師範部（倫理）
　　女子専門学校（歴史、漢文）
一九三一年　予科（歴史）　女子専門学校（同右）
　　神学専門部（支那哲学）
　　英語師範部（国民道徳、東洋倫理）
一九三二年　予科（歴史）　神学専門部（支那哲学）

清水の同志社での講師の経歴は、寺崎の調査の通りなのであろうが、腑に落ちないこともある。それは、基督教世界（二七年九月二十二日）「個人消息」欄に、「清水安三氏　九月十六日付同志社専門校《ママ》神学校講師に就任せられた」とある点である。この記事が誤りだとは思えない。となると、清水が同志社の講師になったのは、二八年秋ではなく二七年秋で、それは『基督教世界』編集主任になってまもなくだったことになる。しかしこれは、週に一度といった程度であったのだろうか。
(2) 清水「東洋的基督教の提唱」湖畔の声、一九二九年三月号。
(3) 七月号の末尾には、「昭和五年五月二十一日、近江ミッションメモリアルデー紀念講演会の講演梗概。文責在記者」とある。

（4）ラウシェンブッシュ『社会的福音のための神学』（*A Theology for the Social Gospel*　原著・一九一七年）
（5）竹中正夫「中島重」『同志社の思想家たち』下、同志社大学生協出版部、一九七三年。
（6）中島重『社会的基督教と新しき神の体験』（基督教者学生運動出版部、一九三一年）『近代日本キリスト教名著選集』第Ⅳ期　キリスト教と社会・国家篇　32、日本図書センター、二〇〇四年、所収。
（7）『藤田省三著作集・5・精神史的考察』みすず書房、八六ページ参照。
（8）清水「社会的基督教の提唱」湖畔の声、三〇年三月号。
（9）同志社教会史編集委員会編『同志社教会　1901～1945』同志社教会、二〇〇一年、三四九ページ。
（10）清水「満洲問題について　日支両国の基督者へ（一）」基督教世界、三一年十二月十七日。
（11）小峰和夫『満洲』講談社学術文庫、二〇一一年、四二五ページ。
（12）「故清水美穂子の生涯」基督教世界、一九三四年一月一日。
（13）同志社大学のウェブサイトにある「同志社の歴史」によれば、大工原は一九二九年十一月に、第八代総長の海老名弾正のあとを受けて第九代総長となった。
（14）清水「亡き妻を恋ふ」湖畔の声、一九三四年二月号。
（15）湖畔の声、一九三一年四月号。
（16）清水「一支那伝道者手記」湖畔の声、一九三三年八月号。
（17）http://www.jacar.go.jp/DAS/meta/MetaOutServlet?GRP_ID=G0000101&DB_ID=G0000101EXTERNAL&IS_STYLE=default&IS_TYPE=meta&XSLT_NAME=MetaTop.xsl　これは、国立公文書館アジア歴史資料センターのウェブサイトである。
（18）一九三九年十月に、第五十五回日本基督教組合教会総会が同志社で開かれたとき、同志社の学生たちが多数参加し、参加者たちを感激させたというが、「清水安三の娘で寮生であった清水星」の「熱心な指導は今も卒業生たちの心に残っている」と特筆されている。同志社教会史編集委員会編『同志社教会　1901～1945』同志社教会、二〇〇一年、三〇七ページ。
（19）竹中勝男「故清水美穂子夫人の永眠に立ち合ひて」基督教世界、三四年一月一日。
（20）この小冊子は、『南満教育』（関東庁及満鉄の教育機関誌）一九三五年七月号掲載文を転載したもので、「奉天公学堂加藤先生」の稿だという清水の「代口上」が付されている。また、同じ文章が、基督教世界（三六年二月二十日）にも転載されている。

(21) 読売新聞、一九三五年六月五日付。
(22) 秋守常太郎『中支管見　鮮満支旅行（第五信）』は、奥付に昭和十一年一月十五日発行、非売品、と書かれた本文七十五ページの小冊子である。「第四信」にも清水のことは出てくるのだろうが、私家版のため、入手できなかった。
(23) 戴天仇は、戴季陶（一八九一～一九四九）の号であり、その著書『日本論』（一九二八年）は日本語訳され、一定の読者をもった。戴季陶『日本論』市川宏訳・竹内好解説、社会思想社、一九七二年。
(24) 益井康一『漢奸裁判史 1946-1948〔新版〕』みすず書房、二〇〇九年、一七五ページ。
(25) 雑誌『改造』に掲載された蒋介石の演説、毛沢東の論文については、太田『若き高杉一郎』一一二ページ以下に、概略を述べた。
(26) 松本重治『上海時代』上、一四七ページ。
(27) 伊藤武雄他編『中江丑吉書簡集』みすず書房、一九六四年。
(28) 小島は高知県生まれ。『中江兆民』という著作もある。
(29) 伊藤武雄『黄龍と東風』国際日本協会、一九六四年、六一ページ以下。
(30) 阪谷芳直『中江丑吉の肖像』勁草書房、一九九一年。

第十章

(1) 戸部良一『日本陸軍と中国』講談社、一九九九年、六五ページ。
(2) 秦郁彦編『日本陸海軍総合事典・第二版』東京大学出版会、参照。
(3)「北平陸軍機関業務日誌」（七月八日から三十一日分）『現代史資料38・太平洋戦争4』みすず書房、所収。この「業務日誌」は、四百字詰め原稿用紙に換算すれば二百枚ほどに及ぶ詳細なものである。
(4) 当時の外務省東亜局長だった石射猪太郎は、「七月八日払暁、私は外務省からの電話でたたき起こされた。蘆《ママ》溝橋での中日両軍衝突の情報であった。しまったと思った。」直ちに外務省に向かった。「広田〔弘毅〕大臣を囲んで、堀内次官、東郷欧亜局長、私の三人が鳩首した。事件不拡大、局地解決、誰にも異存あるはずがなかった」と、戦後に回想している。石射猪太郎『外交官の一生』中公文庫、一九八六年、二九五ページ。

（5）塚本誠『ある情報将校の記録』中公文庫、一九九八年、一八二ページ。塚本は、一九〇三年生まれ、陸士卒で、一九三五年から上海駐在、三七年十二月には中支那派遣憲兵隊付。戦後は電通取締役をつとめた。『日本陸海軍総合事典』参照。

（6）「共産党は当初、宋哲元を華北自治に与する「売国奴」と位置づけていたが、次第に評価を変え、一九三六年半ば以降は、かれの率いる二九軍を一致抗日を働きかける統一戦線工作の対象とし、ある程度の協力関係を築くに至った。」石川禎浩『革命とナショナリズム』岩波新書、二〇一〇年、一四七ページ。

また、「宋哲元は別としても、二九軍はきわめて抗日色の強い軍隊だった」し、「二九軍の部隊は長城線で関東軍と戦闘を交えており、その点でも日本軍に対して敵愾心に燃えていた。」「それだけではない。二九軍には共産党の影響力が浸透」していたという。戸部良一『日本陸軍と中国』一九一ページ。

（7）石川『革命とナショナリズム』一七三ページ以下。

（8）今井武夫『支那事変の回想』（みすず書房、一九六四年）の改訂版が高橋久志・今井貞夫監修『日中和平工作　回想と証言 1937-1947』（みすず書房、二〇〇九年）として刊行された。

（9）戸部良一『ピース・フィーラー　支那事変和平工作の群像』（論創社、一九九一年）は、「ピース・フィーラー（和平工作に従事した人物）を論じた本である。そこには、「支那事変（日中戦争）の大きな特徴は、戦争の遂行と和平への努力が、そのほぼ全期間を通しほとんど常に並行して行なわれていたことにあるといわれる」（二ページ）が、「和平工作の歴史はすべて失敗の歴史である」（五ページ）と書かれている。そして、この本の第一章は、まさしく盧溝橋事件を取り扱っている。

（10）森島守人『陰謀・暗殺・軍刀―一外交官の回想―』岩波新書、一九五〇年。

（11）松本重治の戦後の回想『上海時代』（原本は一九七七年刊）には、盧溝橋事件を回想した部分がある。そこには、松井特務機関長や今井武官のことは出てくるが、清水安三の名前は出ていない。

（12）寺平忠輔『蘆溝橋事件』読売新聞社、一九七〇年。松本重治の回想『上海時代』における盧溝橋事件を回想した部分は、戦後に松本が盧溝橋事件について調べて書いたものである。その松本の評に、「寺平補佐官の話がいちばん真相に近いように思われる」とある。松本のこの評が、寺平の戦後の回想について述べたものかどうかは定かではないが、寺平の回想への信頼が述べられていることを記しておきたい。

（13）秦郁彦『盧溝橋事件の研究』東京大学出版会、一九九六年、三五〇ページ。

(14)「朝日新聞外地版12　北支版」一九三八年。復刻版＝ゆまに書房、二〇〇八年。
(15)越沢明『哈爾浜の都市計画』筑摩書房。
(16)阪谷芳直『中江丑吉の肖像』三〇ページ。
(17)『中江丑吉書簡集』前出、三四八ページ。また、五二ページの編注4も参照。今田の母と中江丑吉の母(兆民の妻)は親しい間柄で、今田は幼時から丑吉に兄事していた関係で今田中佐宛の手紙が書かれたのである。
(18)清水安三『北京清譚』一七二ページ。
(19)『中江丑吉書簡集』の編注(一〇二ページ)には、北京の中江宅訪問者として安倍源基や増原恵吉などがあげられている。安倍はのちに内務省刑保局長から内務大臣を歴任、治安維持法体制の実行者であった。増原恵吉は田中角栄内閣防衛庁長官だった。さらには、同書巻末の「中江丑吉・鈴江言一年譜」によれば、一九四二年に中江が九州大学病院に入院する際には、旧知の岡村寧次(当時は北支那派遣軍司令官、大将)などが療養費の提供を申し出た(中江は固辞)というから、とうてい一筋縄ではいかない人間関係である。
なお、加藤惟孝『北京の中江丑吉』勁草書房、一九八四年、も参照。
(20)竹内好「北京日記」『竹内好全集』第十五巻、筑摩書房、一九八一年。

第十一章

(1)東京朝日新聞(三八年四月一日付)では、この四人の中国人女子学生が清水に伴われて、東京に来たことが報道されている。
第九章で外務省外交資料館の外務省史料にふれたが、そのなかに、「昭和十三(一九三八)年四月十九日起案北京崇貞女学校卒業支那留学生に対する学費補給の件」があった。日付から考えれば、この新聞記事(一月十六日)に出てくる「崇貞寮」との関連で、この「学費補給」の件が出てきたと考えることができる。
(2)竹内「日本のアジア主義者」『日本とアジア』ちくま学芸文庫、一九九三年、三三七ページ。
(3)小林勇『惜櫟荘主人　一つの岩波茂雄伝』岩波書店、一九六三年、二一三ページ。
(4)阿部洋『「対支文化事業」の研究』汲古書院、二〇〇四年、九一〇ページ以下。
(5)雑誌『文藝』(改造社)一九三七年一月号掲載作品(百二十枚)

(6) 勝呂奏『評伝芹澤光治良』翰林書房、二〇〇八年、一四九ページ。
(7) 芹澤光治良『人間の運命（六）』新潮文庫版、九〇～九一ページ。
(8) 中江丑吉が「九州大学の教授」とあるが、中江がそういう位置にあったことはない。小説ゆえの「虚構」なのであろうか。
(9) 勝呂奏・藤澤太郎「芹澤光治良『中国取材日記（昭和十三年）』」『桜美林大学紀要　日中言語文化　第七集』二〇〇九年。
(10) 東京朝日新聞（三九年五月二十一日付）には、この「『朝陽門外』劇化」という記事が載っている。この劇は「一燈園同人達によつて組織された「燈影座」の旗上公演」で「脚色は同園同人鈴木五郎氏」とある。ということは、「新派の井上正夫一座」による公演とは別のものなのであろう。
(11) 山口淑子・藤原作弥『李香蘭　私の半生』新潮文庫、一九八七年、所収。
(12) 同じ記事のうち、もうひとりが上海で活動していた古屋静子であり、その夫孫次郎も、組合教会の牧師であった。その記事には、こうある。「日本に二十年、支那に二十年、アメリカに二十年と基督教の伝道を続けている古屋孫次郎氏の夫人で、これもまた約二十年上海で伝道布教に努めていた静子女史が最近帰国した。女史は宛《ママ》も北京に於ける清水安三夫人と好一対の立場にあると言って差支えあるまい。」
(13) 復活の丘、第一号、一九五五年八月一日。
(14) 酒井嘉子「新聞『支那之友』を読む―『支那之友』に見る崇貞学園を支えた寄付金」『総合女性史研究』第二四号、二〇〇七年、参照。清水安三は、一九四六年に日本にもどり、桜美林学園を創設した。安三がその寄付金集めに奔走した際、その重要な手がかりになったのは、この『支那之友』の読者であったという。『桜美林物語』一八八ページ。
(15)『興亜の大陸教育』は『中国近現代教育文献資料集Ⅳ　日本占領下の中国教育』（日本図書センター、二〇〇五年）所収。
(16) 清水郁子については、第七章参照。また、榑松かほる『小泉郁子の研究』（前掲）、李紅衛『清水安三と北京崇貞学園』（前掲）をあわせ参照されたい。

第十二章

(1)「個人消息」基督教世界、三九年十月十二日、「個人消息」同、十二月七日欄による。
(2) 相賀安太郎『五十年間のハワイ回顧』「五十年間のハワイ回顧」刊行会、ホノルル、一九五三年、六〇一ページ。なお、オーシロ・ジョージ「清水安三とハワイ」（前掲『日米交流史における清水安三と郁子』所収）には、「日布時事には、一九四〇年の一月から三月にかけて日英両文で安三のコラムが掲載された。コラムの英文タイトルは“Questions and Answers on the Sino-Japanese Incident”であった。」（五七ページ）と書かれている。

（3）相賀、六〇二ページ。

（4）清水安三『のぞみを失わず』改訂第五版、三四ページ以下。

（5）以下の旅行についての記述は、基督教世界、四月四日、六月六日、七月十一日、八月十五日の号による。

（6）清水「果して聖者か」基督教世界、三九年六月十五日。

（7）『希望を失わず』五〇ページ。母堂死去に関しては、基督教世界（四〇年十月十七日）「個人消息」欄に、「清水安三氏　過日滋賀県高島郡新儀村にある御母堂を喪はれし由」とある。

（8）清水安三『北京清譚』教育出版、一九七五年、一七五ページ以下。

（9）同、一六八ページ。

（10）喜多はその後の四七年にシベリア収容所で病死した。『日本陸海軍総合事典』、『近代日中関係史人名辞典』の喜多の項参照。

（11）戸部良一『日本陸軍と中国』二〇二ページ。

（12）『北京清譚』一七六ページ以下。

（13）『木槿の花が咲く頃―崇貞学園の清水安三先生』桜美林学園、二〇〇一年。

（14）桜美林大学「清水安三記念プロジェクト」（代表・榑松かほる）編『崇貞・桜美林の教育』二〇〇七年

（15）「ソウルに崇貞の卒業生を訪ねて（聞き取り調査）聞き手・榑松かほる」『清水安三・郁子研究』第二号、二〇一〇年、所収。

（16）注（15）と同じ。三二ページ。

（17）『崇貞・桜美林の教育』九ページ。

（18）『清水安三・郁子研究』第二号、四〇ページ。

（19）同、四五ページ。

（20）同。

（21）『崇貞・桜美林の教育』一四〇～一ページ。

(22) 同、一三八〜九ページ。

終章

(1) 清水安三『希望を失わず』桜美林学園出版部、改訂第四版・一九五一年、三ページ以下。これとほぼ同じ記述が、清水『のぞみを失わず』改訂第五版、五七ページ以下にある。この本は、第五版から書名の「希望」を「のぞみ」と表記し、かなりのページを増補したものと思われる。

(2) 同、一四ページ。

(3) 『希望を失わず』四一ページ以下。清水安三と交流のあったひとのうちでは、周作人も「漢奸」とされた。木山英雄『周作人「対日協力」の顚末』岩波書店、二〇〇四年、参照。

(4) 『希望を失わず』五七ページ以下。

(5) 朝日新聞、二〇〇五年四月一日付。

本書に使用した写真について

一〇五・一〇九・一九七・三二五・三二八ページ・表紙カバー折り返し　桜美林学園提供（なお、一〇五・一〇九ページの写真は、清水『朝陽門外』に掲載されたもの）

一六〇ページ　田中泰子・中川素子さん提供

清水安三略年譜

一八九一　六月一日、安三、滋賀県高島郡新儀村（現・高島市）に、清水弥七・ウタ夫妻の三男として誕生

〔一八九二〕　十月二日、小泉郁子、島根県八束郡西津田村（現・松江市）に、小泉有本・きんの第六子として誕生

〔一八九五〕　七月、横田美穂、滋賀県に誕生（美穂の生年月日については、三説ある。第三章注（20）参照）

一八九六　一月、父弥七死去

一八九八　安井川小学校入学

一九〇二　安曇高等小学校入学

一九〇六　滋賀県立第二中学校（〇八年、膳所中学と改称）に入学。米国人ヴォーリズのバイブルクラスに通い始める

一九〇八　組合派の大津教会でキリスト教の洗礼を受ける

一九一〇　膳所中学卒業、同志社神学部入学

一九一二　彦根教会での伝道中に、横田美穂と出会う。美穂、彦根教会で洗礼を受ける

一九一五　卒業論文に「トルストイの内面生活」を書き、同志社神学部を卒業。基督教世界社に勤める。十二月、一年志願兵として大津歩兵第九連隊に入営（基15・11・25）

一九一七　五月末に除隊し、六月はじめに大連へ。まもなく奉天に移る。七月、奉天の瀋陽教会で、中国伝道の開始式が行なわれ、清水も出席（基17・6・21）

一九一八　五月、横田美穂と大連教会で結婚式

一九一九　三月末、留学のため、北京へ（基19・4・10）。六月、「支那生活の批判」（『我等』6号）発表。以後、一九二

三年までに、十篇あまりの論文を『我等』に寄稿

一九二〇　一月、「排日の解剖」を四回にわたって『大正日日新聞』に連載。二月、同志社神学館で「支那の現状に就いて」の講演（同志社資料室史料）。三月、「理解すべき排日運動」を『基督教世界』に掲載（基20・3・18）。五月、学校開設。八月下旬～九月上旬、賀川豊彦が北京へ。この折に清水と賀川の出会い。秋、中国の華北における旱災の報道

一九二一　一月二十二日、北京を発ち、飢饉の地に入る（基21・3・31）。これ以降、飢饉に苦しむ華北農民の児童を引き取り、救済活動に従事。五月、崇貞女学校設立（基24・8・14）

一九二二　「現中国を眺めて」などの記事を『読売新聞』に九回にわたって連載（読売22・1・1など）魯迅・周作人・エロシェンコ・丸山昏迷などとの交流はじまる

一九二三　三月、北京児童救済事業により、北京政府から勲五等を下賜される（基23・3・15）。四月、「北京より」を『読売新聞』に二十一回にわたり連載（読売23・4・9など）。八月、組合教会総会に按手礼を志願（基23・8・9）。八月中旬、東京へ。九月一日、関東大震災に遭遇。十一月四日、組合教会総会の会場ともなった大阪教会で、按手礼を受ける（基23・11・8）。十二月から二四年八月にかけて、週刊誌『北京週報』主筆として毎号のように論文を寄せる

一九二四　『北京週報』（一月一日付）に清水の名刺広告（住所は北京東城東総布胡同）掲載。六月二十四日、崇貞女学校卒業式（周作人日記）。八月四日、清水夫妻、横浜を出港（基24・10・16）。八月十四日、ハワイ着。その後、アメリカに向かい、秋にオベリン神学校に入学（基24・10・23）。美穂、サンフランシスコの洋裁学校に入学。『支那新人と黎明運動』（大阪屋號書店、九月）、『支那当代新人物』（同、十一月）を刊行

一九二六　五月十九日、安三、オベリン大学を卒業（基26・7・8）。九月、安三、横浜着。十月、北京へ。すぐに日本にもどる予定を変更し、中国にとどまる。十一月から二七年七月まで、週刊誌『北京週報』に毎号のように寄稿

一九二七　春、長江流域に取材旅行し、「南支に行く」の連載などを『北京週報』に寄せる。八月、日本にもどり、月末から『基督教世界』編集主任となる（基27・8・18）。九月、同志社専門校神学部非常勤講師となる（基27・9・22）。十一月、九条教会で講演
一九二八　七月十六日、『基督教世界』編集主任送別会を受ける（基28・7・19）。八月十五日、同志社非常勤講師・京都の西陣教会担当のため、京都市上京区出雲松ノ下町八に転居（基28・8・16）
一九二九　一月、『支那革命史論』（南満洲教育会）刊。七月、上海での日支基督教会議に出席（基29・8・1）。九月一日から三週間、召集により敦賀十九連隊に入営（基29・9・5）
一九三〇　一月、『湖畔の声』誌上に「社会的基督教の提唱」の連載開始。九月、崇貞学校の問題で北京へ（基30・9・11）
一九三一　三月、近江ミッションの吉田悦蔵らと朝鮮・中国に一カ月余の伝道旅行（湖畔の声31・4）。七月から八月中旬、中軽井沢合同教会牧師となる（基31・7・23）。十月、京都市上京区鷹野花ノ坊町七〇へ新築移転（基31・10・22）
一九三三　三月、同志社講師を辞す。近江兄弟社北京駐在員となり、五月中旬に中国へ。七月まで、崇貞女子工読学校に滞留（基33・6・8）。十二月十九日、美穂夫人、京都府立病院にて死去（基34・1・1）。二十一日、美穂夫人の葬儀、西陣教会で行なわれる（基33・12・21）
一九三四　三月、北京へ
一九三五　六月、安三と小泉郁子の結婚の報道（読売新聞35・6・5）。八月、北平東城宜帽胡同六に転居（基35・8・22）
一九三六　二月、一時帰国、東京・大阪・京都・神戸を回る（基36・2・6）
一九三七　七月、盧溝橋事件起こる。戦火の拡大阻止に尽力

一九三八　三月二十七日、大阪教会で説教をし、九条教会で講演会（基38・3・31）、崇貞学園を卒業した四人の女子学生、日本留学のために来日。清水はこの四人をともない、東京着（東京朝日38・4・1）。六月、『支那の人々』（鄰友社）刊。十一月、天橋にセツルメント創設され、館長となる

一九三九　二月、「北京の聖者　清水安三氏の伝記　英訳、世界に紹介」という記事出る（読売39・2・22）。同日の『東京朝日新聞』にも、同趣旨の記事が掲載される。三月、清水『姑娘の父母』（改造社）刊。四月、清水の伝記として上泉秀信『愛の建設者』（羽田書店）刊。清水『朝陽門外』（朝日新聞社）刊。十月、北京を発ち、中国各地を回り、台湾を経て、十二月に横浜からアメリカへ（基39・10・12、39・12・7）

一九四〇　一月五日、募金のためのアメリカ旅行の途次、ホノルル着（『五十年間のハワイ回顧』）。三月一日、ハワイを出帆、アメリカへ。アメリカ各地で募金活動（基40・4・4）。三月、清水美穂の伝記を中心にする松本恵子『大陸の聖女』（鄰友社）刊。五月、清水『開拓者の精神』（鄰友社）刊。六月二十六日、ニューヨークを出港、帰国へ（基40・7・11）。秋、母のウタ死去（基40・10・17）

一九四一　十二月、清水『支那の心』（鄰友社）刊

一九四三　八月、清水『支那人の魂を掴む』（創造社）刊

一九四五　八月、日本の敗戦

一九四六　三月、清水夫妻、日本に引き揚げ。五月、桜美林学園を創設

一九四八　九月、清水『希望を失わず』（桜美林学園出版部）刊

一九六六　一月、桜美林大学設立認可

一九八八　一月十七日、急性心不全により他界

この略年譜作成にあたっては、次の諸著作掲載の年譜を参照した。（刊行順）

（1）清水安三『石ころの生涯』清水畏三編、一九七七年（二〇〇三年・改訂増補第五版）

（2）『日米交流史における清水安三と郁子』清水安三記念プロジェクト、二〇〇五年

（3）李紅衛『清水安三と北京崇貞学園』不二出版、二〇〇九年

このうち、（1）は、編者（清水畏三）が先駆的にまとめたものであり、私の清水研究の出発点もこの本と年譜であって、他の二冊ともども、そのお仕事には深く敬意を表する。しかし、年譜作成には思わざる困難をともなう場合があることは私の従来のささやかな経験からも推察できるところであり、実際、ここにあげた三冊に掲載の年譜には、正確でないと思われる記述が一部に含まれている。

そこで、私が史料を確認した場合には、この年譜にその典拠を記すことにした。その史料は多く場合『基督教世界』であり、たとえばその一九一五年十一月二十五日号を、基15・11・25のように略記する。また、この年譜に記載した著作の刊行時期に関しては、その奥付に依拠している。

清水安三著作など

本来なら参考文献表を付けるべきであるが、直接に参考にした書物・論文などは基本的には本文と注に明記してあるので、ここでは省略し、以下の四点について付記するにとどめる。

(一) 清水安三著作

『支那新人と黎明運動』大阪屋號書店、一九二四年
『当代支那新人物』大阪屋號書店、一九二四年
『支那革命史論』南満洲教育会、一九二九年
『支那の人々』鄰友社、一九三八年
『姑娘の父母』改造社、一九三九年
『朝陽門外』朝日新聞社、一九三九年
『開拓者の精神』鄰友社、一九四〇年
『支那の心　続支那の人々』鄰友社、一九四一年
『支那人の魂を掴む』創造社、一九四三年
『希望を失わず』桜美林学園出版印刷部、一九四八年（複数の版がある）
『中江藤樹の研究』桜美林学園出版部、一九四八年
『中江藤樹はキリシタンであった』桜美林学園出版部、一九五九年
『中江藤樹』東出版、一九六七年

『北京清譚　体験の中国』教育出版、一九七五年

以上の他に、次の著作がある。

『桜美林物語』清水賢一編、桜美林学園、一九六二年（本書で参照したのは、二〇一〇年改訂第四版である）

『石ころの生涯』清水畏三編、キリスト教新聞社、一九七七年（本書で参照したのは、二〇〇三年改訂増補第五版＝桜美林学園発行版である）

（二）清水安三執筆の新聞雑誌記事など

清水安三執筆の論文やエッセイを載せた主な新聞・雑誌に、『我等』『基督教世界』『北京週報』『湖畔の声』がある。そのほかに、雑誌では、『中央公論』に数回、『日本及日本人』『改造』におそらく各一度稿を寄せている。新聞では、本書に記した『読売新聞』連載記事、『大正日日新聞』連載記事などがある。

『基督教世界』『北京週報』『我等』『日布時事』所収の記事については、清水についてのはじめての本格的な研究書といえる李紅衛『清水安三と北京崇貞学園』（不二出版、二〇〇九年）が、題目一覧を作成して掲載していて有益である。私は、残念ながら『日布時事』については見ていない。

『湖畔の声』については、姜成山「『湖畔の声』に掲載された清水安三関係記事―神奈川大学図書館所蔵資料を中心に―」（『清水安三・郁子研究』第三号、桜美林大学「清水安三記念プロジェクト」二〇一一年五月、所収）が丹念に記事リストを作成している。

北京の崇貞学園機関紙『支那之友』が存在したことが知られているが、部分的にしか伝わっていないようである。戦後のものとしては、桜美林学園の広報誌『復活の丘』にも、清水執筆の記事が少なくない。

また、崇貞学園の史料としては、「北京市档案館所蔵崇貞学園資料」が重要だと思われる。これについては、前掲の李紅衛の著作巻末に紹介があり、さらに李は、「北京市档案館所蔵の北京崇貞学園の資料について」（前掲『清水安三・郁子研究』第三号所収）に、関係資料の一覧表などを載せている。

（三）「清水安三記念プロジェクト」による冊子（刊行順。ただし、これらの刊行物は、市販されたものではない。）

『清水安三の思想と教育実践』二〇〇一年
『清水郁子の思想と教育実践』二〇〇四年
『日米交流史における清水安三と郁子』二〇〇五年
『崇貞・桜美林の教育』二〇〇七年
『創立者たちの信仰と生き方』二〇〇七年
『清水安三・郁子研究』創刊号、二〇〇九年
『清水安三・郁子研究』第二号、二〇一〇年
『清水安三・郁子研究』第三号、二〇一一年

この他に、小林茂編『木槿の花が咲く頃』桜美林学園、二〇〇一年

（四）その他

上泉秀信『愛の建設者』羽田書店、一九三九年
松本恵子『大陸の聖女』鄰友社、一九四〇年

この二冊は、清水安三へのインタヴューを重要な素材として書かれた本である。

また、山崎朋子『朝陽門外の虹　崇貞女学校の人びと』（岩波書店、二〇〇三年）も、清水に関する重要な著作といえる。

最近の著作に、小林茂『東支那海を越えて　清水安三先生の前半生』（私家版、二〇一一年）がある。

あとがき

私は清水安三の創設した桜美林大学（学校法人・桜美林学園）に籍をおく教員ではあるが、この著作は大学・学園の意向を受けて書かれたものではなく、近代日本思想史の専攻者としての私の問題関心に発するものである。

私は、先に『若き高杉一郎　改造社の時代』（未來社、二〇〇八年）を上梓した。これは、『極光のかげに』（岩波文庫）で知られる高杉一郎（一九〇八〜二〇〇八）の前半生についての伝記であるが、高杉をとりまく知識人や文学者のネットワークを描き、高杉による日中間の架橋のこころみを跡づけることをもめざしたものである。と同時に、この伝記はジャーナリズム論的な側面ももっている。

今回の清水安三伝での私の問題関心も、前著のそれとかなり重なっている。加えて今回は、学恩浅からぬ松尾尊兊先生（京都大学名誉教授・日本近現代史）の慫慂があった。二〇〇八年、秋の京都に松尾先生を訪ねてお話をうかがった折り、先生は、「太田さん、あなたは桜美林においでならば、清水安三について書いてはどうですか」と語られた。

しかし私は、そのときは別のテーマを考えていたから、すぐに清水伝に取り組もうとは考えなかったし、松尾先生にもそのあたりのことを申しあげたのだった。しかし、そのしばらくのちに読み返した清水の中国論（五四運動論）にはあらためて強い印象を受け、これは取り組む価値があると思い、少し調べてみようと思い立った。

この本を書くために参考にした文献は少なくないが、松尾先生の『民本主義と帝国主義』（みすず書房）などに含まれる諸論文が、何といっても私にとっての道しるべとなった。

幸いにも私は、二〇〇九年度に学外研修の機会を与えられ、聖学院大学総合研究所に籍を置き、同研究所の田中浩先生（一橋大学名誉教授・政治学・政治思想史）にお世話いただくことになった。田中先生は、清水安三と長谷川如是閑などとの関係の重要性などを私に示唆してくださった。私は、この研修期間後半に当たる二〇〇九年の秋から、清水の関係史料を集中的に読みはじめた。

こういう次第で、この清水伝をまとめることができたのは、松尾先生、田中浩先生のご示唆によるところが大きい。おふたりに心から感謝申しあげたい。

同研究所の古屋安雄先生（組織神学・宗教学）も、清水とのかかわりもあった賀川豊彦やオベリン大学のことなどについて示唆を与えてくださった。

二〇一〇年六月に、日本ピューリタニズム学会の研究大会で、「清水安三と組合教会」という研究発表をさせていただき、参会者の方々からご意見をいただけたことは貴重だった。同時に、その会場にみえられた清水安三の令孫清水与志雄牧師（行田教会）にお目にかかることができ、ありがたかった。清水与志雄牧師をご紹介くださり、私の発表にも意見を述べてくださった総合研究所の松谷好明先生にも感謝したい。その際に司会をつとめてくださった和田守先生（大東文化大学名誉教授・政治学）も、折りにふれて有益な諸文献をご教示くださったし、新井明先生（英文学）をはじめとして、日本ピューリタニズム学会の会員の方々からいろいろな機会に教えを受けることができ、幸いだった。

本書に登場するエロシェンコは、親近感をおぼえる作家である。『ワシリイ・エロシェンコ作品集』

二冊を編んだ故高杉一郎先生は、私が『若き高杉一郎』で描いたそのひとである。私がこの作品集や、エロシェンコ伝である先生の『夜あけ前の歌』を耽読したのは高杉先生の影響による。一九二〇年代初頭の北京におけるエロシェンコや魯迅、周作人そして、丸山昏迷や清水の交流の件を書きながら、たえず私の脳裏にうかんだのは故高杉先生の姿である。

私がこの清水安三伝をともかくもまとめることができたについては、清水安三が創設した桜美林大学に籍を置いているということがやはり大きい。図書館スタッフの方々にも、史料収集の面でいろいろ助けていただいた。また、キリスト教にかかわる史料の読み取り、中国語史料の読み取りや中国史などについて、同僚諸氏の教えをあおいだことがしばしばあったし、貴重な書籍を探して貸与してくださった同僚もいた。また、清水と面識のあった複数の教員からエピソード的なことをうかがうことができた。その方々のお名前をここにはあげないが、お力添えをくださった方々に深く感謝申しあげたい。

桜美林大学の学内では、「清水安三記念プロジェクト」による調査・研究が重ねられてきた。私自身はこのプロジェクトにはかかわってこなかったが、このプロジェクトによって刊行されてきた冊子は大いに利用させていただき、恩恵を受けた。この点で、「清水安三記念プロジェクト」関係者の方々に感謝したい。

本書の出版を引き受けてくださった花伝社の平田勝氏、そして編集担当の近藤志乃さんには、心からの感謝を申しあげなければならない。

最後に、原稿を読んでいろいろ意見を述べてくれた私の連れあいのまり子にも感謝する。

太田哲男

二〇一一年七月

索　引

え

お

か

ら

り

れ

ろ

わ

太田哲男（おおた・てつお）

1949年、静岡県に生まれる。東京教育大学大学院博士課程（倫理学専攻）中退。桜美林大学教授（日本思想史）。博士（学術）。著書に『大正デモクラシーの思想水脈』（1987、同時代社）『レイチェル＝カーソン』（1997）『ハンナ＝アーレント』（2002、以上、清水書院）『若き高杉一郎　改造社の時代』（2008、未來社）ほか。高杉一郎『あたたかい人』（2009、みすず書房）などを編集。

清水安三と中国

2011年11月25日　初版第1刷発行

著者 ——— 太田哲男
発行者 —— 平田　勝
発行 ——— 花伝社
発売 ——— 共栄書房
〒101-0065　東京都千代田区西神田2-5-11出版輸送ビル2F
電話　03-3263-3813
FAX　03-3239-8272
E-mail　kadensha@muf.biglobe.ne.jp
URL　http://kadensha.net
振替 ——— 00140-6-59661
装幀 ——— 清田　愛
印刷・製本 —シナノ印刷株式会社

ISBN978-4-7634-0618-7 C0021